명심보감

KB220282

마음을 밝히는 거울

명심보감

안병욱 외 해설

ㅎ 현암사

우리는 흔히 주변에서 아버지 세대의 기존 가치를 모두 부정하는 아들 세대의 맹렬한 반발을 보곤 한다. 혹은 기성 세대가 새 세대의 가치관을 경박하고 급진적이라고 꾸짖는 비판의 소리를 듣기도 한다. 우리는 지금 이렇게 심각한 가치관의 혼란이 빚는 복잡한 시대에 살고 있다.

사실상 우리는 훨씬 다원화된 문제에 부딪히고 있다.

조선조 이후 우리 나라에 깊이 뿌리박았던 유교 정책으로 인해 유교의 교의가 우리의 정신 활동에 커다란 영향을 끼쳐 왔다. 그 가운데 특히 『명심보감(明心寶鑑)』은 윤리·도덕·제도 등 광범위한 분야에 걸쳐 대중적인 가치 체계의 기조를 이루어 왔다.

그러나 현대의 가장 특징적인 현상인 과학 발달과 기술 혁명은 경제 구조의 변혁을 가져왔고, 이에 따라 생활 양식·풍습·의식 구조 등이 변모하기 시작했으며, 윤리관·도덕관마저 『명심보감』이 시사하는 바와는 정반대되는 점이 많아졌다. 결국 우리는 『명심보감』의 유교 윤리와 새로운 시대 사조가 격렬하게 부딪치는 갈등의 틈바구니에 놓여 있게 되었다. 게다가 전진해 가는 세계 사조의 거대한 고동을 호흡하면서, 무엇인가 우리의 판단을 명료하게 해줄 가치의 지주(支柱)가 세워져야 한다는 절실한 필요성을 느끼고 있다.

우리는 우선 『명심보감』이 무엇인지를 알고, 그 속에 담겨 있는 참된 내용을 파악해 보아야 할 것이다. 그리고 그것이 과연 현대에 어떤 가치를 지니며, 얼마나 타당한가를 냉철하게 가려내야 할 것이다. 그리하여 바람직한 개념의 결합(Synthesis)을 추출해 내는 일, 그것이야말로 우리로 하여금 진보의 문턱에 서게 하는 일일 것이다.

이와 같이 우리의 의도를 가장 합당하고 명쾌하게 표출하기 위해, 『명심보감』의 전편을 번역·주석하고 각 편의 말미에 각 분야의 권위자가 현대적인 관점에서 비교·분석하는 해설문과 현대적 관점에서 유교 윤리를 종합적으로 고찰하는 논고를 수록했다.

모든 분야가 급속한 변화를 거듭하고 있는 오늘날, 이 『명심보감』이 자아 발견, 새로운 가치관 확립에 기여하기를 바란다.

玄岩 趙相元 識

해제

『명심보감(明心寶鑑)』은 실로 흔하게 세간을 나돌며 읽혀 온 책이다. 아마 한국인 가운데 『명심보감』이란 책이름을 들어 보지 못한 사람은 드물 것이다. 더구나 사오십대 이상의 식자 치고, 아니 한자를 해독하는 사람들 치고 일찍이 『명심보감』을 접해 보지 않은 사람 또한 드물 것이다.

『명심보감』이 그토록 많이 읽혀 온 것은, 이 책이 요즘의 이른바 베스트 셀러라는 책처럼 말초 신경을 자극하는 짜릿한 흥미나, 신기함만을 추구하는 독자의 욕구에 영합하는 허풍이 있어서가 아니다. 우선 이 책이 지난 날 서당 교육에서 주요한 교재의 하나였던 점이 많이 읽힌 원인이고, 다른 한편으로는 이 책이 비록 평범하나 한국인에게 절실한 삶의 예지를 가르쳐 주었다는 점이 또 한 원인이다.

『명심보감』이 이 땅의 독서계에서 서서히 잊혀지게 된 것은, 이 땅에서 상아탑 안의 특수 분야를 제외하고는, 한문 교육의 절대적인 필요성이 없어지면서부터였다. 한문으로 씌어진 『명심보감』이, 한문에 밝지 못한 요즘의 젊은 독서층과 거리가 멀어지게 된 것은 어쩔 수 없는 추세였다. 그러나 지금도 시골에 가면 한문을 가르치는 가숙(家塾)이 남아 있어, 농촌의 일부 청소년이 한문을 배우고 있는 광경을 보게 되는데, 거기서 배우는 책이란 대개 『명심보감』이다. 굳이 가숙을 드나드는 청소년이 아니라도, 현대 문물에 익숙하지 못한 일부 장년·노년층에게, 『명심보감』은 여전히 그들의 정신적 갈증을 해소하기 위한 음미의 대상이 되고 있다. 이로써 『명심보감』의 전통적인 여세는 아직도 한국의 뒤란에 남아 있는 셈이다.

그렇다면 이 『명심보감』은 대체 누가 지었고, 내용이 어떤 책인가?

『명심보감』은 그토록 널리 유포되고 읽혔으면서도 그 편저자는 오랫동안 세상에 알려지지 않았다. 비단 이 『명심보감』뿐이 아니고, 동양에는 저작자 불명의 책 또는 글이 많이 전해 오고 있는데, 이것은 옛사람이 지나친 겸손 때문에 자기가 지은 책에 자신의 이름을 분명히 밝히기를 꺼렸던 점과, 옛 시대에는 저서의 간행 보급을 대개 책을 지은 이의 제자나 후손이 기획하고 실현하였기 때문에, 만약 저자의 제자나 후손 가운데 그 일을 감당할 만한 사람이 오래도록 나오지 않을 때에는, 저자 불명의 책으로 남을 가능성이 많았던 점에서 연유한다. 『명심보감』의 편저자가 알려지지 않은 원인도 역시 이런 데에 있다. 그래서 그 진위(眞僞)가 의심스럽기는 하지만 율곡 선생도 『명심보감』을 손에 넣은 뒤 애독한 끝에 그 서문과 발문까지 쓴 바 있으나, 이 책의 저자가 누구인지 알지 못하고 그 서문의 첫머리에서 단지 "옛사람이, 후학들이 이(利)를 따르고 의(義)를 잊어버릴까 우려하여 지었다."고만 언급했을 뿐이다.

『명심보감』의 내용은 삶의 현실과 실질에 적응하여 엮어졌다. 실상 『명심보감』은 심오한 형이상학류의 책은 아니다. '마음을 밝히는 보배로운 거울'이란 뜻을 지닌 책이름이 시사해 주듯이, 이 책은 생활인의 자기 수양과 처세를 위한 극히 평범한 생활의 철학으로 이루어졌다. 『명심보감』이 한문으로 저술된 한국 전래의 책 가운데서 가장 뛰어난 대중성을 가지게 된 것도 책 내용의 그러한 성격 때문일 것이다. 중국의 경전(經傳)·사서(史書)·제자(諸子)·문집류에서 뽑은 이백 수십여 단장(斷章)으로 이루어진 이 책은, 전권이 19편으로 나뉘어 있다. 착한 일을 하는 이에게는 복이, 악한 일을 하는 이에게는 화가 주어진다는 신념에서 선행을 권장한 「계선편(繼善篇)」, 인간에 대한 하늘의 섭리의 엄연함을 말한 「천명편(天命篇)」, 예정된 운명에 순응할 것을 가르친 「순명편(順命篇)」, 부모의 은덕과 효자의 어버이 섬기는 도리를 밝힌 「효행편(孝行篇)」, 자기를 바로잡는 길을 제시한 「정기편(正己篇)」, 자기의 분수 안에서 안심하고 만족할 줄을 알라는 「안분편(安分篇)」, 반성과 경계로 마음을 보존하라는 「존심편(存心篇)」, 참음의 미덕을 가르친 「계성편(戒性篇)」, 배움을 권장한 「근학편(勤學篇)」, 자식에 대한 교육의 중요성을 말한 「훈자편(訓子篇)」 들이 있고, 전권 분량의 3분의 1 이상이나 배정하고서, 인생의 영고 성쇠(榮枯盛衰)의 순환, 사람 마음의 알 수 없음 등 인생사 다방면에 걸쳐 깨우침을 베푼 「성심편(省心篇)」이 있다. 「입교편(立教篇)」에서는 가르침의 기초적인 내용을 지적했고, 「치정편(治政篇)」에서는 관리의 도리를, 「치가편(治家篇)」에서는 가정에서 지켜야 할 몇 가지 도리를 말했다. 「안의편(安義篇)」에선 가족 관계 및 교우의 의리에 관해서, 「준례편(尊禮篇)」에선 예에 관련해서, 「언어편(言語篇)」에선 말에 관련해서, 「교우편(交友篇)」에선 사람 사귐에 관련해서, 그리고 「부행편(婦行篇)」에선 부녀의 행실에 대한 단장을 모아 놓았다.

이와 같이 『명심보감』은 그럴 듯한 체계를 세워 거기에 좇아 정연하게 내용을 펼쳐 간 책은 아니다. 그렇게 했다면 그것은 이미 『명심보감』일 수 없었을 것이다. 앞에서도 말했지만 이 책은 생활인으로서 갖춰야 할 기초적인 덕성이 무엇인가를 가르쳐 주는 동시에, 마치 병에 따라 약을 주듯이 때와 곳 그리고 사람에 따라 그 부족한 점을 스스로 살펴서 적절히 다스리기에 도움을 주는 하나의 처방집 구실을 해 왔다. 따라서 서로 모순되고 상충하는 내용의 명제가 이웃해 있기도 하나, 그것은 책 자체로서는 하등 모순되는 것이 아니요, 책의 성격상 오히려 당연한 일이다.

다음으로 우리가 궁금한 것은 이 책이 대략 어느 때쯤부터 널리 읽혔을까 하는 점이다. 율곡 선생이 썼다는 『명심보감』의 서문과 발문

(跋文)에 의문점이 없지는 않으나, 이에 관해서는 일단 율곡 선생의 발문을 참고함이 좋겠다.

"거년(去年 : 서기 1549년을 가리킴 - 필자주) 겨울에 가친께서 영남에서 돌아오실 적에 명심보감 한 권을 손수 가져오셨는데, 그 가운데 기재된 수백여 언은 모두 권선 징악의 설이다. 내가 재삼 펴 읽고 팔을 치며 감탄하지 않을 수 없었다……."

적어도 율곡 선생의 발문에 의한다면 『명심보감』은 율곡이 살던 때, 즉 16세기 중엽에 널리 유포되는 과정에 있던 것으로 볼 수 있다. 편저자가 책을 편저한 후 율곡 선생의 시대에 이르기까지 이 책의 역정에 대해선 문헌적인 증빙 자료가 없으므로 무어라 단언할 수 없으나, 앞의 율곡 선생의 발문 내용으로 보아 그 때까지 이 책이 전국적인 범위로 유포되지 못한 것만은 사실인 것 같다. 어쨌든 『명심보감』이 널리 읽힌 시기의 상한을 율곡 선생의 시대로 잡는다면 이 책은 4백여 년의 오랜 세월에 걸쳐 한국인의 정신적 양식의 공급원 구실을 톡톡히 해 온 셈이다.

책이란 그저 조용히 있기만 하는 물건은 아니다. 그것은 읽는 이의 정신에 뭔가 영향을 주려 하고, 나아가 그의 생활을 제어하려 한다. 한 개인이 특히 애독하거나 존숭(尊崇)하는 책이 있다면 그 책이 그 개인의 사고 및 생활 태도와 방식에 크게 작용하듯이 어느 한 사회, 한 민족 사이에 특히 애독되거나 존숭되는 책이 있다면 그 책은 그 사회, 그 민족의 사고와 생활에 역시 막중한 작용을 가하게 마련이다. 대표적인 예로서 누구나 알고 있는 일이지만 기독교의 『성경』을 떠나서 우리는 서구의 정신과 생활을 이야기할 수 없을 것이요, 중국인의 사고와 생활을 논하려면 유교의 경전을 먼저 염두에 두어야 할 것이다. 굳이 이런 종교적인 경전이 아니더라도, 우리는 마르크스의 『자본론』이 공산주의 사회를 지배한 사상적 지주가 되었음을 보았으며, 카네기의 일련의 처세 수양서가 오늘날 미국인의 사고 방식 형성에 끼친 영향을 과소 평가할 수 없을 것이다.

이런 점에서 보면 우리 한국인에게 『명심보감』은 가볍게 보아 넘길 책이 아니다. 물론 『명심보감』은 책 자체로는 앞에 든 책들과는 비견이 안 된다. 그러나 이 책이 사백여 년의 결코 짧지 않은 세월을 통해 널리 읽혀 옴으로써, 한국인의 사고 방식과 생활 태도에 알게 모르게 끼친 영향의 정도로 보면 책 내용의 뛰어남이나 심오함의 정도와는 별개의 관점에서 결코 홀홀히 보아넘길 책은 아니다. 물론 『명심보감』이 발휘한 영향력 때문에 직접 역사에 새겨질 만한 어떤 사건이 발생한 것도 아니요, 그 영향의 정도란 것도 도량형기로 측정하듯 그렇게 측정할 성질의 것도 아니다. 그러나 그것은 잠재 세력으로 있으면서 한국인의 사고에 영향을 끼치고 생활을 제어해 왔다. 엄청난 양의 서구 문물 세례를 받았고 또 받고 있는 오늘날에도, 명심보감적인 것을 우리 주변 곳곳에서 발견한다.

　서서히 잊혀지던 『명심보감』을 오늘날 새삼 들먹이는 데에는 두 가지 의의가 있다. 첫째는, 『명심보감』이 본래 의도한 바대로 생활에 유익한 깨우침을 우리가 얻는다는 것이다. 물론 내용에서 이 시대와 맞지 않는 가르침이 없는 것은 아니다. 그러나 이 시대와 영합하지 않음으로써 오히려 이 시대 사람의 어느 지나친 일면 또는 부족한 일면에 대한 깨우침을 주는 것이 많음 또한 사실이다. 『명심보감』은 오늘날 한국의 생활인을 위해 아직도 충분히 값어치 있는 책이다. 둘째는, 우리 자신을 아는 계기가 된다는 것이다. 물론 『명심보감』의 내용은 중국의 온갖 전적(典籍)에서 뽑은 것이지만, 그것을 뽑은 주체는 한국 사람이었다는 점과, 앞에서 말했듯이 오랜 세월에 걸쳐 한국인에게 사랑받고 숭상받아 오면서 한국인의 사고 방식에 침투했고 생활 태도를 제어해 왔다는 점에서 『명심보감』은 실상 완전히 우리 것이다. 그러기 때문에 새삼 『명심보감』을 들춤으로써 우리는 우리 자신을 발견하고 반성할 수 있는 계기를 만나게 될 것이다.

차 례

해설

繼善篇

끊임없는 선행

• • • • • • •

선이란 무엇인가?

인간은 본질적으로 선한가, 악한가?

인간의 본성이 선하다면 어떻게 할 것이며,

악하다면 어떻게 할 것인가?

1

『주역』에 "적선(積善)하는 집안에
반드시 경사가 있다."고 했다.

착한 일을 하는 이에게는 하늘이 복을 주고 악한 일을 하는 이
에게는 하늘이 화를 내릴 것이다. 〈孔子〉

子曰, 爲善者는 天報之以福하고 爲不善者는 天報之以禍니라.

◇자(子) : 공자(孔子)를 말함.

[풀이]

선을 행하는 이는 하늘이 스스로 돌보아 주고, 악한 일을 하는 이에게는
하늘이 스스로 이에 합당한 벌을 내린다는 것이다. 인간의 행위에서 자업 자
득(自業自得)의 이치를 가르치고 있다. 선행은 강요할 수 없는 것이지만, 인
간에게 가장 가치 있는 이상적 행위이다.

2

한나라 소열제가 임종에 즈음하여 아들 후주에게 조칙을 내려
말하기를 "착한 것이면 작다 해서 아니 하지 말고 악한 것이면 작
더라도 하지 말라."고 하였다. 〈漢 昭烈〉

漢昭烈이 將終에 勅後主曰, 勿以善小而不爲하고 勿以惡小而爲
之하라.

◇소열(昭烈) : 유비(劉備). 자(字)는 현덕(玄德). 촉한(蜀漢)의 초대 황제. ◇후주(後主) :
이름은 선(禪), 소열의 아들.

이 말의 묘미는 '소(小)'에 있다. 선행(善行)은 비록 작다고 하더라도 거부하지 말 것이며, 악행(惡行)은 비록 작다고 해도 이를 거부해야 할 것이라고 가르친다. 선과 악을 명확한 의식으로 판단하여 분별 있는 행위를 하여야 할 것이다.

3

하루라도 착한 것을 생각지 않으면 모든 악한 것이 다 저절로 일어나는 법이다. 〈莊子〉

莊子曰, 一日不念善이면 諸惡이 皆自起니라.

◇장자(莊子) : 이름은 주(周). 춘추 시대 송(宋)나라 사람으로 『장자』를 지었다.

[풀이]

단 하루일지라도 착한 일을 염두에 두고 있지 않으면, 악(惡)의 싹이 스스로 머리를 들고 일어나서 인간의 심성을 흐리게 한다.

4

"악을 선으로 갚으라."는
프랑스 속담은 참다운 선의 가치를 말해 준다.

착한 것을 보거든 목마를 때 물 본 듯이 주저하지 말고 악한 것을 듣거든 귀머거리같이 하라. 그리고 착한 일이란 모름지기 탐을 내고 악한 일이란 모름지기 즐겨하지 말라. 〈太公〉

太公이 曰, 見善如渴하고 聞惡如聾하라. 又曰, 善事란 須貪하고 惡事란 莫樂하라.

◇태공(太公) : 성(姓)은 강(姜), 이름은 여상(呂尙). 주(周)나라 초기의 현신(賢臣).

[풀이]

선악에 대한 태도를 가르치고 있으며, 역(逆)으로 유추(類推)해 나가면 해야 할 일과 하지 않아야 할 일에 대한 개념을 파악할 수 있을 것이다.

5

영국의 테니슨은 "선을 고수하여 기치(旗幟)를 선명히 하라."고 했다.

한평생 착한 일을 하여도 그 착함이 오히려 모자라고, 하루 악한 일을 할지라도 악은 스스로 남는다. 〈馬援〉

馬援이 曰, 終身行善이라도 善猶不足이요, 一日行惡이라도 惡自有餘니라.

◇마원(馬援) : 후한(後漢)의 정치가. 광무제(光武帝)를 따라 복파장군(伏波將軍)이 되었다.

[풀이]

선행이란 한평생을 두고 행하여도 오히려 그 선행이 모자랄 정도이며, 악한 일이란 단 하나라도 범하면 두고두고 사라지지 않는 법이다. 선과 악은 상대적인 개념이며, 그 행위가 끝에서 끝에 놓여 있기도 하다.

6

돈을 모아서 자손에게 남겨 주더라도 반드시 이를 다 지키지 못할 것이요, 책을 모아서 자손에게 남겨 주더라도 반드시 이를 다 읽지 못할 것이니, 남모르는 가운데 음덕(陰德)을 쌓음으로써 자손을 위하는 것만 못하다. 〈司馬溫公〉

司馬溫公이 曰, 積金以遺子孫이라도 未必子孫이 能盡守요 積書以遺子孫이라도 未必子孫이 能盡讀이니, 不如積陰德於冥冥之中하여 以爲子孫之計也니라.

◇온공(溫公) : 이름은 광(光). 송나라 때의 명신. 신종(神宗) 때 왕안석(王安石)의 신법(新法)을 반대하다가 실각(失脚)하였고, 철종(哲宗) 때 정승이 되어 신법을 모두 폐지하였다. 『자치통감(資治通鑑)』을 지었다.

[풀이]

힘껏 돈을 벌어서 이를 유산으로 자손에게 물려 주더라도 그 재산을 자식이 잘 간수하기란 어려운 일이며, 아무리 좋은 책을 자식에게 물려 준들 과연 그 자식이 마음의 양식으로 그 책을 벗삼을지는 의심스러운 일이다. 그러나 자식을 위해서 남몰래 덕을 베풀고 선행을 하여 그 터전을 쌓아 놓으면, 이야말로 길이길이 자손에게 은덕이 될 것이다. 여기서 우리는 물질보다 정신의 가치를 우위에 두는 동양 사상의 측면을 엿볼 수 있다.

7

"항상 선을 행할 여지를 가져라. 결코 구실을 만들어서 인혜(仁惠)의 의무를 피하지 말라." 로마 황제 아우렐리우스의 말이다.

은혜와 의리를 넓게 베풀어라. 인생이란 어느 곳에서든 서로 만나게 마련이다. 원수와 원망을 맺지 말라. 길 좁은 곳에서 만나면

피하기 어렵다. 〈景行錄〉

景行錄에 曰, 恩義를 廣施하라, 人生何處不相逢이라. 讐怨을 莫結하라, 路逢狹處면 難回避니라.

◇경행록(景行錄) : 송나라 때의 책 이름.

[풀이]
은혜와 의리는 가능한 한 넓게 베푸는 것이 좋다. 무상(無常)한 인간의 삶이란 언제 어디서든 서로 만나게 마련이다. 은혜와 의리를 외면하지 않는 것은 인간의 상정(常情)이리라. 곤란에 처했을 경우 은혜와 의리는 언제든 베푼 만큼 받을 수 있는 법이다. 반대로 원수와 원망은 가능한 한 맺지 않는 것이 좋다. 피할 수 없는 좁은 길에 처해서는 원수와 부딪치게 마련이다.

8

나에게 착하게 하는 이라도 내 또한 착하게 하고 나에게 악하게 하는 이라도 내 또한 착하게 하라. 내가 이미 남에게 악하게 아니 하였으면 남이 나에게 악하게 하는 일이 없을 것이다. 〈莊子〉

莊子曰, 於我善者도 我亦善之하고 於我惡者도 我亦善之니라. 我旣於人에 無惡이면 人能於我에 無惡哉인져.

[풀이]
내게 착하게 하든 악하게 하든 나는 이를 상관하지 않고 착하게 대하는 것이 좋다. 내가 기왕에 악하게 하지 않은 이상 상대방이 내게 악하게 하지는 않을 것이다. 이러한 폭 넓은 대인 관계는 살아 가는 데에 언제나 도움이 될 것이다.

9

"선행은 인(仁)에서 출발하여 노력으로써 수행된다."는
스페인 속담은 현대에 더 그 가치를 발휘한다.

하루 착한 일을 행할지라도 복은 비록 곧 나타나지 아니하나 화는 스스로 멀어질 것이요, 하루 악한 일을 행할지라도 화는 비록 곧 나타나지 아니하나 복이 저절로 멀어지리라. 착한 일을 행하는 사람은 봄 동산의 풀과 같아서 그 자라나는 것은 보이지 않으나 날마다 더하는 바가 있고, 악한 일을 하는 사람은 칼을 가는 숫돌과 같아서 갈리어 닳아 없어지는 것이 보이지 않더라도 날이 갈수록 닳아 없어지는 것과 같다. 〈東岳聖帝〉

東岳聖帝垂訓에 曰, 一日行善이라도 福雖未至나 禍自遠矣요, 一日行惡이라도 禍雖未至나 福自遠矣니, 行善之人은 如春園之草하여 不見其長이라도 日有所增하고, 行惡之人은 如磨刀之石하여 不見其損이라도 日有所虧니라.

◇동악성제(東岳聖帝) : 도가(道家)의 한 사람. 이름은 알 수 없다.

[풀이]

선행은 바로 그 보람을 나타내지 않는다. 그러나 날이 갈수록 선행이 쌓여 언제 다가올지 모르는 재앙에서 벗어나게 할 것임이 틀림없다. 자신도 모르게 저지른 악행일지라도 그 결과 또한 즉시 나타나지 않지만 다가오는 복은 서서히 멀어져 가게 마련이다.

따뜻한 봄날, 싹튼 풀잎이 생장하는 순간 순간을 포착할 수는 없지만, 어느새 차츰차츰 자라나서 꽃을 피운다. 이러한 자연 현상과 같이 선행의 덕은 그 순간 순간 보람이 나타나지는 않지만 서서히 쌓여 꽃을 피우고 열매를 맺는다.

칼을 가는 숫돌이 보이지 않는 사이에 조금씩 닳아서 없어지는 것처럼, 악

덕(惡德)은 당장 눈앞에 보이지는 않지만 인간의 삶을 조금씩 갉아먹어 소멸로 몰고 간다.

10

"해마다 하나씩 나쁜 습관을 고친다면
가장 악한 사람도 곧 선량한 사람이 될 것이다."
프랭클린의 이 말은 본래 선한 인간의 본성을 드러낸다.

착한 것을 보거든 아직도 부족한 것과 같이 하고 악한 것을 보거든 끓는 물을 만지는 것과 같이 하여라. 〈孔子〉

子曰, 見善如不及하고 見不善如探湯하라.

[풀이]

선은 끝이 없는 법, 언제나 부족한 느낌으로 선행을 할 것을 가르쳐 주고 있다.

■ 해설

인간 본성으로서의 선과 악

최동희(崔東熙)

꾸준히 착하게 살아 간다는 뜻의 계선(繼善)

우선 '계선(繼善)'이라는 말이 무엇을 뜻하는지 좀 알쏭달쏭하다. 어렵게 생각하면 점점 어려워지고 쉽게 생각하면 쉬울 수도 있다. 어렵게 생각하면 『주역(周易)』이라는 어려운 책을 끌어대는 수밖에 없다. 『주역』 「계사전 상(繫辭傳上)」 제5장에 "繼之者善也"라는 말이 있는데, 이것으로써 '계선(繼善)'이라는 말을 풀이할 수 있다. 그러나 이렇게 어려운 풀이는 여기서는 피하기로 한다.

쉽게 생각해서 글자의 뜻대로 풀이하면 된다. 두 글자의 뜻에 따라서 '착한 행실(善)을 이어 나간다(繼)'는 뜻으로 볼 수 있다. 어제도 오늘도 그리고 내일도 쭉 착하게 살아 가자는 뜻으로 생각하면 된다. 물론 이러한 뜻으로 '계선'이라는 말이 흔히 사용되는 것도 아니다. 또 이러한 뜻으로 사용할 수 있는 알맞은 말이라고 생각하기도 어려운 점이 있다. 그러나 『명심보감』은 본래 쉬운 글들을 한데 엮어서 쉽게 일반 사람을 깨우치려고 만든 책이다. 그러므로 꾸준히 착하게 살아 간다는 뜻으로, 쉽게 '계선'이라는 말을 쓴 듯하다. 이것으로 '계선'이라는 말의 뜻을 어느 정도 밝힌 셈이다. 즉 「계선편」은 오늘도 내일도 꾸준히 착하게 살아 가는 데 도움이 되는 쉽고도 좋은 글을 모아 놓은 부분이다.

다른 편과 마찬가지로 「계선편」도 유명한 옛사람의 글 가운데서 쉽고 좋은 짤막한 글만을 뽑아 모은 것이다. 말하자면 열 사람의 격언을 모아 놓은 것이나 다름이 없다. 저마다 생각과 뜻이 다른 사람의 격언이 모여 있기 때문에 앞뒤가 이론적으로 꽉 짜여 있을 수는 없다. 예컨대 공자의 말도 있고 장자의 말도 있는데, 겉으로는 비슷하게 보이나 잘 따져 보면 밑에 숨어 있는 사상은 매우 다르다. 공자가 착한 일을 하라는 말과 장자가 착한 것을 생각하라는 말은 언뜻 보기에는 비슷하지만, 그 밑바닥에 숨어 있는 근본 사상은 매우 다를 수 있다. 말하자면 공자가 착하다고 말하는 것은 부모에게 효도하고, 형을 잘 섬기는 따위를 뜻한다. 그러나 장자가 착하다고 말하는 것은 이런 따위를 뜻하지 않는다. 내 부모와 남의 부모를 구별하고, 윗사람과 아랫사람을 구별하고, 옳은 것(是)과 그른 것(非)을 구별하고…… 이렇게 저것(彼)이나 이것(是)이냐를 실없이 가리고 따지는 것은 한갓 상대적인 이론, 즉 '피시방생지설(彼是方生之說)'에 지나지 않는다. 장자가 착하다고 말하는 것은 오히려 이러한 좁은 상대적인 입장을 넘어서는 것을 뜻한다. 이 세상을 벗어나 자기마저 잊고 초연하게 사는 것이 정말 착한 삶이라고 한다. '착하다'는 한 가지 말도 사람에 따라서 이토록 다를 수 있다.

인격에서 우러나온 말의 감화를 통한 선의 이상

이론적으로 짜임새가 없다는 것이 이 「계선편」을 포함한 『명심보감』의 한 결점이라고 말할 수 있다. 특히 전체의 짜임새 즉 체계를 생명으로 삼고 있는 과학이 무엇보다 존중되는 오늘날, 이러한 결점은 매우 불리하다고 할 수 있다. 그러나 다른 한편으로는 이 결점이 도리어 장점이 될 수도 있다. 마음을 맑게 한다든지 착하게 한다든지 하는 인격을 위한 노력에서 체계만이 중요한 것은 아니다. 짜임새를 자랑하는 빈틈없는 설득보다 오히려 진심에서 우러난 다정스러운 충고가 더 효과적일 수 있다.

이와 마찬가지로 체계 있는 이론보다 높고 깊은 인격에서 우러나는 짤막한 한 마디가 더 깊은 감화를 줄 수 있다. 사실 이 「계선편」을 포함한 『명심보감』 전체가 바로 이러한 감화를 주로 노리고 있다. 또 이런 점에서는 매우 유익한 책이라고 할 수 있다. 하나의 의문은 다른 의문을 불러일으키고, 이것은 또 새로운 의문을 낳고…… 이렇게 인생은 끝없는 수수께끼이다. 지금 내가 무엇을 하는 것이 가장 보람있을까? 반성에 반성을 거듭해도 결코 삶의 수수께끼는 풀리지 않는다. 이러한 마음의 소용돌이 속에서 옛사람의 감화로 마음을 가다듬을 수 있다면 그 얼마나 다행한 일일까.

또 겉으로는 비슷해 보이지만 속 사상이 다른 글을 한데 엮은 것이 결점일 수 있다. 그러나 이것도 장점일 수 있다. 물론 읽는 사람이 잘 가려서 신중하게 읽어야 한다는 조건이 필요하다. 사람마다 식성이 다르고, 때에 따라서 식성이 다를 수 있다. 이와 마찬가지로 읽는 사람에 따라서 바라는 사상이 다르고, 때에 따라서 바라는 사상이 다를 수 있다. 따라서 다른 편과 마찬가지로 「계선편」도 서로 사상이 다른 사람이 함께 읽을 수 있고, 어느 때에는 이 구절에서 어느 때에는 저 구절에서 새로운 감화를 받을 수 있다.

앞에서도 말했지만 이 편에 담긴 의미는, 우리 인간은 끊임없이 착해야 한다는 점이다. 한 번이나 두 번 정도 착한 일을 하는 데 그쳐서는 안 된다는 것이다.

사람이 끊임없이 착하게 살기란 매우 어려운 일이다. 어떻게 보면 사람으로서는 거의 이렇게 살 수 없을지도 모른다. 한두 번 착한 일을 하는 것도 보통 사람으로서는 장한 일인데 어떻게 번번이 착한 일만 할 수 있겠는가? 원래 이렇게 어려운 일이므로 마땅히 늘 착해야 한다고 힘주어 가르칠 필요가 있는지도 모른다. 마땅히 늘 착해야 한다고 가르치는 까닭은, 사람이 반드시 늘 착하지만은 않기 때문이다. 마치 물이 낮은 곳으로 흐르듯이 우리 인간이 반드시 늘 착하다면 새삼스럽게 늘 착하라고 권할 필요도 없다. 본래 우리 인간은 늘 착할 수가 없다. 우리 인간은 마음이 약해서 착한 일을 해야 한다는 것을 알면서도 착한 일을 하지 못한다. 여기에 인간의 안타까움이 있다.

또 이러한 사정으로 간혹 다른 사람에 비하여 꾸준히 착한 사람이 있으면 뭇사람의 존경을 받게 된다. 또 우리가 무엇보다 꾸준히 착하게 살려고 굳게 결심하고 거듭 다짐해야 하는 까닭도 여기에 있다.

그러나 좀더 자유롭게 생각해 볼 필요가 있다. 도대체 인간이 굳이 착하게 살아야 할까? 그저 편하게만 살면 그만이지 그토록 애써서 착할 필요가 없지 않을까? 이 문제는 참으로 어렵고도 까다롭다.

예로부터 지금까지 인간이 착해야 한다는 이유를 밝히려고 애쓴 사람의 수는 이루 헤아릴 수 없을 만큼 많다. 그 중에서 어느 누구도 만족할 만한 이유를 대지 못했다. 어떤 이는 사람의 본성이 착하기 때문에 착해야 한다고 주장한다. 보통 이것을 '성선설(性善說)'이라고 한다. 그런가 하면 거꾸로 사람이 타고난 본성이 본래 나쁘기 때문에 성인(聖人)의 가르침에 따라서 착해야 한다고 말하는 사람도 있다. 이러한 입장을 '성악설(性惡說)'이라고 한다. 혹은 이 「계선편」에서도 말하고 있듯이 착한 일을 하는 사람에게는 복이 오기 때문에 착해야 한다고 말하는 이도 있다. 이것을 공리주의(功利主義)라고 부른다. 이에 대해 복(福)이니 화(禍)니 따위의 이해(利害)를 아주 떠나서 오로지 사람으로서의 의무를 다하기 위해서만 착해야 한다고 보는 인격주의(人格主義)도 있다.

이 「계선편」은 깊이 공부한 사람에게보다는 오히려 주로 세상의 보통 사람을 가르치려는 글이다. 그리고 보통 사람은 역시 복이니 화니 따위의 이해에 관심이 크게 마련이다. 이러한 사정으로 이 편에서는 주로 화를 피하고 복을 받기 위해서 착해야 한다는 투로 말하고 있다.

그러나 조심스럽게 읽어 보면 꼭 그렇다고만 할 수는 없다. 특히 장자의 말은 겉으로 보기와는 달리 모든 이해를 넘어서서 초연하게 살아야 한다는 것을 뜻하고 있다. 아니 공자가 "착한 일을 하는 이에게는 하늘이 복을 준다."고 한 말도 좀더 깊은 뜻으로 풀이할 수 있다. 복이라는 말을 좀더 넓게 볼 수 있기 때문이다. 예컨대 돈이 많거나 권력 따위가 아니라, 높은 인격에서 우러나는 원만한 삶이야말로 참된 복이라고 볼 수도 있다. 물론 사람이 이 세상에 태어난 이상 이른바 돈이나 권력이나 건강 따위의 복은 바람직한 것이다. 그러므로 이러한 복을 위해서 착할 수도 있고 착할 필요도 있을 것이다. 그러나 오직 이러한 복을 위하여 착하게 살려고 하면 역시 그 착한 삶에는 어딘지 약한 구석이 있고 어두운 구석이 있게 마련이다.

지금까지 본 것처럼 착하게 살아야 한다는 이유를 누구나 만족하도록 내세울 수는 없다. 그러나 확실한 것은 사람은 누구나 마음 속으로 '착한 것'을 동경하고 존경한다는 점이다. 누구나 착한 일을 하면 누가 칭찬을 하건 말건 그저 기쁘고, 거꾸로 나쁜 일을 하면 스스로 양심에 가책을 받게 된다. 또 예나 지금이나 착한 사람은 역시 존경을 받는다. 이렇게 보면 사람은 나면서부터 이미 착한 것을 그리워하고 존경하게 마련인 듯하다.

앞에서 말하였듯이 왜 착하게 살아야 하는지 그 이유를 일반적으로 말할 수 없을지 모른다. 그러나 역시 누구나 착하기를 바라고 착한 사람을 존경한다. 공부한 사람이건 못한 사람이건, 옛사람이건 지금 사람이건 이 점에서는 다름이 없다. 이런 점에서 우리는 착하려고 하는 것이 바로 인간의 본성임을 짐작할 수 있다.

사람만이 끊임없이 착하려고 애쓴다. 또 이렇게 애쓰는 이유는 애쓰지 않으면 착하게 살 수 없기 때문이다. 여기에 인간의 비극도 보람도 있다. 사람이 목석(木石)처럼, 서면 선 채로 앉으면 앉은 채로 있을 수 있다면 새삼 애쓸 필요도 없다. 사람이 한결같이 착하기만 하다면 착한 사람을 존경할 이유가 없다. 바로 착하려고 하는데 착하기만 할 수 없기 때문에 사람이 애쓰는 것이다. 따라서 사람은 누가 착한 일을 하면 존경하고, 또 나쁜 일을 하면 때로는 넓은 마음으로 용서할 수도 있다.

이와 같이 착할 수도 있고 그렇지 않을 수도 있는 사람의 본성을 자유라고 한다. 사람의 본성은 바로 자유다. 자유의 반대는 필연이다. 목석의 본성은 바로 필연이다. 목석이 아닌 사람으로서는 꼭 착하기만 할 수는 없다. 그러므로 예부터 마땅히 착하게 살아야 한다고 가르쳐 왔다. 이 편에서도, 마땅히 오늘도 내일도 착해야 한다고 거듭 가르치고 있을 뿐이다. 꼭 착하기만 하라는 것은 아니다. 이것을 잘 이해하지 못하면, 자기 자신은 위선자(僞善者)가 되기 쉽고 남에게는 너그럽지 못하게 된다.

사실 아무도 꼭 착하기만 할 수는 없는데도 자기는 착하기만 한 듯 꾸미려는 것이 위선이다. 아무도 착하기만 할 수는 없는데도 남에게 착하기만 바라면 또한 너그러울 수 없다.

天命篇

하늘에 순종하는 도덕률

• • • • • •

인간은 완전할 수 없다.
따라서 완전한 절대자를 이상으로 삼는다.
조금이라도 더 가까이 하늘의 세계에
도달하는 길은 무엇인가?

1

을파소(乙巴素)는 "천명은 헤아릴 수 없다."고 했다.

하늘에 순종하는 이는 살고 거스르는 이는 망한다. 〈孔子〉

子曰, 順天者는 存하고 逆天者는 亡이니라.

[풀이]

하늘을 따른다는 것은 대자연의 섭리를 거스르지 않는다는 뜻. 우주의 망망한 공간 속에서 인간이 어찌 우주의 원리에 순응하지 않고 생존할 수 있을까.

2

하늘의 들으심이 고요하여 소리가 없으니 푸르고 푸른데 어느 곳을 찾을 것인가. 높지도 않고 멀지도 않은지라 모두가 다만 사람의 마음에 있는 것이다. 〈邵康節〉

康節邵先生이 曰, 天聽이 寂無音하니 蒼蒼何處尋고. 非高亦非遠이라 都只在人心이니라.

◇소강절 선생(邵康節先生) : 이름은 옹(雍). 송나라 때의 학자. 역리(易理)에 정통하였으며 저서에 『황극경세(皇極經世)』, 『이천격양집(伊川擊壤集)』 등이 있다. 시호(諡號)는 강절(康節).

[풀이]

푸르디 푸른 하늘이 있다. 거기에서는 아무 소리도 들려 오지 않고 그저 푸르기만 하다. 그런데 과연 하늘은 어디 있는 것인가? 그러나 하늘은 끝없이 높은 곳에 있지도 않고 끝없이 먼 곳에 있지도 않다. 하늘은 사람의 마음 속에 있기 때문이다.

3

사람의 사사로운 말도 하늘의 들으심은 우레와 같고, 어두운 방에서 속이는 마음이라도 귀신의 눈은 번개와도 같다. 〈玄帝〉

玄帝垂訓에 曰, 人間私語라도 天聽은 若雷하고, 暗室欺心이라도 神目은 如電이니라.

[풀이]

지나가면서 아무렇게나 하는 말 또는 부담 없이 하는 이야기라 할지라도, 하늘을 우러러 한 점 부끄러움이 없는 내용이어야 하겠다. 은밀히 속삭이는 밀어(密語) 가운데도 상대방을 속이는 내용은, 보이지 않는 누군가가 그 속임수를 환히 들여다보고 있으리라.

4

미국의 로월은 "운(運)은 약자에게 매질이 되고 용자에게는 지팡이가 된다."고 했다.

나쁜 마음이 가득 차면 하늘이 반드시 벨 것이다. 〈益智書〉

益智書에 云하기를, 惡鑵이 若滿이면 天必誅之니라.

◇익지서(益智書) : 송나라 때의 책 이름.

[풀이]

사람의 마음 속에 악한 생각이 가득 들어 있으면, 스스로 그 악한 생각에 대한 보복이 따르리라는 것이다. 악하게 하고자 하는 마음은 하늘을 배반하는 행위임이 틀림없다. 대자연의 순리에 역행하면 생존할 수가 없다.

5

만일 착하지 못한 일을 해서 세상에 이름을 낸 자는, 비록 사람이 해하지 못하나 하늘이 반드시 벨 것이다. 〈莊子〉

莊子曰, 若人이 作不善하여 得顯名者는, 人雖不害나 天必戮之니라.

[풀이]

악덕(惡德)을 행하여 이름을 떨친 자들이 비록 세상에서 온갖 부귀를 누린다고 해도 하늘은 이를 그냥 두지 않을 것이다.

6

"인생의 가치가 있으면
모두 결과가 있어야 한다."고 괴테는 말했다.

오이씨를 심으면 오이를 얻고 콩을 심으면 콩을 얻으며, 하늘의 그물이 넓고 넓어 보이지는 않으나 새는 법은 없다.

種瓜得瓜요 種豆得豆니, 天網이 恢恢하여 疎而不漏니라.

[풀이]

오이씨를 심으면 오이가 나고 콩을 심으면 콩이 돋아난다. 착한 일을 하면 반드시 선행(善行)에 대한 보상을 받으며, 악한 일을 하면 악행(惡行)에 대한 보복을 받게 마련이다. 하늘은 망망하지만 결코 사소한 일 하나라도 놓치지 않으며, 만물은 이 원리에 따라 빈틈없이 돌아가게 마련이다.

7

나쁜 일을 하여 하늘에 죄를 지으면 빌 곳이 없다. 〈孔子〉

子曰, 獲罪於天이면 無所禱니라.

[풀이]

  나쁜 일을 하여 죄를 범하고 하늘로부터 벌을 받으면 그 어느 곳에 호소해도 돌이킬 수 없다. 하늘이 내린 벌은 절대적이라는 말이다

천도로 향한 권선 징악의 이상

안병주(安炳周)

도가 철학과 도교 사상

중국 사상을 연구할 때 주의해야 할 점 가운데 하나는, 도가 철학(道家哲學)과 도교 사상(道敎思想)을 혼동해서는 안 된다는 것이다. 그 상세한 이론을 여기서 논할 수는 없으나 도가 철학에는 도교 사상에 보이는 것과 같은 종교적인 요소는 하나도 없다는 중요한 차이점만 우선 지적하지 않을 수 없다. 물론 『도덕경(道德經)』이나 『노자(老子)』라고 불리는 책 속에 보이는 그윽하고 깊은 언어와 『장자(莊子)』의 「소요유편(逍遙遊篇)」에 보이는 신인(神人)이란 말이 도교에서 억지로 끌어다 붙여 종교화하기에 가장 적합한 것이라 말할 수도 있다. 또 도교에서는 노자를 높여 태상 노군(太上老君)이라 하고, 장자나 열자(列子)도 높여 장자의 책 『장자』를 『남화진경(南華眞經)』, 열자의 책 『열자』를 『충허진경(冲虛眞經)』이라 부르기도 한다. 그러나 이 때문에 도교가 도가 철학 즉 노장 철학(老莊哲學)에서 나온 것이라 하고, 도가 철학과 도교 사상을 구별하지 않으려 한다면 이는 경솔한 판단이다.

노자의 말이 깊고 그윽하다 하나, 『노자 도덕경(道德經)』 오천 언(言)의 어느 곳에 종교가 있는가. 장자가 「소요유편」에서 막고야산(藐姑射山)에 산다는 신인(神人)을 말했다 하나, 이는 종교의 본질인 귀의(歸依 : conversion), 다시 말해 신앙의 대상이 되는 신인은 아니다. 만물을 만물답게 하고 자연을 자연답게 하는 까닭인 '하늘의 소리(天籟)'를 듣고, 존재의 원리에 통달하여 세속 인간의 내적 부자유나 외적 부자유 또는 근원적인 삶과 죽음의 부자유 등 모든 부자유로부터 절대 자유의 경지로 초탈한 신인. 장자의 신인은 이러한 신인이지 결코 귀의의 대상인 종교의 신인은 아니다. 그리고 『장자』나 『열자』의 어디에도 원시 천존(元始天尊) 같은 것이 나오지 않는다. 도교의 천지 구성담(天地構成談)이 『열자』에 근거하였다 하나 이것도 도가를 차용(借用)한 것에 지나지 않는다. 도교에 『역경(易經)』이나 『역위(易緯)』가 많이 인용되고 있다 해서 유가(儒家)의 역(易)과 도교를 동일시하는 사람은 없다. 이와 같이 도가 철학과 도교 사상은 엄밀히 구별해야 한다.

음덕 양보주의 (陰德陽報主義)의 사상

도교 사상이 도가 철학에서 비롯된 것이라 고집한다면, 도교는 도가 철학이 잡술 종교로 타락한 것이라고 말하여야 할 것이다. 바꾸어 말하면 도교는 도가를 찬탈한 것이다.

『명심보감』에 인용된 『장자』나 『열자』의 경우도 그렇다. 『명심보감』에 인용된 책으로는 『경행록(景行錄)』이 열 여덟 번으로 압도적이고, 또 「동악성제수훈(東岳聖帝垂訓)」, 「현제수훈(玄帝垂訓)」, 「손진인 양생명(孫眞人養生銘)」, 「자허원군 성유심문(紫虛元君誠諭心文)」 등 도교의 수훈이 많이 나오지만 『장자』나 『열자』에서 인용된 글은 『장자』나 『열자』에 있는 글이 아니다.

이와 같이 도가 철학과 구별되는, 종교로서 도교는 수도(修道) 방법을 여러 가지 제시하고 있는데, 『명심보감』에서도 그 핵심 사상이라 할 수 있는 적선(積善), 곧 선행을 많이 쌓는 것을 한 방법으로 삼고 있다.

적선법이란 선행 공덕(善行功德)을 쌓으면 백일 승천(白日昇天)하여 장생(長生)함을 얻을 수 있다는 것이다. 이것은 중국 또는 중국 문화권에 속한 동양 사회를 지배하여 온 실제의 도덕률이라고도 할 수 있는데, 이러한 도교의 적선법 밑바닥에 흐르는 사상을 간결하게 표현하면 음덕 양보주의(陰德陽報主義) 또는 인과 응보 사상이라 말할 수 있다.

보통 노자가 지었다고 하나, 청(淸)의 혜동(惠棟)이 진(晉)의 갈홍(葛洪) 곧 포박자(抱朴子)의 저술로 인정하는 『태상감응편(太上感應篇)』은 실은 뒷사람이 포박자의 글에서 취하여 편집한 것이라고 추측되는데 이 『태상감응편』에서 '태상'은 '최상'을 뜻하며 '감응'은 사람의 선과 악에 대하여 응보(應報)가 있다는 인과 응보를 말한다. 또 명(明)의 원요범(袁了凡)의 저술로 일컬어지는 『음즐록(陰騭錄)』이란 책이 있는데, 이 책에는 「공과격(功過格)」이 부록으로 실려 있다.

'음즐'이란 말은 유가의 경전인 『서경(書經)』 「홍범편(洪範篇)」의 "惟天陰騭下民"에서 나온 것으로 음(陰)은 '숨는다(隱)'는 뜻이요, 즐(騭)은 '정한다(定)'는 뜻이니, 『음즐록』은 몰래 착한 일을 행하여 덕을 두텁게 쌓은 사람에게는 반드시 많은 복이 내려진다는, 이른바 음덕 양보주의를 내용으로 하는 책이다. 이 책의 부록인 「공과격」에서는 여러 가지 옛 수훈에 보이는 덕목(德目)이나 계조(戒條)를 계수

(計數)로 표시하여, 반드시 행해야 할 선행에는 공(功) 몇 점, 해서는 안 될 금지 조항에는 과(過) 몇 점 하는 식으로 점수를 정해서 이것을 천신(天神)에 보고하면 상(賞)과 벌(罰)이 내려진다고 믿고 있다.

도교의 입장에서 원용(援用)한 유학

무릇 이와 같은 음덕 양보, 인과 응보의 사상이 밑받침되어 있는 적선법이라는 도교 수도법의 영향 아래 "착한 일을 하는 이에게는 하늘이 복을 주고 악한 일을 하는 이에게는 하늘이 화를 내릴 것이다.(爲善者, 天報之以福, 爲不善者, 天報之以禍)"라는 명제가 『명심보감』 전체의 사상을 대표하면서 책 첫머리에 실린 것이다.

『명심보감』은 이와 같이 도교 사상의 인과 응보주의를 토대로 탄생한 권선 징악의 책이다.

「천명편(天命篇)」의 첫 대목, "하늘에 순종하는 이는 살고, 거스르는 이는 망한다.(順天者存, 逆天者亡)"는 구절도 이러한 사상적 바탕에서 나온 것임은 말할 나위도 없다.

그런데 사실은 위의 두 구절 모두 유가의 시조인 공자의 말 곧 '자왈(子曰)'로 표현된 것에 『명심보감』의 문제점이 있다. 그래서 『명심보감』을 유교의 입장에서 도교의 설까지도 널리 채용하여 지은 것으로 간주하는 이도 있다. 사실 『명심보감』에 인용된 선현(先賢)의 말 가운데 공자의 말이 스물 네 번으로 가장 많다. 그러나 이것도 도교의 적선법을 설교하는 데에 공자를 억지로 끌어다 붙인 데 지나지 않는다. 『명심보감』에 인용된 공자의 말 가운데 정확하게 유가의 경전에서 인용된 것은 그리 많지 않다. 이는 공자의 위대한 이름과, 한무제 이후 국학 또는 국교의 반석 같은 지위를 차지한 이래 동양 도덕의 근간과 주류를 이루어 온 유학을 도교의 입장에서 원용(援用)한 것이다. 곧 도교라는 민간 신앙이 유학이란 관학(官學)의 권위를 빌려 쓴 것이다.

맹자(孟子)도 수양법의 하나로 욕심을 적게 갖는 것 즉 과욕(寡欲)을 들고 있기는 하나, 안분 지족(安分知足)과 청담 과욕(淸淡寡欲) 같은 소극적 은둔적 처신은 유가 이상주의의 적극적인 자세보다는 오히려 도가 철학이나 도교라는 종교에 알맞는 처세법인데, 청담 과욕하고 안분 초속(安分超俗)한 송나라의 유학자 소강절(邵康節)이 다섯 번으로 두 번인 주자(朱子)보다 더 많이 『명심보감』에 인용되고 있는 것도, 도교의 입장에서 유학을 원용한 것임을 입증하는 한 예가 될 것이다.

그리고 여기에는 유가 사상에서의 하늘, 곧 천(天)이 도교의 음덕 양보 사상에 원용되기에 알맞은 점이 있는 까닭도 있다. 앞에서도 언급하였듯이 『음즐록』의 '음즐'도, 유가의 경전 『서경』에서 하늘이 백성을 음즐한다는 데서 따 온 것이고, 그 연원을 『서경』에 두고 있는 유가의 천명 사상(天命思想)이 도교의 음덕 양보 사상에 원용되기에 적합한 점이 있는 것이다.

유가 사상에서 천(天)은 푸른 하늘 곧 자연의 하늘이라는 뜻을 넘어서 칭찬하고 벌주는 의지를 가진 하늘이다. 유가의 정치 철학과 도덕 철학의 근간인 천명 사상에서 하늘은, 백성의 주재자이고 통치권자이면서 하늘을 대신하여 백성을 다스리는 천자가 선정을 하면 포상하고, 악정을 하거나 도덕적으로 부패한 천자를 처벌하는 의지를 지닌 하늘이다. 그러나 하늘은 의지는 있어도 동작이 없다. 그래서 이 하늘의 의사를 대신하여 행하는 통치자가 있으니, 이른바 하늘이 지명한 하늘의 원자(元子) 즉 천자(天子)이다. 유가의 천명 정치 사상에서 하늘은, 의사는 있어도 직접 백성을 통치하지는 않고 천자에게 대신 정치를 맡긴다. 이러한 유가의 천명 정치 사상의 정치 제도를 양계초(梁啓超)는 간접적 천치주의(天治主義)라 이름붙이고 하늘을 입헌 군주국의 군주에, 그리고 천자를 그 군주가 지명하는 내각 수반 즉 국무 총리에 비유하였다. 그리하여 하늘은 천자를 지명하고 개폐(改廢)하는 의지를 지니고 있다. 유가의 정치 철학에서 하늘의 의지를 아는 방법으로 하늘의 뜻은 곧 백성의 뜻으로 말미암아 나타난다고 설명하고 있는데, 이 점은 주제에서 벗어나는 것이므로 여기서는 논의하지 않기로 하고 다만 유가의 정치 철학 또는 도덕 철학에서 설명하는 의지의 하늘이 곧 도교의 인과 응보 사상에 부합하는 것임을 거듭 지적하는 데 그친다.

「천명편」에서는 이러한 하늘의 도가 엄연하고 인간이 하늘 앞에 얼마나 무력한지를 이야기한다. 인간의 분수가 이미 하늘에 의하여 결정된 것으로 보는 일종의 운명 결정론 같은 말이 『명심보감』의 이곳 저곳에 보이는데 이것도 하늘의 도가 엄연함을 말해 준다. 그러면서도 숙명론적 결정론으로부터의 탈피라 할 수 있는 인간의 노력 가능성을, 선행을 쌓으면 복을 받게 된다는 것으로 설명하는 것이 『명심보감』의 중요한 내용이다.

천도(天道)에 순종하는 권선 징악의 실제적 도덕률

『명심보감』의 편저자를 중국인으로 보느냐 우리 나라의 선현으로 보느냐 하는 논란이 있으나 이에 대한 속단은 보류한다. 어느 주장을 택하든 『명심보감』은 도교의 수도법 가운데 하나인 적선법을 설교하기 위하여 유가의 천명 사상까지도 원용한 권선 징악의 실제적 도덕률을 설법한 책이다. 하늘에 순종하는 이는 살고, 하늘에 거스르는 이는 망한다는 것이다.

順命篇

숙명의 물결

우리는 과연 어떤 운명을 타고날까?
운명과 대결하고 운명에 저항한다면
그리고 운명을 거부한다면 어떻게 될까?

1

스페인 속담에 "운은 어느 곳에도 스며든다."는 말이 있다.

죽고 사는 것은 명에 달려 있고, 부자가 되고 귀하게 되는 것은 하늘에 달려 있다. 〈孔子〉

子曰, 死生이 有命이요, 富貴在天이니라.

2

모든 일이 나뉘어 이미 정해졌거늘 세상 사람이 부질없이 저 혼자 바빠하고 있다.

萬事分已定이어늘 浮生이 空自忙이니라.

[풀이]

인간 세상에 일어나는 모든 현상은 어떤 운명적인 결정에 의하여 이미 나타난 현상대로 규정되어 있으며, 그 규정된 길로 걸어가야 한다는 말이다. 부질없이 안간힘을 써 보지만 결정된 운명을 뒤바꿀 수는 없다. 분수에 합당하게 살아야 하며 하늘의 뜻을 거역할 수는 없다는 것이다. 여기서 말하는 뜻대로 생각하면 운명론에 흐르기 쉬우나, 분수에 맞는 생활을 강조한 것이다.

3

화는 가히 오행으로는 면하지 못하고 복은 가히 두 번 다시 얻지 못할 것이다. 〈景行錄〉

景行錄에 云하되, 禍不可倖免이요 福不可再求니라.

[풀이]

기필코 입지 않으면 안 될 재앙은 어떤 요행으로도 피할 수 없다. 그리고 놓쳐 버린 복은, 이미 한번 지나가 버린 것으로 다시 돌이킬 수가 없다.

4

"인간 만사는 새옹마(塞翁馬)"라고
소동파(蘇東坡)가 말했다.

때를 만나면 왕발이 순풍을 만나 하룻밤에 등왕각에 가서 서문을 지어 이름을 높이듯 일이 잘 되고, 운수가 나쁘면 천복비에 벼락이 내려 비석이 깨지듯이 천신 만고가 수포로 돌아간다.

時來風送滕王閣이요, 運退雷轟薦福碑라.

◇천복비(薦福碑) : 원나라 때 마치원(馬致遠)이 만든 비.

[풀이]

당나라 때의 일로 다음과 같은 일화가 전해진다. 왕발이 꿈을 꾸었는데 망당산 신령이 나타나 계시를 해주었다. 왕발은 이 계시의 도움을 받아 순풍 속에 배를 타고 하룻밤 사이에 남창 7백 리를 가서는 등왕각 서문을 지어 천하에 명성을 떨쳤다. 구대공의 문객 가운데 지극히 가난한 자가, 천복비 비문을 탁본해 올리면 보수를 후히 준다는 소문을 듣고 천신 만고 끝에 수천 리를 갔더니, 공교롭게도 그 날 밤에 벼락이 떨어져 그 비석이 산산이 조각나 있었다. 인간사는 모두 그 운명이 결정되어 있다는 가르침이다.

5

어리석고 귀 먹고 고질 있고 벙어리라도 집은 큰 부자일 수 있고, 지혜 있고 영리하지만 도리어 가난할 수 있다. 운수는 해와 달과 날과 시가 분명히 정해져 있으니 운수를 놓음에 있어 부유하고 가난함은 사람으로 말미암음에 있지 않고 그 명에 있다. 〈列子〉

列子曰, 痴聾痼瘂도 家豪富요 智慧聰明도 却受貧이라. 年月日時 該載定하니 算來由命不由人이니라.

운명의 자기 모순

권오돈(權五惇)

순명의 비판적 의미

　순명(順命) 즉 운명에 순응한다는 말은 유교에서 즐겨 쓰는 말은 아니다. 공자는 "이(利)와 명(命)과 인(仁)을 드물게 말했다.(罕言利與命與仁)" 「순명편」에 나오는 "죽고 사는 것은 명에 달려 있고, 부자가 되고 귀하게 되는 것은 하늘에 달려 있다."는 말도 공자의 언행을 기록한 『논어』에는 없는 말이다. 그뿐만 아니라 말 속에 나타나는 이념을 보아도 유교의 그것과는 다르다. 실제로 공자 자신의 행동도 운명이라는 것을 몹시 생각한 것같이 보이지는 않는다. 그러므로 공자는 "그 하지 못할 것인 줄 알면서 하려는 사람(知其不可爲而爲)"이라는 조롱도 들었고, 하도 이 나라 저 나라 쫓아다니니까 "강 건너는 나루는 모두 다 알 것이다.(是知津矣)"라는 조롱도 들었으며, 죽은 뒤에도 장자에게 "찔찔거리고 초상집 개처럼 싸다녔다.(忙忙汝喪家之狗)"는 욕을 먹었다.

　공자의 그런 행동은 확실히 "세상 사람이 부질없이 저 혼자 바빠하고 있음(浮生空自忙)”에 속하는 일일 것이다. 그러나 공자는 한 몸의 부귀를 위하여 그렇게 초상집 개처럼 돌아다닌 것은 아니었다. 공자는 온 세상이 난마(亂麻)처럼 어지럽고 사람들의 생활이 도탄에 빠져 비참함을 눈으로 목격하였다. 자기 능력을 마음대로 발휘할 수만 있다면 어지러운 세상을 바로잡을 수 있을 것이요, 비참한 민생을 좀 편하게 할 수 있을 것 같았기 때문에 여러 나라 임금 중에 혹시 자기를 써 줄 사람이 없을까 해서 돌아다닌 것이다. 그리하여 그는 재삼 “의롭지 못한 부귀는 나에게는 뜬구름 같다.(不義而富且貴於我如浮雲)”고 선언했다.

여기에서 ‘관과지인(觀過知仁)’이란 말을 생각하고 싶다. “모든 일이 나뉘어 이미 정해졌다.(萬事分已定)”하여 단념하고 도탄에 빠져 있는 민생을 못 본 체한다는 것은 인인 군자(仁人君子)로서는 도저히 할 수 없는 일이다. 억지를 쓰고 세상과 민생을 위하여 괴로움을 참고 창피를 견디면서 어떻게든 바로잡아 보겠다고, 잘 살게 해 보겠다고 노력하는 그 심경이, 안 될 줄 알면서도 몸부림치는 그 마음씨가 얼마나 숭고하고 얼마나 위대한가. 문지기나 밭 매는 사람들이나 장자같이, 세상 사람이야 굶어죽건 얼어죽건 내 한 몸 편히 살겠다고 먼 산을 바라보고 콧노래 부르는 사람과 공자 사이에는 하늘과 땅의 거리가 있는 것이 아닐까. 단지 공자를 조롱하고 욕하던 사람이 모두 가난했기에 그래도 일리 있는 말처럼 들리지만, 만약 그들이 부귀한 사람들이었다면 어떻게 들렸을까.

순명과 인위의 배율(背律)

만약 세상을 위하고 민생을 위하는 일이라면 ‘저 혼자 바빠하는’ 정도가 아니라 우(禹) 임금처럼 17년 동안 “정강이 털이 다 없어지고 장딴지에 어복이 다 마르도록(脛無毛 股無腹)” 돌아다니면서, 자기 집 문 앞을 세 번이나 지나갔지만 들어가 볼 생각도 못하는 그런 행동과, “이마가 깨지고 발뒤꿈치가 다 닳아도(摩頂放踵)” 후회하지 않는 그런 활동에는 허리를 굽혀서 최고의 경의를 표해도 좋으리라. 그러나 그런 것이 아니고 자기 한 몸을 위한 부귀 영달을 얻으려고, 해가 되는 일은 요리조리 피하며 아첨하고 구차한 짓을 하는 관료배나 곡학 아세하는 학자 문인에게는 이 「순명편」을 태운 재를 냉수에 타서라도 한 사발 먹이고 싶다.

“때를 만나면 왕발이 순풍을 만나 하룻밤에 등왕각에 가서 서문을 지어 이름을 높이듯이 일이 잘 된다.(時來風送滕王閣)”

왕발(王勃)은 동정호(洞庭湖) 근처에 배를 대고 하룻밤 자려 했다. 그런데 어떤 노인이 등왕각에 가서 9월 9일 연회에 참석하고 「등왕각서(滕王閣序)」라는 문장을 지으라고 권고하였다. 그러나 왕발은 안 될 말이라고 거절하였다. 왜? 그 때가 9월 7일 밤이고 거기서 등왕각이 있는 남창(南昌)까지는 거리가 7백여 리나 되기 때문이었다. 그러나 노인은 염려 말고 가 보라고 하였다. 그래서 왕발이 가게 되었는데 바람이 어찌나 잘 부는지 9월 8일 당일에 7백 리를 배로 달려 어둡기 전에 남창에 당도하여 고금의 명문인 「등왕각서」를 지어 그 이름을 천추 만대에 전할 수 있었다.

송나라의 가난한 서생은 천복산(薦福山)에 있는 비(碑), 당나라의 명필인 구양순(歐陽詢)의 글씨로 유명한 비의 탁본(拓本)을 박아 내려고, 당시의 재상 범중엄(范仲淹)의 호의로 여비와 비용을 얻어 가지고 달려갔다. 거기 가서 한 천 부 탁본을 해 오면, 한 부에 몇백 냥 가는 것이니 당장의 곤궁을 면하리라고 기대하여, 부푼 가슴으로 몇 천 리 길을 허위 단심 달려갔다. 그런데 애써서 도착하였더니, 도착한 날 밤 그 비석에 벼락이 떨어져서 산산이 부서지고 말았다. 따라서 이 가난한 서생의 희망도 산산이 부서지고 말았다.

여기 이 두 사람, 왕발과 서생의 경우는 정반대이다. 왕발에게는 생각지도 않던 행복이 저절로 굴러 들어오는가 하면, 그 가난한 서생은 허위 단심 애쓰고 구하던 것이 그렇게도 무참한 결과로 나타났다고 해서 그 후 두 사람의 일은 세상일을 경계하는 좋은 표본이 되었다.

그러므로 부귀를 뜬구름처럼 여기고, 결코 불의한 짓을 하지 않는 이에게는 이따금 큼직한 행운의 선물을 보내 주고, 제 한 몸의 부귀 영달을 위해 불의든 무엇이든 가리지 않고, 흉악한 짓, 간사한 짓, 어떤 악착 같은 짓이라도 마다하지 않는 이에게는 벼락을 한 개씩 안겨 주었으면 한다. 그러면 이 『명심보감』의 편찬자가 일부러 「순명편」을 삽입하지 않았어도 살기 좋은 세상, 그야말로 에덴 동산이 곧 출현했을 것이다.

그러나 세상살이는 오히려 그와 반대인 것 같다. 앞에서 말한 천복비의 탁본이나 하려는 서생, 실상 이 서생은 남의 호의라도 받을 수 있는 선량한 서생이었지만, 그런 서생에게는 하늘이 여지없이 타격을 주었고, 그런 선량과는 애초부터 상관도 없고 모두 악의 세포로만 되어 있는 그런 부류에게는 도리어 은총을 내려 주는 것같이 생각된다.

하늘이 인간으로 하여금 진정으로 순명할 것을 원한다면 「순명편」에 나오는 서생의 운명을 예로 보이지는 않았을 것이다. 이완용이 작위를 받으러 가다 죽었다든지, 송병준이 문전 걸식을 하다 죽었다든지 하는 예를 보여 악을 징계하는 거울로 삼게 했을 것이다.

신숙주가 숙주나물이란 말 때문에 마음 아파했고, 남곤이 곤쟁이젓이란 말 때문에 곤란을 당했다는 말을 듣지 못했다. 그들에게 「순명편」을 이야기했다면 그들은 비웃는 것은 고사하고 미친놈이라고 호통을 쳤을 것이다.

이러할진대 필자도 망연 자실할 수밖에 도리가 없다. 대체 그렇게 되는 이유가 어디에 있는가? 몇백 년 전 고심 참담하여 모든 학식을 다 기울여 애써 편찬한 『명심보감』이 불쌍한 서생의 비극이나 그렸을 뿐이고, 정작 흉악한 인간은 더욱 더 의기 양양하여 흉악의 극한 점을 향해 달리는 이유가 어디에 있는가?

수인사 대천명(修人事待天命)으로서의 순명

이것이 인간 운명의 이율 배반적인 면이다. 이것이 운명의 모순이다. 그러나 현실에 악이 엄연히 존재한다고 하더라도 그것은 하늘이 원하는 바가 아니요, 인간이 추구하는 이상일 수는 없다. 선인 선과(善因善果)의 필연을 당장의 실리적인 면에 비교할 것은 아니다.

"죽고 사는 것은 명에 달려 있고 부귀는 하늘에 달려 있다."고 한 것은 악으로 얻은 부귀도 운명적인 하늘의 뜻이라는 말은 아닐 것이다. 우리는 천명에 순응할 줄 아는 겸허하고 올바른 생활을 지향해야 할 뿐더러, "사람으로서 할 수 있는 바를 다 하고 하늘의 명을 기다리는(修人事待天命)" 생활을 해야 한다. 올바른 길을 살아 가기 위하여 천명을 전제로 하되 운명론자가 되어서는 안 된다.

孝行篇

어떻게 보답할 것인가

•••••••

어버이는 우리를 낳고 기르기에 고심 참담하셨다.
우리는 무엇으로 이에 보답할 것인가?

1

"부모를 왕위에 오르게 하여도 그 은혜를 갚았다고 할 수 없다."는
석가모니의 말씀은 부모의 은혜가 깊음을 말해 준다.

아버님 나를 낳으시고 어머님 나를 기르시니, 아아 애닯다 어버이시여, 나를 낳아 기르시기 얼마나 힘드셨으랴! 그 은혜 갚고자 하나 그 은혜 하늘같이 끝이 없도다. 〈詩經〉

詩에 曰, 父兮生我하시고 母兮鞠我하시니 哀哀父母여, 生我劬勞샷다. 欲報之德인댄 昊天罔極이로다.

2

효자의 어버이 섬김은, 기거하심에 공경을 다하고 봉양함에 즐거움을 다하고 병드신 때에 근심을 다하고 돌아가신 때에 슬픔을 다하고 제사지냄에 엄숙을 다한다. 〈孔子〉

子曰, 孝子之事親也는, 居則致其敬하고 養則致其樂하고 病則致其憂하고 喪則致其哀하고 祭則致其嚴이니라.

3

예수는 "아버지의 훈계를 지키고
어머니의 타이름을 거스르지 말라."고 말했다.

부모님이 살아 계시거든 멀리 떠나서 놀지 말 것이며, 놀더라도 반드시 가는 곳을 알려야 한다. 〈孔子〉

子曰, 父母 在하시거든 不遠遊하리니, 遊必有方이니라.

4

아버지께서 부르시거든 즉시 대답하여 머뭇거리지 말고 음식이 입 안에 들었으면 뱉을 일이다. 〈孔子〉

子曰, 父 命召하시거든 唯而不諾하고 食在口則吐之니라.

◇유이불락(唯而不諾) : '유(唯)'는 '예!'라는 말이니 곧 부르는 즉시 하는 빠른 대답이고, '락(諾)'은 느린 대답이다.

5

스펜서는 "아이는 부모의 거동을 비추는 거울"이라고 말했다.

내가 어버이에게 효도하면 자식도 내게 효도하리니, 자신이 이미 효도하지 않으면 자식이 어찌 효도하겠는가. 〈太公〉

太公이 曰, 孝於親이면 子亦孝之하나니, 身旣不孝면 子何孝焉이리요.

6

효순(孝順)한 이는 다시 효순한 자식을 낳을 것이요, 오역(五逆)을 범한 이는 다시 오역을 범하는 자식을 낳으리라. 믿지 못하겠거든 한번 저 처마 끝의 낙숫물을 보라. 방울방울 떨어져내리는 것이 어긋나지 않는 것을.

孝順은 還生孝順子요 五逆은 還生五逆子라. 不信이면 但看簷頭水하라. 點點滴滴不差移니라.

◇오역(五逆) : 이 말은 원래 불교의 '오역죄(五逆罪)', 즉 '오무 간업(五無間業)'을 가리킨다. 소승(小乘) 불교와 대승(大乘) 불교에 따라 그 죄목이 다른데, 소승 불교의 오역은 첫째 아버지를 죽이는 것, 둘째 어머니를 죽이는 것, 셋째 아라한(阿羅漢)을 죽이는 것, 넷째 승단의 화합을 깨뜨리는 것, 다섯째 불신(佛身)을 상해하여 피가 나게 하는 것이다. 여기서는 유교적인 입장에서 오역죄를 말하는데 임금을 죽이는 것, 아버지를 죽이는 것, 어머니를 죽이는 것, 할아버지를 죽이는 것, 할머니를 죽이는 것 등이다.

■ 해설

현대와 가족 윤리

지명관(池明觀)

생활 속에 깃들인 유교 윤리

인간은 혼자만 사는 것이 아니라 남과 더불어 함께 살아 간다. 인간의 삶은 사회 속에서 영위된다. 그러기 때문에 인간과 인간 사이에 어떠한 관계를 가지느냐는 중요한 문제이다. 그러니까 우리는 불가피하게 윤리적인 요청을 내걸지 않을 수 없다.

구체적으로 인간 관계를 바라볼 때 거기에는 두 가지 방향이 있다. 상하 관계와 좌우 관계이다. 부자 유친(父子有親), 장유 유서(長幼有序)를 말할 때 그 윤리가 전제로 삼는 관계는 상하라는 축(軸)이다. 이에 비해 붕우 유신(朋友有信)은 좌우라는 축에서 전개된 윤리이다.

물론 효도라는 관계는 상하의 축에서 문제가 되는 것이다. 유교적인 윤리는 인간 관계를 상하 질서로 환원하려는 경향을 띤다. 그리고 사회 질서를 가족 질서로 간주하려는 일종의 가부장적인 사회를 지향하는 면을 지니고 있다.

우리 나라 유학자의 이기(理氣)에 대한 논쟁에서 볼 수 있는 것처럼, 유학이 결코 가족적인 것에 국한된 형식 윤리만을 문제삼은 것은 아니다. 유학은 우주의 근원과 인간의 본질에 대해 사색하고 논의했다. 그러니까 유학은 좀더 보편적인 이론이었다고 보아야 한다.

오상(五常)을 예로 들어 생각해 볼 수 있다. 먼저 사전에 나타난 정의를 여기에 인용하여 보자.

"인(仁)·의(義)·예(禮)·지(智)·신(信)의 다섯 덕목(德目). 맹자는 인·의·예·지의 네 가지 덕을 말하였는데, 한나라 때의 동중서(董仲舒)는 오행설(五行說)의 영향으로 신(信)을 추가하였다. 또 이것이 당나라 때에 이르러서는 부의(父義)·모자(母慈)·형우(兄友)·제공(弟恭)·자효(子孝)의 다섯 가지 가정 도덕으로 바뀌었다는 설도 나왔다."

인·의·예·지·신으로서 오상은 부의·모자·형우·제공·자효보다 보편적인 인간 관계를 규정한 것임을 알 수 있다. 후자는 오상을 가족 윤리로 한정하려고 한 것이다. 여기에서도 유학을 우주와 인간 사회에 대한 광범위한 이론에서부터 봉건적인 가족 제도를 뒷받침하는 윤리로 고정시키고 한정하려고 한 역사를 우리는 찾을 수 있지 않을까?

「효행편」이 보여 주는 윤리의 세계는 바로 이와 같은 유학의 발전 과정에서 나타난 것이라고 생각된다. 그 뒤에는 어버이의 가장 큰 보람이 다만 자식에게 달려 있다는, 그 사회가 지닌 통념 또는 이데올로기가 서려 있다. 그리고 자식은 어버이를 그대로 이어간다는 것이 이념이던 시대상이 나타나 있다. 그 사회의 기본 축은 아버지와 아들이라는 종적 관계였다. 그러니까 그 사회를 지배하는 원리는 효도를 하고 효도를 받는다는 것이었다. 그것으로써 그 사회는 기강과 질서를 어김없이 지탱할 수 있었다.

현대 시민 사회에서는 이러한 종적 또는 가부장적인 사회 윤리보다는 좌우라는 축에 관심을 가져야 한다고 말한다. 핏줄로 맺어진 인간 관계보다 시민 사회에서 각기 출신이 다른 사람이 서로 협조하고 함께 일하는 자세가 강조되어야 한다는 것이다.

서구에서는 그러한 윤리를 강조해 왔다. 그러나 오늘날 어버이와 자식 관계보다는 동등한 위치에 선 부부 관계를 중심으로 삼고 시민 윤리만을 강조해 온 사회, 특히 미국은 가족 문제에서 중대한 위기에 봉착하고 있다.

가정에서 자식이 소외되는 현상이 나타났다. 극단적으로 말하면 가정이나 어버이는 자식이 성인이 되기까지 기식하는 장소나 대상에 지나지 않는다. 어버이와 자식이 분리하는 것을 목표로 삼는다는 것은, 어버이를 이어받는 것이 아니라 거기에서 이탈하거나 거부한다는 것을 뜻한다. 이러한 관계는 부부 사이에도 영향을 미친다. 가정이란 이미 책임과 의무의 장소라기보다는 자기 자신만의 행복을 위하여 임시로 머무는 곳이기 쉽다.

> 현대 서양의 가정에는 어버이와 자식 사이에
> 새로운 관계를 정립해야 할 중요한 문제가 제기되었다.

다음 세대에 대한 기대와 염원을 가질 수 없다면 가정에서 자기 희생이 있을 수 없다. 부부는 실생활에서 공통의 과제를 상실하고 만다. 현대에는 가정의 분열이 이러한 상황에까지 이르고 있다.

우리는 지난 날의 역사에서 이와 같은 문제로 고민한 사회를 이미 알고 있다. 유명한 문화사가 크리스토퍼 도슨의 말을 들어 보자.

"그리스의 도시 국가나 로마 제국에서는 모든 정열을 공공 생활이 주는 직무와 즐거움에 바칠 수 있는, 가족이 없는 남자가 인기 있었다. 결혼을 늦게 하고 가족을 적게 가지는 게 일반적이었다. 그리고 남자들은 성적 본능을 동성애나 노예 또는 창녀와의 관계에서 만족시켰다."

이러한 가정 생활의 기피와 불건전한 영위는 기원 2세기에 고대 그리스가 무너져 가는 중요한 원인 가운데 하나였다. 이것은 로마 제국에서도 마찬가지였다.

이 때, 유대의 가부장 제도 아래서 일어난 기독교가 들어왔다. 도슨은 다시 다음과 같이 이야기한다.

"서양 문명을 재건하게 된 것은 기독교가 들어왔기 때문이다. 즉 기독교가 가족을 새로운 토대 위에 다시 세워 준 덕분이다."

사실 기독교는 유대식의 가부장제를 그대로 엄격하게 계승한 것은 아니다. 기독교적인 가정이란 부부 사이를 비교적 건전하게 전제하고 수립된 가부장적인 가정을 의미하였다. 이것이 근세에 이르러 무너지기 시작하였다. 그러므로 도슨은 다음과 같이 계속 말한다.

"가정은 이제 사회 활동의 중심이 아니다. 그것은 단지 독립적인 여러 명의 임금 생활자를 위한 침실에 불과하다."

분명히 미국의 경우에는 어떻게 새로운 가정을 세우는가 하는 문제가 고대 로마 사회처럼 긴급한 과제이다. 어떻게 하면 어버이와 자식 사이에 새로운 관계를 세울 수 있는가 하는 것이 중요한 문제가 된 것이다.

효를 세우는 가정을 지킴으로써 가정과 사회를 정답고 훈훈하게……

어버이는 어떻게 가정에서 사랑과 권위를 가지고 이념을 찾아 세우고 모두를 인도한다는 새로운 이미지를 지닐 수 있을 것인가? 어떻게 하면 자식이 어버이를 사랑하고 존경할 수 있는 가정을 이룩할 수 있을 것인가? 어버이 부재(不在)의 가정, 자식 부재의 가정이라는 이 부자연스럽고 허전한 상태를 극복할 길이 있을 것인가 생각하면서 그들은 새로운 눈으로 동양의 가족과 가정을 바라본다.

"아버지께서 부르시거든…… 음식이 입 안에 들었으면 뱉을 일이다."

이것은 형식적으로 취할 행동이 아니다. 그러한 응답의 자세를 보다 소중하게 생각하여야 하지 않을까. 나아가 그것이 자식에게만 강요할 윤리가 아니라, 온 가정이 그러한 응답의 자세를 지닐 수 있다면 그야말로 이상적인 가정이라고 하지 않을 수 없다. 우리의 상하 윤리가 좌우 윤리를 포섭함으로써 심화되어야 하리라고 생각한다.

지난 날의 윤리가 이렇게 발전하지 못한다면 그것은 현대를 억압하는 걸림돌이 될 것이다. 지난 날의 가족 윤리가 이처럼 발전한다면 그것은 오늘날 몹시 요청되는 시민 정신에 결코 위배되지 않는다. 도리어 가정은 그러한 시민 윤리를 실천하는 출발점이 아닌가.

우리에게 전통적으로 이어져 오는 강한 가족적인 유대를 지켜 나아가야 한다. 그러나 그 유대가 우리의 전진을 가로막아서는 안 된다. 도리어 우리의 전진에 힘이 되고 원천이 되어야 한다. 어버이에게 효도하는 정신, 자식에 대한 어버이의 희생적인 염원으로 피어나는 열의로 모든 가족 성원이 현대적인 의미에서 평화와 발전을 기쁘게 누릴 수 있도록 가정을 마련하는 데 집중해야 할 것이다.

그뿐만 아니라 그 윤리적인 정신이 나의 가족에만 국한되지 않아야 한다. 그 자세가 곧 배타적이고 자기 가족만을 위하는 것이 아니라 시민 사회로 확대되어야 한다. 그렇다면 우리의 시민 사회는 확실히 확고한 중심과 깊이 있는 윤리 정신을 가질 수 있을 것이 아닌가. 이러한 의미에서 우리의 '효도'는 두 방향에서 과제를 지니고 있다고 할 수 있다. 원자적(原子的)으로 인간 사회가 분열해 가는 현 상황에서 우리는 효를 세우는 가정을 지켜야 한다. 그리고 그것을 오늘의 사회에서 새롭게 해석해서 전개하여야 한다. 그것은 우리의 가정과 사회를 '정답고 훈훈하게' 만들 수 있는 것이어야 한다. 이것이 참다운 의미에서 효의 근본 정신을 깊이 되살린 것이 아닐까.

•••••••

正己篇

인식의 출발

•••••••

데카르트는
"나는 생각한다. 그러므로 나는 존재한다."고 말했다.
인식의 근원은 자아로부터 시작되고
이 자아의 올바른 확립이야말로
타아를 깨닫는 출발이 아닌가.

1

남의 선을 보고 나의 선을 찾고, 남의 악을 보고 나의 악을 찾아라. 이렇게 해야 바야흐로 이익이 있으리라. 〈性理書〉

性理書에 云하기를, 見人之善이어든 而尋己之善하고, 見人之惡이어든 而尋己之惡하라. 如此라야 方是有益이니라.

◇성리서(性理書) : 송나라 때의 성리학에 관한 책.

[풀이]

다른 사람의 선을 보고 나에게도 그와 같은 선이 있는가를 찾아보며, 다른 사람의 악을 보고 그와 같은 악이 내게도 있는가를 찾아보고 악은 제거하라.

2

대장부는 마땅히 남을 용서할지언정 남에게 용서받는 사람이 되지 말라. 〈景行錄〉

景行錄에 云하되, 大丈夫 當容人이언정 無爲人所容이니라.

3

자신만을 귀하게 여겨 남을 천히 여기지 말고, 스스로가 크다 해서 남이 작다고 업신여기지 말고, 용맹을 믿고 적을 가벼이 여기지 말라. 〈太公〉

太公이 曰, 勿以貴己而賤人하고, 勿以自大而蔑小하고, 勿以恃勇而輕敵이니라.

4

남의 허물을 듣거든 마치 부모의 이름을 듣는 것과 같이 하여 귀로는 들을지언정 입으로 말하지는 말라. 〈馬援〉

馬援이 曰, 聞人之過失이어든 如聞父母之名하여 耳可得聞이언정 口不可言也니라.

5

남에게 비방을 듣더라도 곧 성내지 말며 남에게 칭찬을 듣더라도 곧 기뻐하지 말라. 다른 사람의 나쁨을 듣더라도 이에 주관 없이 맞장구치지 말며, 다른 사람의 착함을 듣거든 나아가 이에 화답해 응하고 또 따라 기뻐하라. 시에 이렇게 말했다.

착한 사람 보기를 즐겨하며,
착한 일 듣기를 즐겨하며,
착한 말 이르기를 즐겨하며,
착한 뜻 행하기를 즐겨하라.
남의 나쁨을 듣거든
가시를 진 듯이 하고

남의 착함을 듣거든
향초를 지닌 듯 하라. 〈邵康節〉

康節邵先生이 曰, 聞人之謗이라도 未嘗怒하며 聞人之譽라도 未嘗喜하며, 聞人之惡이라도 未嘗和하고, 聞人善則就而和之하고, 又從而喜之니라. 其詩에 曰, 樂見善人하며, 樂聞善事하며, 樂道善言하며, 樂行善意하고, 聞人之惡이어든 如負芒刺하고, 聞人之善이어든 如佩蘭蕙니라.

6

나를 착하다 추켜 주는 이는 곧 내게 해로운 사람이요, 나를 나쁘다 깨우쳐 주는 이는 곧 내 스승이다.

道吾善者는 是吾賊이요, 道吾惡者는 是吾師니라.

[풀이]
참다운 충고의 의미를 말해 준다.

7

프랑스의 라퐁텐은 "탐욕은 모든 것을 얻고자 하면서
실상은 모든 것을 잃는다."고 했다.

부지런함은 값 없는 보배요, 삼가함은 몸을 보호하는 부적이다.
〈太公〉

太公이 曰, 勤爲無價之寶요, 愼是護身之符니라.

8

삶을 온전히 보존하려는 이는 욕심을 적게 갖고, 몸을 온전히 보호하려는 이는 명예를 피한다. 욕심 없기는 쉬우나 명예욕을 없애기는 어렵다. 〈景行錄〉

景行錄에 曰, 保生者는 寡慾하고, 保身者는 避名이니, 無慾은 易하나 無名은 難이니라.

9

군자가 경계해야 할 것이 세 가지 있다. 연소할 때엔 혈기가 아직 진정되지 못한지라 경계해야 할 바가 여색(女色)에 있고, 장성함에 이르러선 혈기가 한창 굳센지라 경계해야 할 바가 쟁투(爭鬪)에 있고, 늙음에 이르러선 혈기가 이미 쇠약한지라 경계해야 할 바가 탐냄에 있다. 〈孔子〉

子曰, 君子 有三戒하니, 少之時엔 血氣未定이라 戒之在色하고, 及其壯也하여선 血氣方剛이라 戒之在鬪하고, 及其老也하여선 血氣旣衰라 戒之在得이니라.

◇색(色) : '여색(女色)'을 말함.

10

심하게 성내면 기운을 상하고 생각이 많으면 정신이 크게 상한다. 정신이 피곤하면 마음이 쉬이 수고로워지고 기운이 약하면 병이 따라 일어난다. 지나치게 슬퍼하거나 기뻐하지 말고 모름지기 음식을 고르게 먹으라. 밤에 술 취하는 것을 거듭 금하고 무엇보다도 새벽에 성내는 것을 경계하라. 〈孫眞人 養生銘〉

孫眞人養生銘에 云하되, 怒甚偏傷氣요 思多太損神이라, 神疲心易役이요 氣弱病相因이라, 勿使悲歡極하고 當令飮食均하며, 再三防夜醉하고 第一戒晨嗔하라.

◇손진인(孫眞人) : '손(孫)'은 성, '진인(眞人)'은 도가에서 '진(眞)'을 닦아 '도(道)'를 얻은 사람을 가리키나 보통 불로 장생의 신선술을 닦아 신선이 된 사람을 '진인(眞人)'이라 일컫는다. ◇양생명(養生銘) : 생을 섭양(攝養)하는, 다시 말해서 몸과 마음을 건강히 보존하여 병을 피하고 장수를 꾀하는 것이 이른바 양생이다. '명(銘)'은 주로 금석(金石)·일용 기물(器物) 등에 새기거나 써 두는 사물의 내역·공적 또는 스스로 경계해야 할 일을 운문으로 표현한 한문체의 하나인데,「양생명」은 바로 양생에 유의하기 위한 명문이다.

[풀이]

정신적으로나 육체적으로나 건강 생활의 중요함을 말한 글이다.

11

음식이 담박(淡泊)하면 정신이 맑아지고 마음이 맑으면 잠도 편안하게 잔다. 〈景行錄〉

景行錄에 曰, 食淡精神爽이요 心淸夢寐安이니라.

12

마음가짐을 침착히 하여 사물에 응할 수만 있다면 비록 글을 읽지 않았더라도 덕 있는 군자라 할 만하다.

定心應物이면 雖不讀書라도 可以爲有德君子니라.

[풀이]

군자가 달리 있지 않다. 매사에 마음가짐을 침착히 하여 사리 정연하게 외부의 사물에 접응(接應)해 갈 수만 있다면 그가 비록 한 편 글을 읽을 줄 모른다 하더라도 덕 있는 군자라 일컬음직하다.

13

분(忿)을 징계하기를 불 끄듯이 하고, 욕심 막기를 물 막듯이 하라. 〈近思錄〉

近思錄에 云하되, 懲忿을 如救火하고 窒慾을 如防水하라.

◇근사록(近思錄) : 송나라의 학자 주희(朱熹)와 여조겸(呂祖謙)이 함께 편찬한 책으로, 송대의 성리학자 주돈이(周敦頤)·정호(程顥)·정이(程頤)·장재(張載) 등이 남긴 말 가운데서 일상에 절실한 6백여 조목을 모은 것이다.

[풀이]

불과 물을 그 단초(端初)에서 끄고 막지 않으면 갈수록 세가 커져 마침내 큰 재해를 가져온다. 사람 마음 속의 분심(忿心)과 욕심 또한 그와 같으므로 모름지기 분(忿)과 욕(慾)을 그 발단에서 징계하고 막아라. 발단에서 징계하고 막지 않으면 갈수록 세력이 커져 마침내 스스로도 어찌할 수 없는 지경에 이르러 큰 후환을 불러일으키고 말 것이다.

14

색(色) 피하기를 원수 피하듯 하고 바람 피하기를 화살 피하듯 하라. 빈 속에 차를 마시지 말며, 밤중에는 밥을 적게 먹을 일이다. 〈夷堅志〉

夷堅志에 云하되, 避色如避讐하고 避風如避箭하라. 莫喫空心茶하고 少食中夜飯하라.

◇이견지(夷堅志) : 송나라 때의 홍매(洪邁)가 지은 책으로 신선과 귀신에 관한 일을 기록한 것이다.

[풀이]

이 글은 선가(仙家)의 양생(養生)에 관련된 것으로 보이는데 색(色)을 삼간다거나, 빈 속에 차를 마시지 말며, 밤중에는 밥을 적게 먹어야 한다는 것 따위는 누구나 납득할 만한 일이나 "바람 피하기를 화살 피하듯 하라."는 것은 그 까닭을 헤아리기가 어렵다.

15

쓸데없는 말과 급하지 않은 일은 물리쳐 다스리지 말라. 〈荀子〉

荀子曰, 無用之辯과 不急之察을 棄而勿治하라.

◇순자(荀子) : 이름은 황(況), 전국 시대 조(趙)나라 사람으로 성악설(性惡說)과 예치주의(禮治主義)를 제창했다. 성악설은 이기적인 심정을 근원적인 것으로 보고, 인간의 본성은 악이라고 주장하는 학설이다. 예치주의는 성현(聖賢)의 예를 규범으로 백성을 다스리는 것을 정치의 요체(要諦)로 삼는 중국의 옛 정치 사상이다.

당장 하지 않아도 좋은 쓸데없는 말 그리고 더 급하지 않은 일, 이런 것은 물리쳐 버리고 다스리지 말 일이다.

16

"너 자신에게 진실하라. 그럴 때에는 밤이 낮을 따라오는 것같이 어떠한 사람도 너를 속이지 않으리라." 세익스피어의 말이다.

뭇사람이 좋아하더라도 반드시 살펴보고, 뭇사람이 싫어하더라도 반드시 살펴볼 일이다. 〈孔子〉

子曰, 衆이 好之라도 必察焉하며, 衆이 惡之라도 必察焉이니라.

17

술 취한 가운데도 말을 늘어놓지 않음은 참다운 군자요, 재물 거래에 분명함은 대장부다운 일이다.

酒中不言은 眞君子요, 財上分明은 大丈夫니라.

18

모든 일에 너그러움을 좇으면 그 복록(福祿)이 저절로 두터워지리라.

萬事從寬이면 其福이 自厚니라.

19

다른 사람을 헤아리려거든 먼저 스스로를 헤아려 보라. 남을 해치는 말은 도리어 스스로를 해치니 피를 머금어 남에게 뿜자면 먼저 제 입이 더러워지는 법이다. 〈太公〉

太公이 曰, 欲量他人하거든 先須自量하라. 傷人之語는 還是自傷이니 含血噴人이면 先汚其口니라.

[풀이]

어느 경우에 처하여 다른 사람 마음에 호감이 있는지 없는지 헤아리려거든 먼저 자신을 그 사람의 처지에 놓고 생각해 보라. 남을 헐뜯어 해치는 말은 도리어 자신을 해치니 가령 피를 머금어 남에게 뿜으려고 들면 남을 더럽히기 전에 제 입부터 더러워지는 법이다.

20

무릇 놀이는 이익됨이 없고, 오직 부지런함으로써만 공이 이룩된다.

凡戱는 無益이요 惟勤이 有功이니라.

21

네덜란드의 브르하브에는 "중상은 이를 불러일으키지 않으면 저절로 사라지는 불덩어리와 같다."고 했다.

남의 오이밭 가에선 신을 고쳐 신지 말 일이요, 오얏나무 아래

에선 갓을 고쳐 쓰지 말 일이다. 〈太公〉

太公이 曰, 瓜田에 不納履요 李下에 不正冠이니라.

[풀이]

남의 오이밭 가에서 신을 고쳐 신으려고 몸을 구부리면, 멀리서 보는 이는 오이를 따려 한다고 오해할 것이다. 남의 오얏나무 아래에서 갓을 고쳐 쓰려고 손을 올리면, 멀리서 보는 이는 오얏을 따려 한다 하리라. 모름지기 남으로부터 의심받고 오해받을 일은 하지 말아야 한다.

22

마음은 편안하게 하더라도 몸은 수고롭게 하지 않을 수 없고 도는 즐기더라도 몸가짐은 걱정하지 않을 수 없나니, 몸을 수고롭게 하지 않으면 게을러서 허물어지기 쉽고 몸가짐을 걱정하지 않으면 방종하여 줏대가 없다. 그러므로 편안함은 수고로움에서 생겨 항상 기쁠 수 있고 즐거움은 걱정함에서 생겨 내내 싫어함이 없나니, 편안하고 즐겁고자 하는 이가 걱정과 수고로움을 어찌 저버릴 수 있겠는가. 〈景行錄〉

景行錄에 曰, 心可逸이언정 形不可不勞요, 道可樂이언정 身不可不憂니, 形不勞則怠惰易弊하고 身不憂則荒淫不定이라. 故로 逸生於勞而常休하고 樂生於憂而無厭하나니, 逸樂者는 憂勞를 豈可忘乎아.

23

귀로는 남의 그릇됨을 듣지 않고 눈으로는 남의 결점을 보지 않고 입으로는 남의 허물을 말하지 않아야 거의 군자이리라.

耳不聞人之非하고　目不視人之短하고　口不言人之過라야　庶幾君子니라.

24

기뻐하고 노여워함은 마음 속에 있고 말은 입 밖으로 나가는 것이니 어찌 삼가지 않을 수 있겠는가. 〈蔡伯喈〉

蔡伯喈 曰, 喜怒는 在心하고　言出於口하니　不可不愼이니라.

◇채백계(蔡伯喈) : 후한(後漢)의 학자로 이름은 옹(邕). '백계(伯喈)'는 그의 자(字)이다.

25

재여가 낮잠을 자고 있었다. 공자가 말씀하기를 "썩은 나무는 조각할 수 없고, 더러운 흙으로 된 담은 흙손질을 할 수 없다."고 했다.

宰予가 晝寢이어늘　子曰, 朽木은 不可雕也요　糞土之墻은 不可圬也니라.

◇재여(宰予) : 공자의 제자로 자는 자아(子我)이다. 이른바 공문 십철(孔門十哲) 가운데

한 사람으로 자공(子貢)과 더불어 언변에 능했다고 한다.

26

"온량(溫良)과 총명(聰明)은 대개 상종(相從)한다."
영국의 포우프의 말이다.

복은 맑고 검소한 데서 생겨나고, 덕은 낮추고 겸손한 데서 생겨나고, 도는 편안하고 고요한 데서 생겨나고, 생명은 화창한 데서 생겨난다.

근심은 욕심이 많은 데서 생겨나고, 화는 탐심(貪心)이 많은 데서 생겨나고, 허물은 경솔하고 교만한 데서 생겨나고, 죄악은 어질고 착하지 않은 데서 생겨난다.

눈을 경계하여 다른 사람의 그릇됨을 보지 말고, 입을 경계하여 다른 사람의 결점을 말하지 말고, 마음을 경계하여 탐내고 성내지 말며, 몸을 경계하여 나쁜 벗을 따르지 말라.

유익하지 않은 말을 함부로 늘어놓지 말고, 내게 관계 없는 일을 함부로 하지 말라.

군왕을 높이고 부모에게 효도하며, 어른을 공경하고 덕 있는 이를 받들며, 지혜 있는 이와 어리석은 이를 분별하되 무식한 사람을 너그러이 대하라.

사물이 순리대로 오거든 물리치지 말고, 사물이 이미 가 버렸거든 좇지 말며, 몸이 불우한 지경에 처하더라도 바라지 말고, 일이 이미 지나갔거든 생각하지 말라.

총명한 이도 어두운 수가 많고, 잘 짜인 계획도 편의(便宜)를 잃는 수가 있다.

남을 손상하게 하면 마침내는 자기도 손실을 당할 것이요, 세력에 의존하면 화가 잇따라 오리라.

경계함은 마음에 있고 지키는 것은 의기에 있다.

절약하지 않음으로써 집을 망치고, 청렴하지 않음으로 말미암아 벼슬자리를 잃는다.

이와 같이 그대에게 항상 스스로 경계하도록 권고하노니, 참으로 놀랍게 여겨 잘 생각하라. 위에는 하늘의 거울이 굽어 보고 아래엔 땅의 신령이 살피고 있다. 밝은 곳에는 삼법(三法)이 이어 있고 어두운 곳에는 귀신이 잇따른다. 오직 바름(正)을 지키고 마음을 속이지 말 일이니 경계하고 경계하라. 〈紫虛元君 誠諭心文〉

紫虛元君誠諭心文에 曰, 福生於淸儉하고 德生於卑退하고 道生於安靜하고 命生於和暢하고 患生於多慾하고 禍生於多貪하고 過生於輕慢하고 罪生於不仁이니라. 戒眼하여 莫看他非하고 戒口하여 莫談他短하고 戒心하여 莫自貪嗔하고 戒身하여 莫隨惡伴하고 無益之言을 莫妄說하고 不干己事를 莫妄爲하고 尊君王孝父母하고 敬尊長奉有德하며 別賢愚恕無識하고 物順來而勿拒하며 物旣去而勿追하고 身未遇而勿望하고 事已過而勿思하라. 聰明도 多暗昧요 算計도 失便宜니라. 損人終自失이요 依勢禍相隨라. 戒之在心하고 守之在氣라. 爲不節而亡家하고 因不廉而失位니라. 勸君自警於平生하노니 可歎可警而可思라. 上臨之以天鑑하고 下察之以地祇라, 明有三法相繼하고 暗有鬼神相隨라. 惟正可守요 心不可欺니 戒之戒之하라.

◇자허원군(紫虛元君):'원군(元君)'은 도가에서 여자 등선자(登仙者)에게 쓰는 칭호. 남자에게 쓰는 '진인(眞人)'과 같은 것이다. ◇성유심문(誠諭心文):'참으로 마음을 알아듣도록 타이르는 글'이란 뜻이다. ◇삼법(三法):경(輕)·중(中)·중(重) 삼급의 율법.

남을 보고 나를 돌아봄

한상련(韓相璉)

성선설(性善說)에 바탕을 둔 정기(正己)

「정기편(正己篇)」은 나를 올바르게 하는 말을 모아 놓은 것이다. 『명심보감』이 '마음을 밝히는 보배스러운 거울'을 뜻한다면 그 마음은 다름아닌 자신의 마음이요, 따라서 『명심보감』은 여러 편과 말로 되어 있지만 그 바탕은 마음을 밝히고 올바르게 하는 말들이니, 이 「정기편」은 『명심보감』의 알맹이요 바탕이다.

「정기편」은 나와 남이라는 두 면을 다룬 말로 엮어져 있다. 그러나 나란 무엇이고 남은 무엇이냐 하는 것을 밝혀 놓지 않았고, 또 나나 남이나 모두 사람의 성품은 착하다는 공자·맹자의 성선설을 바탕으로 하고 있다.

성선설은 사람의 성품은 태어날 때부터 모두 착하다는 것을 바탕으로 하는 생각이다. 하늘의 이치나 우주의 이치가 착한 것처럼 사람은 이 세상에 태어나면서부터 그 성품이 착하다는 말이니, 이것은 곧 중국이나 우리 나라의 성리론(性理論)이고, 서양에서는 곧 합리주의나 이성주의(理性主義 : rationalism) 철학과 같은 생각이다. 합리주의 철학은, 신이나 우주는 착하며 또 이성(理性)으로 되어 있는데 사람은 그 착함과 이성을 받아 타고난 것으로 생각하기 때문이다.

이와 달리 중국에서 순자(荀子)는 성선설에 반대하여 사람의 성품은 악하다고 주장했다. 순자는 사람이 태어날 때부터 욕심이 있고 이익을 탐내므로 사람의 성품은 원래 악하다고 하였다.

서양에서는 이처럼 뚜렷하게 말한 이를 찾기 힘드나 굳이 말한다면 아우구스티누스(Augustinus)의 하늘나라와 땅나라를 생각할 수 있다. 그러나 오늘날 우리는 사람의 성품을 착하다고 할 수도 없고, 악하다고 이를 수도 없다. 영국의 철학자 로크(J. Locke)는 사람의 마음이 아무것도 씌어 있지 않은 흰 종이와 같다고 생각했다. 그처럼 사람의 성품은 착하지도 않고 악하지도 않고 오직 흰 종이와 같은지도 모른다.

어떻든 나를 올바로 세운다는 것은 중요한 일이다. 오늘날 민주주의 사회에서는 더욱 그러하다. 민주주의 사회는 하나하나가 똑바르게 서 있지 않으면 이루어질 수 없다고 생각되기 때문이다. 백성에게 알리는 것보다는 따르게 하는 것이 옛날 군주제 시대의 정치였다면, 오늘날 민주 정치에서는 백성에게 모두 알리는 정치, 따라서 글 모르는 사람이 없이 모두 가르쳐 알리고, 한 사람 한 사람이 모두 자기의 할 일을 하고 서 있을 자리에 서 있어 잘 사는 사회를 만드는 것을 이상으로 삼고 있다. 따라서 나를 먼저 올바르게 하고, 또 남과의 관계는 어떻게 해야 하느냐 하는 것이 예나 지금이나 중요하고, 또 문제이다.

　유교 사상에서 우러나온 실천 윤리에서 볼 때 '나를 올바르게 한다'는 것은 무엇을 의미하는가? 그것은 다름아닌 군자 또는 대장부가 되도록 자기 자신을 수양하고 경계하는 것을 의미한다. 군자 또는 대장부란 신사의 동양적 개념이다. 서양의 신사라는 말에 알맞은 동양의 말은 아마도 군자일 것이다. 그러나 대장부라는 말에는 씩씩한 남자라는 뜻이 더 있는 데 비해, 군자란 어질고 슬기롭고 씩씩하여야 한다는 뜻이 있으리라.

　"대장부는 마땅히 남을 용서할지언정 남의 용서를 받아서는 안 된다."고 한 말에서, '남을 용서한다'는 것은 어질고 슬기로워야 함을 뜻하는 까닭에 대장부는 군자의 개념 가운데 포함된다고 보아야 할 것이다.

　요즈음은 흔히 학식과 덕행이 높은 사람을 군자라 하고 사나이답고 씩씩한 남자를 대장부라고 하는데, 아무튼 군자란 학식과 덕행이 높고, 충성되고 효성스럽고, 착하고, 너그럽고, 지혜롭고…… 이렇게 인간이 추구하는 가장 이상적인 인간상이 아닌가 한다.

　「정기편」에 보면 "귀로는 남의 그릇됨을 듣지 않고, 눈으로는 남의 결점을 보지 않고, 입으로는 남의 허물을 말하지 않아야 거의 군자이리라."고 하여, 유교적 덕목에 입각한 이상적인 군자의 모습을 그렸다. 이것은 군자가 이상적인 인간이요, 모범이던 시대의 인간상이다.

　인간 생활에서 착함과 악함, 아름다움과 추함의 윤리적 행위가 나로 말미암아 나타난다는 생각은 동양뿐만 아니라 서양에도 있었다. 이러한 사상은 자기를 바르게 하는 것을 기초로 하여 모든 선행과 미행(美行)이 이루어진다는 실천 도덕이다.

불교에서는 끊임없이 자기를 탐구함으로써 진리를 추구하지만 유교에서는 자신이 이상적인 인간이 되기를 추구하고 수양을 거듭하는 동시에 자신에 대한 추구도 어디까지나 남과의 관계에서 성립된다. 그러므로 나를 아는 것보다도 '나를 어떻게 하여 올바르게 할 것인가?' 그리고 '남에게 어떻게 하여야 올바른 내가 될 것인가?' 하는 문제가 실천 윤리의 근간이 된다.

나를 올바르게 하는 길은 군자의 길을 밟는 데 있다. 군자란 앞서 말한 바와 같이 동양의 이상적인 인간상이다.

자기를 바르게 하는 실천 윤리

그러면 군자가 되는 길은 무엇인가? 「정기편」에는 군자가 되는 길이 실천적인 면에서 다루어져 있다. 그리하여 자기를 올바르게 하는 기본적인 방법으로 다음과 같은 것을 제시하고 있다.

첫째, 남을 대하고서 자기의 올바름을 찾는 것이다. "남의 선을 보고 나의 선을 찾고, 남의 악을 보고 나의 악을 찾아라. 이렇게 해야 바야흐로 이익이 있으리라."고 하였다.

여기서 선과 악은 무엇인지 너무 추상적인데, 아마도 앞서 말한 성선설에 기초를 둔 사상으로서 남의 언행을 타산지석(他山之石)으로 삼아 선행을 하는 이가 군자라고 본 것이리라. 남을 거울 삼아 자기를 바르게 한다는 사상이 담겨 있다.

"자신만을 귀하게 여겨 남을 천히 여기지 말고, 스스로가 크다 해서 남이 작다고 업신여기지 말고, 용맹을 믿고 적을 가벼이 여기지 말라."고도 하였다. 군자의 도리로서 자신에 대한 과대 망상을 경계한 말이다. 이것도 역시 남을 대하고 자신을 돌이켜 볼 줄 아는 자기 수양을 강조한 말이다.

"나를 착하다 추켜 주는 이는 곧 내게 해로운 사람이요, 나를 나쁘다 깨우쳐 주는 이는 곧 내 스승이다."라고 했다. 참으로 거울 삼을 만한 말이다. 요즈음 세상에서는 자기를 추켜 주고 아첨하는 이를 더 좋아하고 잘못을 말하는 이를 미워하기가 일쑤이기 때문이다. 자신을 바르게 하는 길은, 진실하지 못한 남의 말에 자신의 언행이 좌우되어서는 안 된다는 것이다.

둘째, 자신을 바르게 하는 길로 부질없는 욕심을 버리고 항상 침착하고 근신할 것을 말하였다.

"부지런함은 값 없는 보배요, 삼가함은 몸을 보호하는 부적"이라는 것이다. 부지런한 것이 좋기는 하지만, 덮어놓고 부지런한 것이 좋거나 성공을 가져오지는 않는다는 것이다. 군자의 도리로서 항상 자신을 돌이켜보고 반성하고 신중히 행동함을 말한 것이다.

"삶을 온전히 보존하려는 이는 욕심을 적게 하고, 몸을 온전히 보호하려는 이는 명예를 피한다." 하여 올바른 삶의 길은 욕심을 적게 하는 것이라고 지적하고 있다.

또 인간의 본능적인 욕망을 절제하여 방탕한 생활을 하지 말고 자신을 바로잡으라고도 하였다. 이런 점에서 "색(色) 피하기를 원수 피하듯 하고, 바람 피하기를 화살 피하듯 하라."고 한 것이다. 인간의 욕망은 끝이 없으며 그 욕망대로만 인생을 살아 가면 올바른 자기를 잃게 마련이다. 누구나 가지는 욕망일지라도 올바른 것을 가려서 취해야 할 것이다. 그러므로 "뭇사람이 좋아하더라도 반드시 살펴보고 뭇사람이 싫어하더라도 반드시 살펴볼 일이다."라고 한 것이다.

셋째, 관용과 심령의 정화로써 올바른 자신을 발견하고 바르게 살아 가는 방법을 말하였다.

"모든 일에서 너그러움을 좇으면 그 복록이 저절로 두터워지리라."고 하여 군자의 관대한 도량을 말하고 있다.

또 "복은 맑고 검소한 데서 생겨나고, 덕은 낮추고 겸손한 데서 생겨나고, 도는 편안하고 고요한 데서 생겨나고, 생명은 화창한 데서 생겨난다."고 하여 마음을 정화하는 것을 말하였고 "오직 바름을 지키고 마음을 속이지 말 일이니 경계하고 경계하라."고 하여 항상 타인과의 관계에 있는 자신의 올바른 생활을 말하고 있다.

올바른 자기에 도달하는 방법

자신의 올바른 생활이란 군자의 생활이며 군자의 생활이란 항상 남을 대하여 자신을 돌이켜보고, 부질없는 욕심과 방탕을 경계하며 마음을 정화하고 근신하는 등 유교 사상에 바탕을 둔 삼강 오륜의 실천 생활이다. 그리하여 궁극적으로 "다른 사람을 헤아리려거든 자신부터 헤아려 보라."고 하여 먼저 자신을 올바로 세우라고 하였다.

그러나 현대에는 때로는 유머(humour)도 이야기해야 하며 스릴(thrill)도 느낄 필요가 있다.

이 「정기편」에서 말하는 군자의 생활은 어디까지나 조선 시대라는 유교 사회를 배경으로 태어나고 지켜지던 생활 윤리로서, 현대에는 비판적인 안목으로 취사 선택할 점이 많다.

그러나 인간이 바르게 살아 가는 근본 원리는 예나 지금이나 변함이 없다.

「정기편」에는 올바른 생활의 정곡(正鵠)을 찌르는 말이 많다. 이 말들은 자아(自我)가 흔들리는 현대의 생활 속에서 더욱 빛을 나타낼 것이다.

다만 『명심보감』이 나올 당시와 현대는 시대적·사회적으로 많

은 차이가 있으므로 올바른 자아에 도달하는 방법에 차이가 있을
뿐이다.

●●●●●●●

安分篇
만족과 분수의 한계

●●●●●●●

인간은 욕망을 지니고 태어났다.

역사는 바로 이러한 인간의 욕망이 엮어 낸

복잡한 도표가 아닌가.

1

"풍부한 마음이 없으면 그의 부(富)는 추(醜)한 거지다."라고 한
에머슨의 말은 서양의 생각인 동시에 동양의 생각이다.

족할 줄을 알면 즐거울 것이요, 탐하기에 힘쓰면 근심이 끊이지
않으리라. 〈景行錄〉

景行錄에 云하되, 知足이면 可樂이요 務貪則憂니라.

2

족할 줄을 아는 이는 빈천해도 즐겁고, 족할 줄을 알지 못하는
이는 부귀해도 근심에 빠진다.

知足者는 貧賤도 亦樂이요 不知足者는 富貴도 亦憂니라.

[풀이]

만족의 한계는 자신이 처한 환경에 있지 않고 자신의 마음에 있다. 때문에
분수를 알아 만족할 줄 아는 이는 설령 가난해도 만족하여 살아 가는 것이
즐거울 수 있으나, 끝없는 욕망의 노예가 되어 만족할 줄 모르는 이는 설령
부귀하다 해도 만족하지 못하고 늘 근심으로 전전(輾轉)하리라.

3

분수에 넘친 생각은 한갓 정신만 상하게 할 뿐이요, 망령된 행
동은 도리어 재화(災禍)만 불러일으킨다.

濫想은 徒傷神이요, 妄動은 反致禍니라.

4

족할 줄을 알아 항상 족하면 평생토록 욕보지 않을 것이요, 그칠 바를 알아 항상 그치면 평생토록 부끄럼을 당하지 않으리라.

知足常足이면 終身不辱하고, 知止常止면 終身無恥니라.

5

쇼펜하우어는 "만족은 고통 없는 상태를 말하는 것인데 이는 생존상의 적극적인 요소이다."라고 말했다.

가득 찬 것은 덜리게 마련이요, 겸양(謙讓)하면 이익을 받게 마련이다. 〈書經〉

書에 曰, 滿招損하고 謙受益이니라.

◇서(書) : 『서경(書經)』을 가리킴. 고대 중국 제왕들의 정치에 관한 기록으로, 『시경(詩經)』과 더불어 유교 경전의 하나이다.

6

편안한 마음으로 분수를 지키면 몸에 욕됨이 없고, 기틀을 알면 마음 스스로 한가하리니, 이것이 비록 인간 세상에 살지라도 도리어 인간 세상에서 벗어나 있는 것이리라. 〈擊壤詩〉

擊壤詩에 云하되, 安分身無辱이요 知機心自閑이라, 雖居人世上
이나 却是出人間이니라.

◇격양시(擊壤詩) : 송나라 소옹(邵雍)이 지은 『격양집(擊壤集)』에 실린 시를 말한다.

[풀이]

자기 분수를 지킬 줄 알아서, 욕망을 좇아 방종하지 않으면, 몸에 욕됨이
없을 것이다. 세상 일이 돌아 가는 기틀을 알아 달관(達觀)할 줄 알면, 마음
이 스스로 한가하게 마련이다. 이같이 살아가는 사람은 비록 사바(娑婆)의
인간 세상에 살지라도, 유유 자적(悠悠自適)의 멋은 도리어 그로 하여금 사바
세상을 벗어난 선경(仙境)에 있게 할 것이다.

7

그 지위에 있지 않으면 그 정사(政事)를 꾀하지 않는다. 〈孔子〉

子曰, 不在其位하면 不謀其政이니라.

[풀이]

제가 있는 지위에는 그 지위에 해당하는 일이 있으니, 오직 그 일에나 충
실할 따름이요, 제 지위의 한계를 지나쳐 다른 지위에 해당하는 정사를 함부
로 꾀하려 들지 말 일이다. 제 일은 소홀히 하고 공연히 남의 일에 간섭해서
는 안 된다는 뜻이다.

불만과 만족의 중용

안병욱(安秉煜)

만족할 줄 알고 자기 분수를 지키는 생활

'지족 안분(知足安分)'은 인생에 귀중한 금언(金言)이다.

'지족'은 만족할 줄 아는 것이요, '안분'은 자기의 분수를 지키는 것이다. 동양의 옛 어른들은 '지족 안분'을 생활 신조로 삼고, 처세의 지혜로 여겼다.

서양에서 이와 비슷한 금언을 찾는다면, 그리스의 한 철인(哲人)이 갈파한 "너 자신을 알라."란 말이다.

고대 그리스 인은 대단히 교만하였다. 자신들이 여러 민족 중에서 가장 뛰어난 민족이라고 자만했다. 인간은 지혜와 능력이 비상하고 탁월하기 때문에 감히 신이 될 수 있다는 망상에 빠지기도 했다. 제 분수를 모르는 이야기이다. 인간은 절대로 신이 될 수 없다. 인간은 본질적으로 유한자(有限者)이다. 유한성이 인간의 운명이요, 속성이다. 우리의 생명도 유한하고 체력도 유한하다. 지력(知力)도 유한하고 양심도 유한하다. 인간은 유한한 존재이기 때문에 지상에서 칠,

팔십 년밖에 살지 못한다. 우리가 죄를 짓고 악에 빠지는 것도 인간의 지성과 양심이 유한하기 때문이다. 우리에게 질병이 있고 고통이 있고 불행과 비극이 있고, 온갖 사회악과 인간악(人間惡)이 있는 것은 인간 존재의 유한성에서 유래한다. 만일 인간이 완전한 존재라면 죄도 짓지 않고 악에 빠지지도 않을 것이다. 그리하여 완전한 자유와 행복과 평화를 누릴 수 있을 것이다.

인간은 능히 신이 될 수 있다는 망상에 빠진 그리스 인의, 제 분수를 모르는 교만한 마음을 깨우치고 채찍질하기 위하여 그리스의 7대 현인(七大賢人) 가운데 한 사람이 그리스 인에게 "너 자신을 알라."고 경고하였다. 그들은 이 말을 델포이 신전의 대리석 벽에 새기고 인생의 금언으로 삼았다. 철인 소크라테스는 이 금언을 자기 철학의 모토요, 좌우명(座右銘)으로 여겼다.

"너 자신을 알라."는 말은 네 분수를 바로 알라는 말이다. 네 형편과 처지를 분명히 자각하라는 뜻이다. 즉 안분(安分)에 해당한다.

지족(知足)의 철리(哲理)와 수분(守分)의 지혜

「안분편」은 우리에게 '지족(知足)'의 철리(哲理)를 가르치고 '수분(守分)'의 지혜를 강조한다.

우리는 만족할 줄 알아야 한다. 자기의 분(分)에 만족할 때 우리는 행복을 느낀다. 만족의 반대는 불만이요, 탐욕이다. 자기가 가지고 있는 것에 대해서 항상 불만을 품고 탐욕의 노예가 된다면 우리는 잠시도 편안할 수 없다. 불만과 탐욕은 결코 행복을 낳지 않는다.

"탐내지 말라." 이것은 분명히 인생의 지혜로운 금언이다. 탐내서는 안 되는 것을 탐낼 때에 우리 마음은 어두움과 불행에 빠진다. 남의 아내를 탐내고 남의 재산을 탐내면 죄를 짓고 악에 빠지게 된다.

송구봉(宋龜峰)의 한시(漢詩)에 「족부족(足不足)」이란 작품이 있다.

부족하더라도 족하다고 생각하면 언제나 여유가 있는 법이요,
족하지만 부족하다고 여기면 항상 부족하리라.
不足之足 每有餘　足而不足 常不足

인생의 깊은 달관의 경지를 지적한 시다. 이것은 「안분편」의 '지족'의 철학과 통한다.

"족할 줄 아는 이는 빈천해도 즐겁고 족할 줄 모르는 이는 부귀해도 근심에 빠진다."고 하였다. 인생의 행불행(幸不幸)은 마음가짐에 따라서 크게 좌우된다. 행복하게 살려면 '지족'의 철학이 필요하다. 자기가 가진 것에 만족할 줄 알아야 한다.

'안분'이란 말은 깊은 뜻을 지닌다. 분(分)은 몫이요 분수(分數)다. 사람마다 각각 제 몫이 있고 할당된 분배가 있다. 우리는 하늘 또는 하느님한테서, 운명 또는 섭리(攝理)한테서 인생의 여러 몫을 각각 배당받는다. 나의 얼굴·체력·재주·능력·환경·가정 형편·재산 정도 등 모두 운명이 내게 배당한 몫이다. 사람은 저마다 제 자리가 있고 제 정도가 있다. 제 자리를 알고 제 정도에 맞지 않는 행동과 생활을 하는 사람은 반드시 파탄에 부딪치고 불행에 빠진다.

지양(止揚)해야 할 소극적인 생활 태도

그러나 '지족 안분'의 인생관과 철학에 대해서 비판과 회의가 없을 수 없다. 무슨 일이나 득(得)이 있으면 반드시 실(失)이 있는 법이다. 세상 일은 모두 상대적이다. '지족 안분'도 마찬가지다. '지족 안분'의 철학은 노장 사상적 경향이 있다. 적극 진취적인 인생관이 아니고 소극적이고 보수적인 인생관이다. 도전적인 요소보다도 수비적인 요

소가 강하다.

중국의 유명한 철학자 후스(胡適)는, 동양 문명은 '지족'의 문명이요 서양 문명은 '부지족(不知足)'의 문명이라고 하였다. 만족은 새로운 활동을 낳지 않는다. 불만족은 새로운 행동을 촉구한다. 우리는 불만이 있을 때 욕구를 충족시키기 위해서 움직인다. 불만은 행동 촉구의 원동력이다. 서양 문명은 현재 상태에 대해서 늘 불만족한 태도를 가졌기 때문에 보다 나은 상태에 도달하기 위해서 끊임없는 활동을 전개했다. 이러한 불만족의 문명에서 자연을 정복하는 힘이 생겼고, 전제주의에 대한 혁명이 나왔고, 사회 개조의 의지와 경제 복지를 위한 분투 노력이 생겼다.

반면 서양 문명은 정신의 한가(閑暇)와 마음의 여유를 잃었다. 그저 바쁘기만 한 문명이다.

한편 동양 문명은 '지족'의 문명이기 때문에 현상(現狀)에 만족하고 현상 타파를 위한 적극적 활동을 하지 않았다. 그 결과 물질적 측면에서 빈곤과 후진성을 초래하였다. 정신의 한가와 마음의 여유를 강조한 나머지 물질적 기술적 가치 추구를 등한시하였다.

인생에서 '지족 안분'만 지나치게 강조하면 전진을 위한 분투 노력이 게을러지기 쉽다. 현상 만족론에 전락할 우려가 있다. 또 그렇다고 우리의 현상에 대해서 밤낮 불만만 품고 '지족 안분'의 태도를 전혀 갖지 않는다면 그는 불만과 불안에서 벗어날 수가 없다.

"修人事待天命"의 새로운 의미

우리는 이 둘 가운데서 어떠한 태도를 취할 것인가?

옛 어른은 "사람의 일(人事)을 다하고 하늘의 명(天命)을 기다리라."고 가르쳤다. 우리는 사람으로서 할 수 있는 온갖 노력을 다해야 한다. 그러고 나서 천명을 기다려야 한다.

아직 만족해서는 안 될 단계인데 만족하고, 더 전진할 여지가 있는데 그만 머무르고 만다면 이는 전진과 향상을 포기하는 것이다.

'지족'과 '안분'의 이름 아래서 우리는 전진과 노력을 중지해서는 안 된다. 우리는 어느 정도, 어느 단계에서 '지족 안분'할 것인가? 여기에는 슬기로운 지혜가 필요하다.

우리는 '지족 안분'의 철학과 인생관을 너무 강조할 것도 아니요, 너무 무시할 것도 아니다. 너무 강조하면 인생의 전진과 향상의 길이 막히고, 너무 경시하면 불만의 노예가 되어 마음의 평안과 여유를 잃게 된다.

진리는 언제나 중지의 상태에서 찾아야 한다. 중지한 '지족 안분'은 인생의 행복을 위한 중요한 요소이다.

存心篇
마음의 거울

"모든 것은 마음먹기에 달려 있다."는 말이 있다.
모든 현상을 받아들이는 마음가짐이야말로
인생관의 중요한 요소이다.

1

밀실(密室)에 앉았어도 마치 저 네거리에 앉은 듯 하고, 촌심(寸心)을 제어(制馭)하기를 마치 육마(六馬) 부리듯 하면 가히 허물을 면할 수 있으리라. 〈景行錄〉

景行錄에 云하되, 坐密室을 如通衢하고, 馭寸心을 如六馬하면 可免過니라.

◇통구(通衢) : 사통(四通)의 대도(大道), 즉 네거리. ◇육마(六馬) : 옛날 천자(天子)가 타고 다니던 수레로서 '여섯 필의 말'이 끈 데서 유래했다.

[풀이]

아무도 보지 않고 간섭하지 않는다고 해서 함부로 비행(非行)을 저지른다거나, 아무도 관심을 두지 않는다고 해서 아무렇게나 행동해서는 안 된다는 가르침이다. 요컨대 평상시라도 중인(衆人)이 자기를 주시한다고 생각하며, 사소한 마음의 움직임이라도 이를 신중히 하면 실수하는 일이 없을 것이다.

2

부귀를 만약 지력(智力)으로 구할 수 있다면 중니(仲尼)는 젊은 나이에 의당 제후에 봉해졌으리라. 세상 사람은 저 푸른 하늘의 뜻을 알지 못하고서 헛되이 몸과 마음으로 하여금 한밤중에 근심하게 하는구나. 〈擊壤詩〉

擊壤詩에 云하되, 富貴를 如將智力求했다면 仲尼年少合封侯라. 世人은 不解靑天意하고 空使身心半夜愁라.

◇중니(仲尼) : 공자의 자(字).

[풀이]

부귀가 지력으로만 얻어지리라고 믿지 말라. 만약 부귀를 지력으로만 구할 수 있다면 공자 같은 이는 젊은 나이에 의당 제후에 봉해졌어야 마땅하다. 세상 사람은 저 푸른 하늘이 정해 둔 뜻, 곧 운명이 있음을 알지 못하고서 헛되이 몸과 마음을 녹이며 한밤중에 시름겨워한다는 말이다.

3

"겸손·사양이 제일의 덕"이라고 한 드라이든의 말은
참다운 교양의 정곡(正鵠)을 찌른 경구이다.

비록 지극히 어리석은 사람도 남을 책망하는 데는 밝고, 비록 지혜를 지닌 이도 자신을 용서하는 데 어두워지는구나. 너희는 모름지기 남을 책망하는 마음으로 자신을 책망하고, 자신을 용서하는 마음으로 남을 용서하라. 그렇게만 한다면 성현(聖賢)의 경지에 이르지 못함을 걱정할 것 없으리라. 〈范忠宣公〉

范忠宣公이 戒子弟曰, 人雖至愚나 責人則明하고, 雖有聰明이나 恕己則昏이니, 爾曹는 但當以責人之心으로 責己하고, 恕己之心으로 恕人則不患不到聖賢地位也니라.

◇범충선공(范忠宣公) : 북송(北宋)의 명신 범중엄(范仲淹)의 아들로서 이름은 순인(純仁). '충선(忠宣)'은 시호(諡號)이다. 철종(哲宗) 때에 재상을 지냈으며 사람됨이 지극히 효성스럽고 충직·독실했다.

4

지혜가 뛰어나고 생각이 현명하더라도 어리석음을 지켜라. 훈공
(勳功)이 천하를 덮었더라도 겸양하는 마음을 지켜라. 용력(勇力)이
세상에 떨치더라도 겁약(怯弱)함을 지켜라. 부유하여 사해(四海)를
소유했더라도 겸손함을 지켜라. 〈孔子〉

子曰, 聰明思睿라도 守之以愚하고, 功被天下라도 守之以讓하고,
勇力振世라도 守之以怯하고, 富有四海라도 守之以謙이니라.

◇사해(四海) : '온 천하', '온 세상'이라는 뜻.

5

백 가지 교묘한 재주로 백 가지 일을 이룸이 한 번 졸(拙)한 것
만 못하다.

百巧百成이 不如一拙이니라.

[풀이]

백 가지 교묘한 재주가 있어 백 가지 일을 이룸은 실로 좋은 일이다. 그러
나 이를 믿어 자만하느라고 한 번쯤 졸(拙)함을 지키지 못함으로써 그 백가
지 교묘한 재주로 백 가지 일을 이룩한 업공(業功)이 일거(一擧)에 무너지는
수도 있는 법이다. 그러므로 때로 한 번 졸함을 지킨 효능이 오히려 백 가지
교묘함보다 나을 적이 있다. 백 가지 교묘함을 지니되 어느 한 구석엔 항상
졸함을 함께 지닐 일이다.

6

세네카는 "은의(恩義)는 그가 행한 봉사 행위에 있는 것이 아니고 그가 베풀어 준 성의에 있는 것이다."라고 말했다.

박하게 베풀고서 후하게 바라는 이에게는 보답이 없고, 귀하게 되고 나서 천하던 때를 잊는 이는 결코 오래가지 못하리라. 〈素書〉

素書에 云하되, 薄施厚望者는 不報하고, 貴而忘賤者는 不久니라.

◇소서(素書) : 한(漢)나라 황석공(黃石公)이 쓴 것으로 알려진 책이다. 도(道)·덕(德)·인(仁)·의(義)·예(禮) 다섯을 일체(一體)로 한 것이 그 대강의 요지이다. 송나라의 장상영(張商英)이 주석했는데, 본문과 주석한 글이 마치 한사람이 쓴 듯하여 실제로『소서』는 장상영이 쓴 책이 아닌가 의심받고 있다.

7

은혜를 베풀거든 보답을 구하지 말고, 남에게 주었거든 뒤에 뉘우치지 말라.

施恩이어든 勿求報하고, 與人이어든 勿追悔하라.

8

용력(勇力)은 크게 가지되 마음씀은 세밀하게 하고, 지혜는 원만하도록 하되 행동은 방정(方正)하게 할 일이다. 〈孫思邈〉

孫思邈이 曰, 膽欲大而心欲小하고, 智欲圓而行欲方이니라.

◇손사막(孫思邈) : 당대(唐代)의 학자로서 특히 노장 사상에 정통했고, 음양학(陰陽學)·의약학(醫藥學)에 조예가 깊었다.

9

생각은 항상 전장(戰場)에 나가는 날같이 하고, 마음은 언제나 다리를 건너는 때처럼 지닐 일이다.

念念要如臨戰日하고, 心心常似過橋時니라.

10

우리 속담에 "아무리 바빠도 바늘 허리 매어 쓰지 못한다."는 말이 있다.
모든 일에는 법도와 순서와 계획이 필요한 법.

법을 두려워하면 언제나 즐겁게 살 수 있고, 공평하고 바른 도리를 속이면 날마다 근심이 되리라.

懼法朝朝樂이요, 欺公日日憂니라.

11

입을 지키는 것은 병(瓶)과 같이 하고, 뜻을 막는 것은 성(城)과 같이 하라. 〈朱文公〉

朱文公이 曰, 守口如瓶하고, 防意如城하라.

◇주문공(朱文公) : 송나라 때 성리학의 집대성자. '문공(文公)'은 시호(諡號), 자(字)는 '원회암(元晦庵)'. 존칭해서 '주자(朱子)'라고도 한다. 그의 학문을 '주자학(朱子學)'이라 부르며, 그가 학문을 강의하던 곳의 이름 '고정(考亭)'을 따서 그를 따르는 학파를 '고정학파(考亭學派)'라고 한다. 저서로『시집전(詩集傳)』,『사서집주(四書集註)』,『자치통감강목(資治通鑑綱目)』,『근사록(近思錄)』,『소학(小學)』등이 있다.

[풀이]

한번 입 밖에 나간 말은 마치 엎질러진 물처럼 수습할 수 없다. 입을 함부로 놀리지 말고 조심하여야 한다. 한번 탐욕이 일어나면 그것은 마치 공격해 오는 적군처럼 맹렬한 기세로 뻗쳐 나가기 쉽다. 탐욕 막는 것을 성벽(城壁)처럼 확고히 하여야 한다.

12

쥬베날은 "임종(臨終)의 회오(悔悟)는 응보(應報)가 드물다."고 했다.

마음 속으로 남을 저버리지 않는다면 얼굴에 부끄러운 빛이 없을 것이다.

心不負人이면 面無慚色이니라.

[풀이]
겉과 속을 한결같이 하여 부끄러운 일이 없도록 하라는 가르침이다.

13

백 살을 사는 사람이 없건만, 사람은 부질없이 천 년이나 살 듯 계획을 세운다.

人無百歲人이나, 枉作千年計니라.

14

관직에 있으면서 사사로이 불공평하고 바르지 않게 행하다가 관직을 잃고 나서 후회하리라. 부유할 적에 절약해 쓰지 않다가 가난해진 때에 후회하리라. 기예(技藝)를 젊어서 배우지 않았다가 시기가 지난 때에 후회하리라. 사물(事物)을 보고 배워 두지 않았다가 필요할 때에 후회하리라. 취한 뒤에 함부로 지껄였다가 깨어난 때에 후회하리라. 몸이 성할 적에 휴양하지 않았다가 병든 때에 후회하리라. 〈寇萊公 六悔銘〉

寇萊公六悔銘에 云하되, 官行私曲失時悔요, 富不儉用貧時悔요, 藝不少學過時悔요, 見事不學用時悔요, 醉後狂言醒時悔요, 安不將息病時悔니라.

◇구래공(寇萊公) : 북송(北宋) 진종(眞宗) 때의 재상 구준(寇準)을 가리킨다. '내공(萊公)'은 그가 거란(契丹)의 침입을 물리치는 등 공로를 세워 '내국공(萊國公)'에 봉해져서 부르는 말이다. ◇육회명(六悔銘) : 여섯 가지 후회할 일에 관한 명문(銘文).

15

"자신을 이긴 자는 진정한 승리자다."라고 한 디즈렐리의 말은 극기(克己)의 인생 철학을 가르쳐 준다.

차라리 일 없이 가난할지언정 일 있으면서 부자이지 말 것이요, 차라리 일 없이 뗏집에 살지언정 일 있으면서 금옥(金屋)에 살지

않을 것이요, 차라리 병 없이 거친 밥을 먹을지언정 병 있으면서
좋은 약을 먹지 않을 것이다. 〈益智書〉

益智書에 云하되, 寧無事而家貧이언정 莫有事而家富요, 寧無事
而住茅屋이언정 不有事而住金屋이요, 寧無病而食麤飯이언정 不有
病而服良藥이니라.

◇모옥(茅屋) : 떳집, 초가. ◇금옥(金屋) : 화려한 집을 말한다. ◇추반(麤飯) : 거친 밥.

16

마음이 편안하면 떳집도 안온하고, 성정(性情)이 안정되면 나물
국도 향기롭다.

心安茅屋穩이요, 性定菜羹香이니라.

17

남을 책망하기만 하는 이는 사귐을 온전히 하지 못하고, 스스로
를 용서하기만 하는 이는 허물을 고치지 못한다. 〈景行錄〉

景行錄에 云하되, 責人者는 不全交요, 自恕者는 不改過니라.

18

아침에 일어나 밤에 잠자리에 들기까지 생각하는 바가 충성스럽고 효성스러운 이는 사람들이 설사 알아주지 않더라도 하늘이 반드시 알리라. 배불리 먹고 다사로이 입고서 안락히 제 몸만 보호하는 이는 몸은 비록 편안할 것이나 그 자손에게는 어찌할 것인가.

夙興夜寐하여 所思忠孝者는 人不知나 天必知之요, 飽食煖衣하여 怡然自衛者는 身雖安이나 其如子孫에 何오.

19

스페인 속담에 "생나무는 마른 나무를 대신해서 타고, 의인(義人)은 불의자(不義者)를 대신해서 벌을 받는다."는 말이 있다.

처자를 사랑하는 마음으로 어버이를 섬긴다면 그 효도야말로 마음과 정성을 다하는 것이요, 부귀를 보전하는 마음으로 임금을 받든다면 그 어디에서도 충성 아닐 것이 없으리라. 남을 책망하는 마음으로 나를 책망한다면 허물이 적을 것이요, 나를 용서하는 마음으로 남을 용서한다면 사귐을 온전히 할 수 있을 것이다.

以愛妻子之心으로 事親則曲盡其孝요, 以保富貴之心으로 奉君則無往不忠이요, 以責人之心으로 責己則寡過요, 以恕己之心으로 恕人則全交니라.

20

네가 꾀하는 것이 좋지 못하면 깨우친들 어찌 미치겠으며, 너의 소견이 훌륭하지 못하면 가르친들 무슨 소용이 있겠는가. 이익을 꾀하는 마음만 오로지하면 도를 거스르게 되고, 사(私)를 위하는 뜻이 굳으면 공(公)을 멸하게 된다.

爾謀不臧이면 誨之何及이며, 爾見不長이면 敎之何益이리요. 利心專則背道요, 私意確則滅公이니라.

◇회(誨) : 『명심보감』의 여러 유행본(流行本)에는 '회(誨)'가 아니라 '회(悔)'로 되어 있다. 이 구절의 출전이 밝혀져 있지 않아 자세히 고찰하기 어렵지만, 여러 책의 '회(悔)'자는 그 자형(字形)이 비슷한 데서 '회(誨)'자의 오각(誤刻) 또는 오인(誤印)임이 틀림없다. 글의 뜻에 비추어 '회(悔)'는 맞지 않는 말이고 '회(誨)'가 이치에 맞는다. '회(誨)'는 '효교(曉敎)'이니 '가르치다', '깨우치다'란 뜻이다.

[풀이]

너의 꾀함이 좋지 못하고 이익을 꾀하는 마음만을 오로지한다면 깨우쳐 준들 어찌 좋은 경지에 이르겠으며, 너의 소견이 훌륭하지 못하고 사(私)를 위하는 뜻이 굳다면 가르친들 무슨 소용이 있겠는가. 이익을 꾀하는 마음만 오로지하면 도를 거스르게 되고 사를 위하는 뜻이 굳으면 공(公)을 멸하게 되는 것이니, 무엇보다 너의 그 꾀함, 너의 그 소견을 스스로 다스리고 보아야 한다.

21

일을 만들면 일이 생기고, 일을 덜면 일이 덜린다.

生事事生이요 省事事省이니라.

심령(心靈)의 참다운 교훈

민태식(閔泰植)

시대 변천과 사회 환경에 대응하는 참된 마음 자세

　이 「존심편(存心篇)」에 보이는 본받을 만한 좋은 말의 내용은 대개 개인의 수양서인 동시에 처세훈(處世訓)이라, 문장에 나타난 아름답고 참된 어귀는 사람을 감동하게도 하고 때로는 사람의 마음을 안정된 상태로 이끌어 주기도 한다. 인심이 매우 동요하고 사회 환경이 어느 때보다도 소란한 시기에, 인간이 올바른 마음을 지니며 사회 정의를 논하게 된다면 그 효과가 많고 적음을 물을 것 없이 매우 훌륭한 일이라고 하지 않을 수 없다.

　인류의 문화는 시대와 지역에 따라 발전하는 양상이 다르며, 기후와 풍토의 영향으로 생활 방법과 풍속도 서로 다르다. 따라서 철학과 도덕 역시 그 표현 양식이 반드시 동일하다고 할 수 없다. 민족과 국가에는 고유한 전통과 특색이 있으며, 사상에는 다채로운 풍조와 변천이 있다. 지적이며 조직적으로 실리를 탐색하는 실용가가 있는가 하면, 영원한 생명을 명상에서 찾으려고 하며 내세의 영원한 안

식처를 꿈꾸는 종교가도 있다. 또 인간 본연의 굳센 의지와 밝은 지혜를 새롭게 하며 청신(淸新)한 정감(情感)을 바탕으로 인륜(人倫)의 대도를 앙양하고 건실한 발전과 영원한 영광을 존귀하게 여기는 도학가도 있다.

수천 년에 걸쳐 웅장하고 위대하며 큰 업적을 남긴 성인(聖人)과 철인(哲人)들이 거성처럼 빛을 발하고 있다. 과거의 역사는 어떠한 모습으로 변전(變轉)하여 왔으며 장래의 세계는 어느 방향으로 진전될까. 이러한 것이 관심사가 아닐 수 없으며 또한 찬란한 문화를 창조하는 위력이다.

이러기에 「존심편」에 보이는 것처럼 좁은 방안에 앉아 있는 사람일지라도 그 마음은 항상 너른 네거리에 있는 것과 같이 조심성 있게 가지며, 너른 세상을 두루 살피면서 행동을 바르게 하며, 또한 자아(自我)의 이성(理性)을 지키기를 여섯 필이나 되는 말을 끄는 것과 같이 조심성 있게 해야 한다고 이른 말이라든지 남을 꾸짖는 마음으로 자기 자신을 꾸짖고 자신을 생각하는 마음으로 남을 용서할 줄 알면 성인과 현인의 지위에 이르지 못함을 근심하지 말라고 한 말은 참으로 사람의 심금을 울리고 있다.

이와 같은 금언은 다 앞서 말한 실용가나 종교가 또는 도학가의 심리나 그 실천에 상응(相應)하는 말이다. 더욱이 자기에게 맡겨진 일은 저의 힘으로 하는 것이 당연한데도 불구하고, 사람들 대부분은 자기가 할 일은 등한히하면서 책임은 다른 사람에게 돌리려고 한다. 여기에 모순이 있으며 불평이 따르고 사회의 혼란을 초래한다. 그러기에 현명한 사람은 자기에게 주어진 분야부터 깨끗이 하여야 한다는 말은, 성인과 철인의 교훈으로서만 의의가 있을 뿐 아니라 현대인에게 더욱 훌륭한 경종(警鍾)이다. 바야흐로 세계는 격동의 소용돌이 속에 있다. 참으로 장래를 어떻게 걱정하여야 할 것인가, 학문을 어떠한 방법으로 할 것이며, 무슨 활동을 함으로써 인간의 참다운 가치를 발휘하여 볼 것인가. 이 모든 점이 현대인에게 주어진 중대한 문제이다.

인간의 자유 의지와 선하고 참다운 특성

이와 같은 당면 과제를 간단히 해결한다는 것은 물론 쉬운 일은 아니다. 그러나 현대 문명을 어떠한 방향으로 유도하고 활용하는 것이 가장 현명한 묘안이며, 건실한 사회와 믿을 만한 인간을 어떻게 육성할 것인가. 현대 문화는 세계가 경쟁하는 가운데 급속히 진전되고 있다. 더욱이 우주 탐험은 이른바 첨단 공학의 발달과 기계 문명의 효율성을 극도로 발휘하는 예라 할 수 있다. 실용주의와 경험 철학의 위력이 과연 이렇듯 우수한 것일까. 이에 따르는 문학과 예술의 경향도 참으로 면목을 달리 하고 있으며 인간성도 우아 청신(優雅淸新)한 흥취(興趣)보다는 예리 각박(銳利刻薄)한 분위기가 더욱 감돌고 있다. 그러나 물질 문화에 도취한 현상태에서 별다른 반성과 뉘우침 없이 무턱대고 질주만 한다면 인간은 과연 어느 지경에 이를 것인가.

이른바 인간 본연의 상태는 찾아볼 수도 없고, 참다운 가치를 보유하기도 어려우며, 사회 도의는 겸애(謙愛)와 제휴가 아니라 공포와 위협으로 전락하고 있으니 식자(識者)로서 어찌 이에 대응책을 강구하지 않으랴. 성인과 철인의 교훈을 다시 살리며 인간 각자의 본성을 새롭게 떨치고 현실에 적응할 수 있는 교육적 노력과 경제의 조직으로 새로운 정치 풍토를 마련하는 것이 현대의 위기를 조금이라도 바로잡는 길이며 정당한 대도를 찾는 방안이 아닌가 한다.

다시 「존심편」에 보이는 말을 살펴보면, "훈공이 천하를 덮었더라도 겸양하는 마음을 지켜라. 용력(勇力)이 세상에 떨치더라도 늘 겁약(怯弱)함을 지켜라. 부유하여 사해(四海)를 소유했더라도 겸손함을 지켜라."라고 한 것은 참으로 성자(聖者)의 말이라 할 수 있다. 없으면서도 있는 것처럼 보이려 하고, 약하면서도 강한 체하며, 가난하면서도 부유한 체하는 위장의 심리를 경계한 교훈이니 매우 평범한 말인 것 같아도 시의(時宜)에 적절한 명언이 아닐 수 없다.

인간은 원래 자유로운 의지와 선하고 참다운 특성도 지니고 있다. 그리하여 언제나 의욕적이며 나름대로 발전을 모색한다. 건전하고 영원한 삶의 원리를 탐구하며, 문화 창조에 끊임없이 노력하고, 때로는 엄정한 이론도 전개하며 비약도 시도하여 본다. 여기에서 인간이 발전하는 묘미도 터득하는 것이 아닌가 한다.

> 사람은 불안한 사회를 평화로운 방향으로 전환시킬 수 있고,
> 영구한 희망을 지니고 풍유(豊裕)한 생(生)의 세계를 향하여 전진할 수 있다.

성철(聖哲)들은 거친 세파(世波)를 헤치면서 영원한 빛을 밝히고 있다. 진퇴 소장(進退消長)과 영고 성쇠(榮枯盛衰)로 말미암아 순환하는 사회 정경은, 평화와 안정보다는 험난과 격동으로 이어지고 있지만 이에 굽히지 아니하고 의연히 대처하며 전진하고 있다.

「존심편」에서 보인 진리는 저 같은 험난한 세상 물정을 바로잡을 수 있는 능력이 성철(聖哲)에게만 부여된 것이 아니라, 인간이면 누구나 그 능력을 동일하게 향유하고 있음을 깨우친 말이다.

그러므로 사람은 이 불안한 사회를 평화로운 방향으로 전환시킬 수 있으며 영구한 희망을 지니고 풍요롭고 여유 있는 삶의 세계를 향하여 전진할 수 있다는 것이니, 이에 예술이 있고 도덕이 향상되며 교육이 활발하고 경제와 정치가 질서를 찾고, 따라서 사회가 안

정된 상태로 돌아갈 수 있다는 것이다.

손사막(孫思邈)의 "용력은 크게 가지되 마음씀은 세밀하게 하고, 지혜는 원만하도록 하되 행동은 방정하게 할 일이다."라는 말은 "사람의 소망은 클지라도 치밀한 계획이 있어야 하며 일을 하는 데는 과학적인 지식과 굳게 참고 견디는 실천력이 수반되어야 함"을 강조한 명언이다. 또 "백 살을 사는 사람이 없건만, 사람은 부질없이 천년이나 살 듯 계획을 세운다."는 말은 인간의 육체적인 면도 중요하지만 길이 남을 수 있는 영광스러운 생명의 힘을 찬양한 말이니, 인생의 희열(喜悅)을 느낄 수 있는 감탄스럽고 보배로운 교훈이 아닐 수 없다.

이와 같이 사람에게 용기와 의욕을 왕성하게 하고, 절망하기 쉬운 약한 인간에게 희망을 품게 하며 생활의 여유를 실감하게 하는 말과 글은 옛 작품에 흐르는 한마디 말이나 글자라 해도, 이를 반드시 아껴서 혼탁한 정신을 맑게 하는 금언으로 간직해야 할 것이다. 이를 계기로 우리의 생활을 낮은 단계에서 고상한 위치로, 진부한 상태에서 청화(淸和)한 곳으로 높일 수 있으며, 이로 말미암아 가치 있는 삶의 욕구를 더욱 만족하게 할 수도 있고 호화로운 역사를 창조할 수도 있는 것이다.

심신 수련을 위한 교양과 새로운 가치관의 수립

그러나 「존심편」을 다른 각도에서 볼 때 "일을 만들면 일이 생기고, 일을 덜면 일이 덜린다."는 구절은 원래 일에는 요령과 계획이 있어야 할 것을 강조한 말이지만 때로는 무사 안일하는 염세적 기풍을 조장하기 쉬웠고, 『익지서』에 이른바 "차라리 일 없이 가난할지언정 일 있으면서 부자이지 말 것이요, 차라리 일 없이 띳집에 살지언정 일 있으면서 금옥(金屋)에 살지 않을 것이다."라 함은 불의로 탐하는 부귀를 뒷사람들에게 경계한 말이지만 우리 사회의 풍조는 가난한 것을 맑고 고결한 인격의 표준으로 여긴 나머지 개인이 가난하고 민족이 굶주림에 허덕이고 국가가 처참한 지경에 이른 때도 없지 않았다. 그러므로 항상 문제되는 것은 의(義)냐 불의(不義)냐 정(正)한 것인가 부정(不正)한 것인가를 물을 뿐 정과 의에 벗어나는 일이 아니라면 가난과 떳집에만 만족할 것은 아니다.

공사(公私)를 분별하지 못하고 부귀에만 혈안이 되어 개인의 향락만 탐하려고 하는 군상도 사회 도의에서 볼 때 용인할 수 없는 일이지만, 예로부터 부귀를 뜬구름처럼 경멸하던 관습도 현대 사회에서는 또한 경계하여야 할 일이다.

이와 같이 「존심편」은 심신 수련을 위한 교양이나 일상 생활에서 지킬 만한 교훈 또는 인생 철학에 적절한 보감(寶鑑)이다. 더욱이 인간이 기계화하고 물질 만능으로 전세계 사람이 광분하는 이 때에 훌륭한 교육 자료로 손색이 없음을 확신한다. 그러나 우리의 생활 향상과 문화 발전은 무엇보다 삶에 대한 왕성한 의욕에서 비롯하며, 끊임없는 노력과 치밀한 계획이 요청된다. 만일 과거 성철(聖哲)의 교훈이라 하여 금과 옥조처럼 고수하다 보면 인간의 개성에서 나오는 창의력이 떨어지기 쉽고 하는 일에 대하여 정진하는 의지와 용단성이 떨어질 우려가 있으니 이 점은 과거 우리의 선조가 많이 경험한 것이고, 서구인의 실질적인 이기주의에 비할 때 물질적으로 뒤떨어짐을 면하지 못한 까닭이며, 현대인이 심정적으로 경원(敬遠)하는 중요한 원인이다. 이와 같은 장단점을 잘 살피고 깊이 생각하여 「존심편」의 정신을 현대 교육과 사회 도의에 잘 활용하면 현대화 작업을 촉진하는 데에 크게 공헌할 것이 틀림없다.

戒性篇

본연으로서의 인성

● ● ● ● ● ● ●

인간의 성격은 단순하지가 않다.
한 인간 속에 서로 모순되고 반발하는
여러 가지 성격이 뒤섞여 있다.
결국 성격 자체가 인간인 것이다.

1

세네카는 "참을 수 없는 것을 참았던 것을
상기(想起)할 때마다 유쾌하다."고 술회하였다.

사람의 성품은 물과 같다. 물이 한번 기울면 돌이킬 수 없듯이
성품이 한번 놓아지면 돌아오지 않나니, 물을 제어(制御)하려는 이
가 둑으로 제어하듯이 성품을 제어하려는 이는 반드시 예법(禮法)
으로 해야 한다. 〈景行錄〉

景行錄에 云하되, 人性이 如水하여, 水一傾不可復이요 性一縱
則不可反이니 制水者는 必以隄防하고 制性者는 必以禮法이니라.

2

한때의 분함을 참아라, 백 날의 근심을 면하리라.

忍一時之忿이면 免百日之憂니라.

3

참고 또 참아라, 경계하고 또 경계하라. 참지 않고 경계하지 않
으면 작은 일도 커진다.

得忍且忍이요 得戒且戒하라. 不忍不戒면 小事成大니라.

4

　어리석고 흐린 이가 남을 꾸짖고 성내는 것은 모두 사리에 통하지 못한 까닭이다. 마음 위에 불길을 붙이지 말고 단지 귓전을 스치는 바람결로 여겨라. 잘하고 잘못함은 집집마다 있는 법이요, 덥고 서늘함은 곳곳이 마찬가지다. 옳으니 그르니 하는 것은 본래 실상(實相)이 없어 결국에는 다 부질없는 것이 되고 만다.

　愚濁生嗔怒는　皆因理不通이라,　休添心上火하고　只作耳邊風하라. 長短은 家家有요 炎涼은 處處同이라, 是非無相實하여 究竟摠成空이니라.

5

루소가 갈파한 "인내는 쓰다. 그러나 그 열매는 달다."는
말은 참다운 인내의 미덕을 말해 준다.

　자장(子張)이 떠나고자 하여 공자께 하직하면서 수신의 요체가 될 한 마디 교훈을 청했다.
　공자 가로되 "모든 행실의 근본으로는 참는 것이 으뜸이다."
　자장이 가로되 "참으면 어떠합니까?"
　공자 가로되 "천자가 참으면 나라에 해가 없을 것이요, 제후가 참으면 나라가 커 나갈 것이요, 관리가 참으면 그 지위가 높아질 것이요, 형제끼리 참으면 집이 부귀해질 것이요, 부부끼리 참으면 일생을 해로하게 될 것이요, 벗끼리 참으면 서로 명예가 허물어지지 않을 것이요, 자신이 참으면 화해(禍害)가 없으리라."
　자장이 가로되 "참지 않으면 어떻게 됩니까?"

공자 가로되 "천자가 참지 않으면 나라가 황폐해질 것이요, 제후가 참지 않으면 그 몸마저 없어질 것이요, 관리가 참지 않으면 죽음을 당하게 될 것이요, 형제끼리 참지 않으면 갈라져 살게 될 것이요, 부부끼리 참지 않으면 자식을 외롭게 할 것이요, 벗끼리 참지 않으면 정과 뜻이 성길 것이요, 자신이 참지 않으면 근심이 없어지지 않으리라."

자장이 가로되 "좋고도 좋은 말씀! 참기 어려움이여, 참기 어려움이여! 사람이 아니라면 참지 못할 것이요, 참지 못하면 사람이 아니로소이다."

子張이 欲行에 辭於夫子할새 願賜一言爲修身之美한대 子曰, 百行之本이 忍之爲上이니라. 子張이 曰, 何爲忍之닛고. 子曰, 天子忍之면 國無害하고, 諸侯忍之면 成其大하고, 官吏忍之면 進其位하고, 兄弟忍之면 家富貴하고, 夫妻忍之면 終其世하고, 朋友忍之면 名不廢하고, 自身이 忍之면 無禍害니라. 子張이 曰, 不忍則如何닛고. 子曰, 天子不忍이면 國空虛하고, 諸侯不忍이면 喪其軀하고, 官吏不忍이면 刑法誅하고, 兄弟不忍이면 各分居하고, 夫妻不忍이면 令子孤하고, 朋友不忍이면 情意疎하고, 自身이 不忍이면 患不除니라. 子張이 曰, 善哉善哉라. 難忍難忍이여, 非人이면 不忍이요 不忍이면 非人이로다.

◇자장(子張) : 공자의 제자로 성은 전손(顓孫), 이름은 사(師). 자장(子張)은 그의 자(字)이다. ◇부자(夫子) : 스승이나 나이 많은 어른에 대한 존칭으로 특정인에게 국한된 것은 아니나 유생(儒生)들 사이에 '부자'라면 으레 공자를 가리킨다. ◇천자(天子) : 고대 중국에서 제왕을 가리켜 천자라 했다. 하늘의 아들로서 하늘로부터 지상을 통치할 책무를 위임받은 사람이란 의미다. ◇제후(諸侯) : 중국 봉건 시대에 천자로부터 일정한 봉토를 받아 그 영내를 다스렸던 각 급의 지배자.

[풀이]

공자는 "참는 것이 으뜸"이라 하고, 다시 자장의 물음에 답하여 '참음'으로 말미암아 나타나는 결과와 '참지 않음'로 나타나는 결과를 각 급의 사람 및 관계에 준하여 말했다. 요컨대 위로 제왕에서 아래로 평민에 이르기까지 참는 자에게는 이로움이, 참지 않는 자에게는 해로움이 따른다는 말이다.

6

자기를 양보하는 사람은 능히 중요한 지위에 처할 수 있을 것이요, 이기기를 좋아하는 사람은 반드시 적을 만나게 되리라. 〈景行錄〉

景行錄에 云하되, 屈己者는 能處重하고 好勝者는 必遇敵이니라.

7

악인이 선인을 꾸짖어 대거든 선인은 도무지 응대하지 말 일이다. 응대하지 않으매 마음이 맑고 조용한 데 비해, 꾸짖는 이는 입이 끓어오르는구나. 이는 마치 하늘을 향해 침을 뱉으면 도로 제 몸에 떨어지는 것과 같다.

惡人이 罵善人커든 善人은 摠不對하라. 不對에 心淸閑이요, 罵者는 口熱沸라 正如人唾天이면 還從己身墜니라.

8

내가 만약 남에게 욕설을 듣더라도 짐짓 귀먹은 체하고 말대꾸를 하지 말 일이다. 비유하건대 불이 허공에서 타다가 끄지 않아도 저절로 사라지는 것과 같다. 내 마음은 허공과 같으니 도무지 그의 입술과 혀만 뒤놀려질 뿐이다.

我若被人罵라도 佯聾不分說하라. 譬如火燒空하여 不救自然滅이라. 我心은 等虛空이어늘 摠爾翻脣舌이니라.

9

모든 일에 인정을 남겨 두어라. 뒷날에도 서로 좋은 낯으로 보게 되리라.

凡事에 留人情이면, 後來에 好相見이니라.

인성(人性)과 생활 규범

남만성(南晚星)

성선설(性善說)에 바탕을 둔 인생관

「계성편(戒性篇)」의 논지는 성선설을 전제로 한다.

사람이 하늘에서 받은 인간 본연의 성질을 성(性)이라고 한다. 사람이 성품을 본연의 상태대로 온존(溫存)하여 방종에 흐르지 않게 경계하라는 것이다.

인성(人性)을 어느 규범 안에 가두어 놓고 악과 격리함으로써 인성이 악에 물들지 않게 하라는 것이다. 인간의 천성이 선하다 보고 하는 말이다.

인성의 선악에 대하여는 학설이 일치하지 않는다. 자사(子思)·맹자(孟子)는 성선설을 주장하였다. 유교의 모든 설교는 이 성선설의 기초 위에 이루어졌다.

순자(荀子)는 정반대로 성악설을 주장하였다. 인성이란 본래 악한 것이니 예의로써 교정하여야 한다는 것이다.

고자(告子)는 "생긴 그대로가 성이다.(生之謂性)"라고 하여 사람의 성품은 선도 아니고 악도 아닌 백지 상태라고 하였다. 인간의 천성이 선인지 악인지 아니면 백지 상태인지는 간단히 결론지을 수 없다.

그러나 우리가 여기에서 구태여 인간 본연의 성질이 선하냐 악하냐를 따질 이유는 없다. 그 본질이 선하거나 악하거나를 묻지 않더라도 인간의 심성에는 선한 구석과 악한 구석이 병존하는 것을 우리는 경험으로 안다. 심성이 백 퍼센트 선하기만 하거나 백 퍼센트 악하기만 한 인간은 실제로는 존재할 수 없다. 다만 강약의 차이가 있을 뿐이며, 때와 경우에 따라 다를 뿐이다.

사람은 완전히 신일 수 없으며 완전히 악마일 수도 없다. 그 중간에서 헤매는 존재가 아닐까.

그렇다면 이 「계성편」의 교훈이 성선설을 바탕으로 성립하였다고 하여 그 타당성을 의심할 수는 없다. 우리가 그 선한 구석을 잘 보전하고 수양하려고 노력한다면 이 교훈은 우리의 생활을 이끌어 주는 지침이 될 수 있는 것이다.

강요할 수 없는 선행과 자제를 필요로 하는 현대인의 생활

이 「계성편」은 첫머리에서 물의 범람을 둑으로 막듯이 마음의 방종을 막으라고 가르친다. 적극적으로 선행을 요구하지 않고, 소극적으로 악에 흐르지 않도록 합규범적(合規範的)인 노력을 하라고 강조한다.

선행을 강요하지 않고 다만 방종하지 말라, 즉 어느 한도를 넘지 말라고 가르친 것이 현대인으로서 호감이 간다. 이것이야말로 현대인의 사회 생활에서 최소한 지켜야 할 도의의 규범이라 할 수 있다.

우리가 길을 걸을 때 좌측으로 통행하여 남의 통행을 방해하지 말아야 하는 것은 최소한의 규범이다. 그러나 고갯길에서 무거운 짐을 실은 리어카를 밀어 주는 것은 선행이다. 특별히 선심을 쓰는 것이다. 그러나 특별한 선행은 칭찬을 할지언정 강요할 수는 없다.

좌측 통행은 꼭 지켜야 할 사회 규범이지만 리어카를 밀어 주는 것은 개인의 선의에 달린 문제이다. 현대인은 선행을 강요당하면 견디지 못한다. 그러나 사회 생활을 위한, 방종하지 않는 한도의 규범은 지켜야 할 것으로 인정하고 있다.

그런 의미에서 이 대목의 교훈은 현대인을 위하여 준비된 것 같은 생생한 충고로 받아들이지 않을 수 없다.

우리는 이따금 사회 생활에서 자신이 지켜야 할 한도를 넘어 남의 생활에 간섭하고 남의 권리를 침해하고 사회의 질서를 혼란하게 만들고 사람의 생활을 불안에 몰아넣는 방종한 마음씨를 가진 사람을 본다. 슬픈 일이다. 자유와 방종을 구분할 줄 모르기 때문이다. 그런 사람을 위하여 나는 『명심보감』에 담긴, 이 현대적인 교훈을 다시 한 번 강조하여 본다. 둑을 무너뜨린 홍수가 밭이나 논이나 들이나 인가를 가리지 않고 함부로 내달리듯, 마음가짐이 마구잡이가 된다면 그러한 사람은 자신의 생활을 제대로 영위할 수 없을 것이다. 사람의 마음이란 물이 낮은 곳으로 흘러 가듯 방종하기는 쉬워도 자제하기는 어렵다. 한번 방종하면 주정뱅이의 술주정처럼, 바람난 여자의 바람기처럼 좀체 고치기가 어려운 것이 인간의 타성이다. 그러므로 아예 둑을 쌓듯이 처음부터 빈틈을 주지 말고 제어하여야 한다는 것이다. 그 제어를 예법으로써 하라고 하였다. 오늘날에는 도의와 양식(良識)이란 말로 대치할 수 있을 것이다.

사회의 도의와 각자의 양식에 호소하여 현대인의 마음이 방종에 흐르지 않도록, 이 기회에 다시 한 번 『명심보감』의 「계성편」에서 현대적 의의를 발견하기 바란다.

그 다음에 나오는 여러 대목은 「계성편」의 안목이요 주제인 인성의 방종을 경계한 첫 절의 뜻을 예를 들어 설명한 것일 뿐이다.

「계성편」의 편집자는 방종을 경계하여야 할 여러 사례 중에서 가장 두드러진 것으로서 분노한 때에 참으라고 충고한다.

분노를 참지 못하는 것은 격정의 순간적 폭발이다. 순간적이고 폭발적이기 때문에 냉정한 판단이나 옳고 그른 것, 위태하고 안전한 것을 가릴 겨를이 없게 마련이다. 흥분으로 이성을 상실한, 자제를 벗어난 방종하고 횡포한 심성의 대표적 상태이다.

우리는 무엇보다도 이러한 야성(野性)의 폭주(暴走)를 없애야 한다. 하찮은 부부 싸움 때문에 남편이 아내를 아내가 남편을 죽였느니, 자살을 하였느니 하는 신문 기사는 그 극단적 사례이지만, 한때의 분함을 참지 못하여 긴 세월 동안 근심거리를 만들거나 어마어마한 큰일을 저지르고 마는 경우가 인간에게는 너무나 많다. 인간의 비극은 순간적인 분노의 무분별한 폭발에서 출발하는 경우가 많다.

우리는 이것을 인간의 운명으로 체념하고 감수하기만 할 수는 없다. 현대인은 지성으로 그것을 극복하여야 한다. 그것은 격한 순간을 꿀꺽 참고 다음 순간 침착하고 공정하게 생각하는 길밖에 없다. 냉정을 회복한 때에 곰곰이 선의를 가지고 생각하여 보면 대개의 경우는 참을 수 있는 일인 경우가 많다. 상대방의 처지에서 생각하면, 상대방에게도 반드시 이유는 있다. 대개는 이해할 수 있는 것, 웃어넘겨 버릴 것, 견해 차이 등에서 오는 것이다. 선의로 해석하면 다 이해할 수 있는 것이다. 비록 그것이 진정 참을 수 없는, 이해할 수 없는 커다란 분노일지라도 그럴수록 분노의 폭발은 금물이다. 먼저 분노하고 격정을 참치 못하는 편이 항상 싸움에 지게 마련이다.

그러한 어마어마하고 중대한 영향을 가져오는 경우가 아닐지라도 아주 자질구레한, 그 자리에서 웃고 말 작은 분노의 폭발일지라도 그것 때문에 남에게 교양과 인격을 의심받고 경멸을 자초하며 때로는 본의 아니게 오해를 사는 경우가 많다. 현대의 세련된 사회인으로서, 교양 있는 시민으로서 가장 경계하고 자제해야 할 것은 분노의 폭발일 것이다. 「계성편」의 경고를 현대인은 전폭적으로 받아들여야 한다고 필자는 확신한다.

진정한 양보와 현대의 고발(告發) 정신

그렇지만 한 가지 불만이 있다. "자기를 양보하는 사람은 능히 중요한 지위에 처할 수 있을 것이요, 이기기를 좋아하는 사람은 반드시 적을 만나게 되리라."고 한 경고에 대한 것이다.

남에게 자기를 양보하여 중요한 지위를 얻는다는 것은 자기를 비굴하게 하여 남에게 아첨을 하거나 옳고 그른 것을 가리지 않고 남의 뜻에 영합하여, 이른바 팔방 미인이 되라는 말처럼 해석되기 때문이다. 물론 자기의 잘못을 깨닫고 남을 좇는 것은 당연히 해야 할 일을 하는 것에 불과하다. 그러나 자기의 정당함을 굽히어 남에게 비굴하게 굴 것이 아니라 진정한 양보가 필요하다. 약삭빠르고 비굴한 처세 방법으로 지위를 얻는 것이 옳다고 할 수는 없다. 그것은 상사에 대한 경우이면 상사로 하여금 판단을 그르치게 하고, 사회에 대한 경우이면 시비를 혼란하게 만들며, 나아가 스스로를 기만하고 비굴한 존재로 만들 것이다. 따라서 사회에는 아첨과 '지당합니다'의 풍조가 난무하게 될 것이다. 현대인은 남의 인격과 권리를 존중함과 동시에 자신에 대한 굴욕은 참지 않는다. 자신의 권리가 이유없이 침해당하는 것을 감수하지 않는다. 그러기에 현대인에게 겸양심과 고발 정신은 공존한다. 자기를 굴욕되게 하여 지위를 얻으려고 하는 것은 자기 상실을 의미한다. 단연코 배격해야 할 사고 방법이다.

그러나 「계성편」의 편집자가 그러한 의도로 말한 것은 아닐 것이다. 아마 겸양의 미덕을 의미한 것일 게다. 그러나 겸양과 비굴은 종이 한 장 차이다. 겸양이 지나치거나 의식적으로 비굴해지지는 말아야 할 것이다. "屈己者能處重"이라는 말의 어감이 풍기는 불쾌감 때문에 만분의 일이라도 비굴을 예찬하는 일이 있을까 하는 생각에서 사족(蛇足)을 붙였다.

「계성편」은 현대인에게 가장 적절한 교양의 충고자가 될 수 있다고 믿는다.

勤學篇

배움으로 향하는 욕구

인간에게는 알고자 하는 욕망이 있다.
이 지식에 대한 욕망은 인류 문명이 향상으로
치닫는 기본적인 요소가 아닌가.

1

칸트는 "학문이 있은 後에 선견(先見)이 있고,
선견이 있은 後에 역행(力行)이 있을 수 있다."고 했다.

많이 배우고 뜻을 튼튼히 하고, 잘 묻고 잘 생각하면 인은 그
속에 있다. 〈孔子〉

子曰, 博學而篤志하고, 切問而近思면 仁在其中矣니라.

[풀이]

인을 행하는 기틀이 이루어지는 것은 다른 데에 있지 않다. 널리 배워 닦
으려는 뜻을 돈독히 하고 실제에 있어 절실한 물음을 하여, 자기에게 가까이
있는 평상의 도리와 그 도리의 실행을 생각한다면 인을 실현하는 기틀은 그
가운데에서 이루어질 것이다. 유교의 최고 이상인 인에 도달하는 길을 말한
것이다.

2

사람이 배우지 않음은 아무 재주 없이 하늘에 오르려는 것과 같고,
배워서 멀리 알면 좋은 구름을 헤치고 푸른 하늘을 보는 것과 같으
며, 높은 산에 올라서 사방의 바다를 바라보는 것과 같다. 〈莊子〉

莊子曰, 人之不學은 如登天而無術하고, 學而智遠이면 如披祥雲
而覩靑天하고, 登高山而望四海니라.

[풀이]

용이 아무런 조화의 재주도 없이 어떻게 하늘에 오를 수 있겠는가. 사람이
배운다는 것은 지혜의 하늘을 날기 위한 날개를 갖추는 일이다. 배워서 지혜
가 깊어 보라. 구름을 헤치고 푸른 하늘을 보듯, 높은 산에 올라 온 세상을

내려다보듯 온갖 사물의 이치가 **활짝 열려 보이리라.**

3

옥은 다듬지 않으면 그릇을 이루지 못하고, 사람은 배우지 않으면 의를 알지 못한다. 〈禮記〉

禮記에 曰, 玉不琢이면 不成器하고, 人不學이면 不知義니라.

◇예기(禮記) : 한나라의 대성(戴聖)이 편집·저술한 고대 중국의 제도 및 예법에 관한 책으로 유교 오경(五經) 가운데 하나이다.

[풀이]

옥으로 하나의 그릇을 만들려면 다듬어야 한다. 마찬가지로 사람이 의를 알아 사람 구실을 할 수 있으려면 배워서 인간의 도리를 알고 인간 생활의 바른 길을 알아야 한다.

4

키케로는 "육체에는 식물, 정신에는 교양이 필수이다."라고 말했다.

사람이 배우지 않으면 마치 캄캄한 밤길을 가는 것과 같다. 〈太公〉

太公이 曰, 人生不學이면 如冥冥夜行이니라.

[풀이]

사람이 배워서 세상 사물의 이치를 알지 못한다면 마치 캄캄한 밤길을 가는 것과 마찬가지다. 가령 캄캄한 밤길에서 앞길에 깊은 구렁텅이가 가로놓여 있다 해도 그것을 보지 못해 **빠질** 것이요, **빼어나게** 아름다운 경치가 둘러 있다 해도 그 좋음을 완상(玩賞)하지 못하고 지나가게 되리라는 말이다.

5

임강수가 "가난하고 천한 것은 부끄러운 바가 아니며,
학문을 배워서 이를 행하지 않는 것이 부끄러운 일이다."
라고 한 말의 근본 뜻은 학문의 중요성을 강조한 것이다.

사람이 고금(古今)을 통하지 못하면 마소에 옷을 입혀 둔 것과
같다. 〈韓文公〉

韓文公이 曰, 人不通古今이면 馬牛而襟裾니라.

◇한문공(韓文公) : 당대(唐代)의 유명한 문장가 한퇴지(韓退之)를 가리킨다. 문공(文公)
은 그의 시호(諡號), 퇴지(退之)는 자(字), 이름은 유(愈)다. 유학의 중흥을 꾀하는 한편 문
학상으로는 고문(古文)으로의 복귀를 제창하고 실천했다. 문집으로 『한창려전집(韓昌黎全
集)』이 전한다.

[풀이]
사람이 배우지 못해 고금의 온갖 사물을 알지 못한 채 살아 간다면 저 식
색(食色)의 본능으로만 살고 있는 마소에 옷을 입혀 둔 것과 다를 바가 무엇
이겠는가.

6

집이 만약 가난하더라도 그 가난으로 말미암아 배움을 그쳐서는
안 될 일이요, 집이 만약 넉넉하더라도 그 넉넉함을 믿고 배움을
게을리해서도 안 될 일이다. 가난한 이가 만약 배움을 부지런히
한다면 입신(立身)할 수 있고 넉넉한 이가 만약 배움을 부지런히

한다면 이름이 더욱 빛나리니, 오직 배우는 사람이 입신 출세함을 보았고 배우는 사람 치고 성취하지 못하는 것은 보지 못했다. 배움이란 곧 몸의 보배요, 배운 사람은 바로 세상의 보배이다. 그러므로 배우는 사람은 이에 군자가 되고 배우지 않으면 소인이 되나니, 뒷날 배우는 이는 모름지기 각자 힘쓸 일이다. 〈朱文公〉

朱文公이 曰, 家若貧이라도 不可因貧而廢學이요 家若富라도 不可恃富而怠學이니라. 貧若勤學이면 可以立身이요 富若勤學이면 名乃光榮하리니 惟見學者顯達이요 不見學者無成이니라. 學者는 乃身之寶요 學者는 乃世之珍이니라. 是故로 學者 乃爲君子요 不學則爲小人이니 後之學者는 宜各勉之니라.

[풀이]
집이 가난하다는 핑계로 배우지 않으면 안 된다. 또 만약 집이 넉넉하더라도 그 넉넉함을 믿고 배움에 게을러도 안 될 일이다. 가난한 이도 넉넉한 이도 다 같이 부지런히 배울 일이니, 가난한 이가 배움을 부지런히 한다면 그는 능히 입신할 수 있을 것이며, 넉넉한 이가 배움을 부지런히 한다면 그의 이름은 더욱 영광될 것이다. 세상을 살펴보면 배우는 사람이 입신 출세하는 것만을 볼 수 있고, 배우는 사람 치고 성취하지 못하는 경우란 일찍이 없었다. 배움이란 자신의 보배요, 배우면 귀함을 받는 군자가 될 것이요, 배우지 않으면 비천한 소인이 될 것이다. 뒷날의 모든 사람도 모름지기 배움에 힘쓸 일이다.

7

에머슨은 "교양은 그 사람의 진가를 표현하게 한다."고 말했다.

배운 사람은 벼와 같고 배우지 않은 사람은 쑥과 같구나. 벼와 같음이여, 나라의 요긴한 양식이요 세상의 큰 보배로구나. 쑥과 같음이여, 밭 가는 이는 꺼려하고 김 매는 이는 귀찮아하는구나. 뒷 날 담을 대한 듯 답답함에 뉘우쳐도 이미 늙었으리라. 〈徽宗皇帝〉

徽宗皇帝 曰, 學者는 如禾如稻하고 不學者는 如蒿如草로다. 如 禾如稻兮여, 國之精糧이요 世之大寶로다. 如蒿如草兮여, 耕者憎嫌 하고 鋤者煩惱니라. 他日面墻에 悔之已老로다.

◇휘종 황제(徽宗皇帝): 송(宋)의 제8대 황제. 예술을 애호했고 그 자신도 뛰어난 화가 였다.

[풀이]

배운 사람은 곡식 가운데 벼처럼 귀중히 여겨지나, 배우지 않은 사람은 잡 초인 쑥처럼 하찮게 여겨진다. 배운 사람은 벼와 같기에 나라에서 없어서는 안 될 존재요, 세상의 보배로운 존재이다. 배우지 않은 사람은 쑥과 같기에 배 운 사람들 사회에서 꺼려하고 귀찮아하는 존재이다. 젊었을 때 부지런히 배워 그 정신의 안목을 넓혀 두지 않으면 뒷날 마치 담벼락을 바라보듯 답답하기 한이 없으리니 그 때에야 배우지 않았음을 뉘우쳐도 이미 때는 늦으리라.

8

배우기를 늘 미치지 못한 것같이 하고, 오직 배운 것을 잊지 않 도록 하라. 〈論語〉

論語에 曰, 學如不及이요, 惟恐失之니라.

◇논어(論語): 공자와 제자들의 언행을 모아 기록한 책. 사서(四書) 가운데 하나이다.

[풀이]

배우기를 항상 수준에 닿지 못한 듯이 힘써 나아가고, 오직 배운 것을 잊 을까 염려하라는 뜻이다.

학문의 참된 길

서정주(徐廷柱)

오늘날엔 마음 속으로 동감하고
스스로 알아보려는 열성을 가진 학문 태도가 필요하다.

『명심보감』을 내 나이 사람이 서당에서 배운 것은 대개 일고여덟 살 무렵이었다. 그러나 지금 생각해 보니 그 연배에 배우는 것은 너무 이르고, 열서너 살은 지나서 가르치는 것이 마땅할 것 같다.

「근학편(勤學篇)」 맨 처음에 보이는 공자님 말씀 속에 '인(仁)'이 나오는데, 이건 일고여덟 살 정도의 개구쟁이에겐 쇠 귀에 경 읽기와 마찬가지여서 도무지 뭔지 아리송하기만 하던 기억이 내게도 있다.

공자의 '인'은 불쌍하고 딱한 것이 불쌍하고 딱하게 느껴질 만한 나이쯤 돼야 비로소 마음 속에 와 닿는다. 그러니 자녀에게, '인'을 일찌감치 알리고 싶은 부모가 있다면 무엇보다 먼저 불쌍하고 딱한 일을 불쌍하고 딱하게 느낄 줄 아는 훈련부터 시킬 일이다. 남의 고독과 가난과 병과 억울한 사정 같은 일에 아이의 가슴이 뭉클해지고, 눈시울이 뜨거워지게 하고, 도와야겠다는 마음이 솟아나게 하는 것이 우리가 아이들이 '인'을 알게 하기 위해 먼저 할 일이다.

그래야 아이는 공자에게 마음 속으로 동감하고, 그의 다른 책의 교훈도 찾아보는 열성을 갖게 될 것이다. 뿐만 아니라 이렇게 해야만 아이는 건깡깡이 공부꾼의 신세를 벗어나고, 배움과 실천의 세계에서 실속 있는 지도자가 될 수 있는 예비 과정을 공허하지 않게 거쳐 갈 수 있을 것이다. 왜냐 하면 지도자가 될 사람에겐 언제나 남을 아끼고 사랑하는 능력이 제일 중요하기 때문이다.

"많이 배우고 뜻을 튼튼히 하고, 잘 묻고 잘 생각하면 인은 그 속에 있다."는 말에서, '인'이라는 뜻만 빼놓으면 나머지는 어느 아이라도 대개 잘 알아듣는다. 그러나 이 '인'만은 그냥 '어진 것'이라고 말로만 억지 다짐으로 집어넣어 봤자 아무 소용이 없다.

학문 하는 근본 정신을 체득하는 것이 중요하다.

"사람이 배우지 않음은 아무 재주 없이 하늘에 오르려는 것과 같고, 배워서 멀리 알면 좋은 구름을 헤치고 푸른 하늘을 보는 것과 같으며, 높은 산에 올라서 사방 바다를 바라보는 것과 같다."고 한 장자의 글 뜻 역시 열두어 살짜리한테 그냥 대뜸 풀이해 집어넣으려고 해서는 잘 들어가지 않을 듯하다.

하긴 비행기로 하늘을 나는 것이 더 이상 신기한 일이 아니고 우주 왕복선이 우주 공간을 넘나들며 지구를 관측하는 세상이니, 이걸 가르치면 요새 아이들은 곧 비행기나 우주 왕복선을 연상하면서 그만큼만 이해하고 말기가 쉽다. 또 그래도 무방하기야 하겠지만, 장자의 이 비유 속에 있는 노장(老莊) 특유의 정신은 전달하기 어려울 것이다.

필자의 생각으로는 이걸 아이들에게 읽히고 풀이하기 전에 먼저 아이들에게 종이연 같은 것을 들려 주어 언덕 위에 내세워 두는 것이 좋을 것 같다. 얼레에는 튼튼한 실도 두둑히 감아 주어서, 저 형체 안 보이는 대로 살아 움직이는 적당한 바람 속에 날아올라가는 종이연의 뒤를 좇아 아이가 하늘을 바라보며 마음쓰는 시간을 갖게 해야 한다. 멀리 하늘 속을 따라가 보는 일, 구름 사이에 나타나는 푸른 하늘의 더없는 반가움을 느껴 알게 해야 한다. 사람의 마음을 에워싸고 있는 하늘과 대자연의 맛을, 어린 대로 가슴 속 깊이 느끼게 해야 한다.

신라 때 우리 나라에서는 매 사냥을 널리 힘쓰게 해서, 이걸 통해 마침내 인도(人道) 위에 인간의 시비(是非)와 일치하지 않는 천도(天道)가 있음을 체득(體得)하게 한 사실이 기록으로 남아 있다. 『삼국사절요(三國史節要)』에 보이는 「인관서조(印觀暑調)」가 그것이다.

스스로 꾸준히 공부하여 대성(大成)할 것을 가르치는 것은 영원한 진리이다.

"배우기를 늘 미치지 못한 것같이 하고, 오직 배운 것을 잊지 않도록 하라."고 한 글은, 학문의 대성(大成)뿐 아니라 모든 일의 대성을 가르치는 영원한 진리이다. 예를 들어 자녀에게 사과 광주리를 맡겼을 때 또한 이 진리를 적용해 가르쳐야 한다. 필요 이상으로 욕심껏 마구 먹어서 체증이 생기고 트림이 나고 사과에 그만 진절머리가 나게 해서는 절대로 안 된다. 필요한 정도가 넘지 않게, 좀 덜 먹은 듯 먹게 해서 사과의 맛과 사과 아끼는 마음과 사과 그리운 느낌을 늘 가지게 해야 한다.

학문이나 모든 일이 다 마찬가지다. 요새, 아들 딸 공부시킨답시고 아이를 마구 들들 볶고 때리고 밤잠도 제대로 자지 못하게 구는 학부형을 가끔 보지만, 그건 마치 사과 광주리를 들이밀면서 억지로 먹이려는 것과 마찬가지다. 사과를 생각하고 그 매력을 느끼는 아이라야 사과를 먹듯이, 공부도 매력을 느끼고 재미를 붙이는 아이라야 꾸준히 한다. 어느 한 가지에라도 조금도 재미를 느끼지 못하는 아이란 없다. 국어에 재미를 못 들인 아이가 산수에는 맛을 들이기도 하고, 딴 것은 다 싫어하는 아이가 그림 그리기는 좋아하기도 한다. 이 경우 학부모는 아이가 싫증내는 과목을 억지로 공부시키려 말고, 재미붙인 것을 더 중요시하고 칭찬해 주어 성적을 더 올리게 하면서, 좋아하는 과목에 대한 자신과 재미를 천천히 딴 과목 쪽으로 돌리게 해야 한다.

필자의 경험으로는 문학 공부를 한 일이 그저 계속 느낀 재미 때문이었다. 사과를 반 쪽만 먹은 아이가 늘 옆에 두고 사과에 재미를 붙이듯이, 알아 봐도 뭔지 덜 먹은 것 같아 딴 것을 더 알아 보고 알아 보고 하면서 계속 문학을 공부해 온 것이다.

"배우기를 늘 미치지 못한 것같이 하라."는 말은 모든 공부꾼과 일꾼에게 영원한 좌우명이 될 만한 구절이다.

진정으로 흥미를 가지고 하는 참다운 학문의 길을 열어 주어야 한다.

「근학편」뿐 아니라 『명심보감』 전체를 통해서 학부형과 가르치는 이는 이 속에 담긴 비유의 묘미를 맛보이도록 애쓰고, 나아가 그 많은 비유가 나올 때마다 배우는 사람에게도 적당한 다른 비유를 찾아 보도록 연습시켜, 학문이 그저 자구를 해석하는 게 아니라 자신의 뜻을 잘 드러내는 것이며 그 발전이라는 것을 아울러 알게 해야 할 것이다. 가령 "휘종 황제가 말씀하시기를 배운 사람은 벼와 같고 배우지 않은 사람은 쑥과 같구나……"라고 한 부분을 배우다가 어떤 학동이 이렇게 물었다고 하자.

"선생님, 배운 사람은 벼 같다는 건 좋지만 배우지 않은 사람이 쑥 같다는 건 좀 맞지 않는 것 같습니다. 쑥은 좋은 것이고 배운 사람도 쑥 같으려 할 수 있으니 말입니다."

"네 이놈, 휘종 황제 말씀을 뭘로 보는고?"

이렇게 말하고 말면 그만인가?

그러나 그건 그만이 아니다. 왜냐 하면 배우는 쪽에서 그냥 속으로 '웃기네.' 하고 말면 이『명심보감』의 전달엔 그만큼 장벽이 가로놓이기 때문이다.

스승이 아이들과 같이 이런 책을 읽으며, 그 숱한 상대(上代)의 비유를 현대인에게 아주 잘 들어맞게 고쳐 보며 노는 것은 썩 재미나는 일일 것이다. 그런 재미 저런 재미가 합해져 아이들은 따분한 강다짐의 공부가 아니라 정말 재미있는 공부를 어서 해 보겠다는 생각을 키워 갈 것이다.

•••••••

訓子篇
울타리 안의 영혼

•••••••

"어린이는 어른의 아버지"라고 워즈워드는 말했다.
부모는 우리를 어떻게 가르쳤으며,
우리는 자녀를 어떻게 가르칠 것인가?

1

손님이 출입하지 않으면 집안이 비속(鄙俗)해지고, 시서(詩書)를
가르치지 않으면 자손이 어리석어진다. 〈景行錄〉

景行錄에 云하되, 賓客不來면 門戶俗하고, 詩書無敎면 子孫愚
니라.

◇시서(詩書) : 중국 고전인 『시경』과 『서경』을 가리키는데, 여기서는 '학문'을 비유하
는 말로 쓰였다.

[풀이]

점잖은 손님이 출입하지 않으면 그 집안이 저속해짐을 면하지 못하고, 자
손에게 글을 가르쳐 일깨우지 않으면 그 자손이 어리석어지는 법이다.

2

일이 비록 작더라도 하지 않으면 이루어지지 않고, 자식이 비록
뛰어나도 가르치지 않으면 밝아지지 않는다. 〈莊子〉

莊子曰, 事雖小나 不作이면 不成이요, 子雖賢이나 不敎면 不明
이니라.

[풀이]

아무리 작은 일이라도 착수해서 하지 않으면 그 일은 이루어지지 않는다.
설령 자손이 뛰어난 자질을 타고났다 해도 가르치지 않으면 총명해지지 않
는다.

3

황금이 상자에 가득 차 있다 해도 자손에게 경전(經典) 하나를 가르치는 것만 못하고, 자식에게 천금(千金)을 물려준다 해도 한 가지 재주를 가르치는 것만 못하다. 〈漢書〉

漢書에 云하되, 黃金滿籯이 不如敎子一經이요, 賜子千金이 不如敎子一藝니라.

◇한서(漢書) : 사서(史書). 중국 전한(前漢)의 역사.

4

플라톤은 "교육을 받지 않으면 이 세상에 태어나지 않은 것만 못하다.
무식은 불행의 근원이기 때문이다."라고 했다.

지극한 즐거움은 책을 읽는 것만한 것이 없고, 지극히 필요한 것은 자식을 가르치는 것만한 것이 없다.

至樂은 莫如讀書요, 至要는 莫如敎子니라.

5

안으로 훌륭한 부모 형제가 없고 밖으로 엄한 스승과 벗 없이 능히 이루어 낸 사람은 드물다. 〈呂滎公〉

呂滎公이 曰, 內無賢父兄하고 外無嚴師友而能有成者는 鮮矣니라.

◇여형공(呂滎公) : 북송(北宋) 때의 학자로 이름은 희철(希哲).

[풀이]

일찍이 가정에 훌륭한 부형이 없고 밖으로 엄한 스승과 벗이 없고서 훌륭한 인격을 이룬 사람은 드물다.

6

남자가 가르침을 받지 못하면 자라서 반드시 미련스럽고 어리석을 것이요, 여자가 가르침을 받지 못하면 자라서 반드시 거칠고 꼼꼼하지 못하리라. 〈太公〉

太公이 曰, 男子失教면 長必頑愚하고, 女子失教면 長必麤疎니라.

[풀이]

남자가 교육을 받지 못하면 그 식견이 넓어지지 못해 자라선 반드시 미련스럽고 어리석을 것이요, 여자가 가르침을 받지 못하면 예절의 본분을 알지 못해 자라선 반드시 몸가짐이며 사물을 대하는 태도가 자상(仔詳)하고 세련되지 못하고 거칠기만 할 것이다.

7

영국의 사무엘 존슨은 "진정한 가정 교육은 진정한 교육을 받은 어머니가 아니면 불가능하다."고 가정 교육의 중요성을 말했다.

사내아이가 나이 들어 가거든 풍악과 술을 익히지 말도록 하고, 계집아이가 나이 들어 가거든 노닐고 돌아다니게 하지 마라.

男年長大어든 莫習樂酒하고, 女年長大어든 莫令遊走하라.

[풀이]

자녀를 올바르게 이끌려는 옛 지침이다. 사내아이가 장성해 가거든 풍악과 술에 빠져들지 않도록 하라. 풍악과 술에 빠져듦은 패가 망신의 지름길이다. 계집아이가 장성해 가거든 노닐고 돌아다니며 방종하지 않도록 하라. 이같이 방종하면 마음이 헤쳐지고 마침내 몸을 망치게 될 것이다.

8

엄한 아버지는 효자를 길러 내고, 엄한 어머니는 효녀를 길러 낸다.

嚴父는 出孝子하고, 嚴母는 出孝女니라.

[풀이]

대개 아들 교육은 아버지에게, 딸 교육은 어머니에게 달려 있다고 한다. 아들 교육에 엄격한 아버지는 그만큼 훌륭한 아들 즉 효자를 길러 내고, 딸 교육에 엄격한 어머니는 그만큼 현숙한 딸 즉 효녀를 길러 낸다.

9

루소는 "교육의 목적은 기계를 만드는 것이 아니고 사람을 만드는 것이다."라고 했다.

귀여운 아이에겐 매질을 많이 하고, 미운 아이에겐 밥을 많이 주어라.

憐兒엔 多與棒이요, 憎兒엔 多與食이니라.

[풀이]

주변에서 흔히 듣는 속담이다. 아이가 귀여우니까 그를 보다 훌륭하게 교육시키려는 욕망이 솟고 따라서 매질을 많이 하게 된다. 자식을 진정으로 귀여워하거든 매질을 아끼지 말라는 가르침이다.

10

세상 사람 모두 구슬과 옥을 사랑하지만 나는 다만 자손의 훌륭함을 사랑한다.

人皆愛珠玉하되 我愛子孫賢이니라.

[풀이]

구슬과 옥이 아무리 값진 물건이기로서니 자손 훌륭함에야 당할 수 있을까. 구슬과 옥은 내 손에 있다가 다른 이의 손 안으로 들어갈 수도 있고 그 값에도 한계가 있지만, 자손 훌륭함은 그 가치를 헤아릴 수 없는 것이다. 현명하지 못한 사람은 주옥을 사랑하지만, 나는 자손 훌륭함을 사랑하겠다는 말이다.

가치관의 변천과 교육 방법

이기영(李箕永)

전인적(全人的) 교육의 참뜻

'훈자(訓子)'란 아이들을 가르친다는 뜻이다. 즉 '교육'이란 뜻이다. 교육은 시대가 변함에 따라 그 사회의 세계관·가치관이나 시대 사조의 영향을 많이 받아 왔다.

『명심보감』이 편찬될 당시의 조선 사회는 유교적인 실천 철학이 시대 사조의 중추를 이루고 있던 때로서 자연히 교육 이념도 유교적인 사고 방식에 따라 형성되었다. 따라서 유럽이나 미국 등 서양의 새로운 교육 사조가 오늘날 한국의 교육 현실을 지배하고 있다 하더라도, 장구한 세월을 두고 한국인의 정신 세계를 이끌어 온 유교적 교육 이념은 아직도 현실 속에서 꿈틀거리고 있다. 우리는 우리의 과거와 현실을 참되고 올바른 관점에서 파악하고 비판하여 우리의 유산 속에서 새로운 가치를 발견하고 버릴 것은 깨끗이 버려, 미래를 향한 교육 이념을 정립하기 위해서도 '훈자'의 의미를 자세히 음미해 보아야 한다.

페스탈로치의 교육관도 중요하고 프래그머티즘에 따르는 교육관도 중요하다. 그러나 자자 손손 이어온 정신적 기둥을 현대의 관점에서 비판하고 재생시키는 일은 더욱 중요하다.

예나 지금이나 한 사람의 인격이 형성되는 데에는 환경의 영향이 크며 현대 교육에서도 이 점은 여전히 강조되고 있다. 이런 점에서 가정 교육이 더욱 중요시되고 있으며, 이 「훈자편」에서도 훌륭한 "손님이 출입하지 않으면 집안이 비속해진다."고 한 것이다.

가정 교육을 통한 전인적인 인격 형성에는 훌륭한 사람에게서 받는 영향이 매우 크지만, 한편 통시적으로 인류 역사의 위대한 저서를 두루 읽고 더불어 세계의 여러 훌륭한 저서를 폭 넓게 읽는 것도 이상적인 교육 방법 가운데 하나이다.

인격 수양과 생산적인 교육의 필요

그러나 오늘날의 교육은 인격 완성에만 그 목표를 두어서는 안 된다. 정신 과학 또는 인문 과학에 종사하는 사람이, 실제 사회 생활에서 어떤 생산적인 일에 참여하거나 구체적으로 사회 복지에 기여하지 못하고 말만 일삼기 일쑤라는 점은 우리가 이미 뼈저리게 경험한 사실이다.

독서 중에서도 경전(經典) 독서가 중요한 것은 사실이지만, 사회는 언제나 그럴 만한 여유가 있는 사람으로만 구성되어 있지 않다. 예나 지금이나 끼니를 잇기에 몸과 마음을 잠시도 쉴 수 없는 계층의 사람들에게 한가롭게 경서를 읽으라고 권장해 보았자 그들이 할 수 있는 말은 "가만히 있어라. 나도 돈 좀 벌어 놓고 보아야겠다."는 넋두리뿐일 것이다.

"지극한 즐거움은 책을 읽는 것만한 것이 없고, 지극히 필요한 것은 자식을 가르치는 것만한 것이 없다."고 했지만 그 구절을 읽으면서 느끼는 것은 '편안한 소리 하고 있네.' 하는 생각뿐이다.

독서인(讀書人)인 사대부(士大夫)의 사회가 바로 유교적 풍조의 사회였고, 유교 사회의 전근대성은 이미 막스 베버가 꽤 신랄하게 파헤친 바 있다. 동양인으로서 동양의 정신적 전통의 하나가 서양인에게 혹독하게 비판받는 것을 보며 기분 좋을 리는 없지만 반성할 것은 반성해야 한다고 생각한다.

「훈자편」에는 자녀 교육의 중요성이 주로 강조되어 있는데, 원칙적으로 틀린 말은 없다고 생각한다. 다만 이런 말이 현대 교육학에서는 상식 중에도 상식에 속하는 것이요, 여기에 무슨 독특한 사상이 있다고 볼 수는 없다. 표현이 한문으로 되었고, 금언식(金言式)으로 짤막해서 부담 없이 읽고 반복하여 생각할 수 있다는 특징이 있을 뿐이다.

자식이 아무리 현명하다 해서 가르치지 않으면 현명해지지 못할 것은 물론이다. 그러나 현명한 자식을 낳아야 한다는 것도 우리는 강조해야 할 것 같다. 그리고 여기서는 일방적으로 어른이 아이에게 회초리를 들고 경서를 중심으로 읽고 쓰기에만 전념하도록 가르치는 교육을 이야기하고 있는 느낌이 드나, 교육이 반드시 그렇게 경서 위주로만 해서 되는 것도 아니다. 유교의 한계성이 여기에 있는 것같이 보인다. 그리고 이러한 교육의 목표는 현명해지도록 만드는 데 있는 것처럼 보이는데, 도대체 현명해진다는 것의 내용이 무엇이냐 묻는다면 그 대답이 철저하지 못한 데 실망을 하지 않을 수 없다. 현명하다는 것이 현명한 것이지 무엇이냐 이렇게 말할 테니 참으로 답답하기만 하다. 현명하다는 것이 『시경』이나 『서경』을 잘 알고, 술을 즐기지 않도록 하고, 부모에게 효도하는 것쯤으로만 생각한다면 곤란하다.

"안으로 훌륭한 부형이 없고 밖으로 엄한 스승과 벗 없이 능히 이루어 낸 사람은 드물다."고 한 말은, 극히 평범한 말이지만 귀담 아 듣고 되새겨 생각해야 할 말이라고 믿는다.

"능히 이루어 낸 사람은 드물다."고 했는데 이것은 아마 교육의 뜻을 이루는 경우가 문제일 것이다. 첫째는 가정 교육이 문제이다. 여기에는 단순히 '훌륭한 부형'이라고 하였지만 부모·형제·자매 온 식구가 다 관련된다고 보아야 할 것이다. 요즘 부형들은 돈만 주면 자녀 교육은 다른 사람에게 맡겨서 할 수 있다고 생각하는 풍조가 팽배하지만, 돈 몇 푼 받는 것 때문에 와 있는 가정 교사가 부모 대신 사랑과 정성을 다해서 자녀를 보살펴 주는 경우란 극히 드물다.

밖으로는 "엄한 스승과 벗이 있어야 한다."고 했다. 요즘의 젊은이는 엄한 교사나 교수를 싫어하며 배척한다. 친구도 쓰린 충고를 많이 하면 멀어지게 마련이다. 옛날 교육자는 세계의 여러 모습을 널리 다 알지는 못했어도 자기 세계에서는 제법 신념을 가지고 살아왔다고 볼 수 있다. 그러므로 자기 사명을 다하려는 열의가 있고, 부형도 스승 대접하기를 소홀히 하지 않았다. 교육자의 자질과 위신이 세계적으로 저하되어 가는 느낌이 짙은 이 시대에 '사도(師道)의 앙양'이 큰 문제라고 본다.

"엄한 아버지는 효자를 길러 내고 엄한 어머니는 효녀를 길러 내는 법이다."라고 한 말은 마치 효자 효녀를 만드는 것이 교육의 목적이고 그 수단은 엄격함 하나로 통하는 양 씌어 있는데, 엄한 부모 슬하에서는 어느 정도 순종 잘 하는 습관이 길러지게 마련이지만 이 말만 가지고는 아무래도 설명이 부족하다. 엄하기만 해서 되는 것이 아니고 부드럽기만 해서 되는 것이 아니지만, 엄하건 부드럽건 부모에게는 정성과 사랑의 마음이 있어야 비로소 엄함도 부드러움도 효과를 거둘 수 있다.

"귀여운 아이에겐 매질을 많이 하고 미운 아이에겐 밥을 많이 주라."고 하였다. 이 말은 아이를 때리고 고생시키며 길러야 한다는 뜻으로 해석할 수 있는데, 그런 일은 말하지 않아도 부부 사이에 화목하지 못한 집의 부모들이 잘 하고 있는 줄로 안다. 짜증이 머리 끝까지 나 있으니까 툭하면 매질이다. 또 뭐 좀 달라고 보챘다가는 그냥 얻어맞기가 일쑤이다. 물론 이런 것을 두고 한 이야기는 아닐 것이다. 그러나 우리는 잘해 주려고 하다 자기의 감정을 억제하지 못해서 아이를 때리는 수가 많다. 때릴 때에는 정말 내가 그 아이를 귀엽게 여기고 있느냐 미워하고 있느냐를 돌이켜 생각해 보아야 할 것이다. 또 요즘 돈 많은 부모는 아이에게 신경을 쓰고 돌보기가 귀찮으니까 돈이나 듬뿍 주는 일이 많다. 그렇게 해서 아이가 좋아지는 법은 거의 없다. 이것이 다 '밥을 많이 주는 것'과 같은 것이다

省心篇

자아 성찰

인간은 성찰에 의해서 발전적인 요인을 찾는다.
상승하여 간다는 것은, 즉 뛰어난 인간이 된다는 것은
참다운 내적 성찰의 결과이다.

1

보화(寶貨)는 쓰면 다함이 있되 충효(忠孝)는 바칠수록 다함이 없다. 〈景行錄〉

景行錄에 云하되, 寶貨는 用之有盡이요 忠孝는 享之無窮이니라.

[풀이]
보화는 물질적인 가치이지만 충효는 정신적인 가치이다.

2

집안이 화목하다면 가난해도 좋거니와 의롭지가 않으면 부자인들 무엇 하랴. 다만 한 자식의 효도가 있다면 자손이 많아서 무엇 하랴.

家和貧也好어니와 不義면 富如何오. 但存一子孝면 何用子孫多리요.

3

아버지가 근심하지 않는 것은 자식이 효도하는 까닭이요, 남편에게 괴로움이 없는 것은 아내가 어진 때문이다. 말이 많아 말 실수하는 것은 모두 술 탓이요, 의가 끊어지고 친분이 성기어지는 것은 오직 돈 때문이다.

父不憂心은 因子孝요, 夫無煩惱는 是妻賢이라. 言多語失은 皆因酒요, 義斷親疎는 只爲錢이라.

4

이미 비상한 즐거움을 취했거든 모름지기 예측할 수 없는 근심에 대비하라.

旣取非常樂이어든 須防不測憂니라.

[풀이]
즐거움의 이웃은 근심이다. 보통의 즐거움이 아니라면 그것은 즐거움으로만 끝나지 않는 것이 인생사이다.

5

우리 속담에 "지위가 높을수록 마음을 낮추어야 한다."는 말이 있다.

총애(寵愛)를 받거든 욕됨을 생각하고 편안함에 거(居)하거든 위태함을 생각하라.

得寵思辱하고 居安慮危니라.

[풀이]
사람의 일은 변화 무쌍한 것, 총애(寵愛)가 언제 곤욕(困辱)으로 변할지 모르고, 편안함이 언제 위태함으로 바뀔지 모르니 항상 조심하라는 말이다.

6

영화로움이 가벼우면 욕됨도 얕고 이로움이 무거우면 해로움도 깊다.

榮輕辱淺이요 利重害深이니라.

[풀이]

산이 높으면 골도 따라 깊고 산이 낮으면 골도 따라 얕은 법. 영화가 가볍다고 불만스럽게 여기지 말라. 영화가 다하여 욕됨이 올 때 그 욕됨도 따라 얕으리라. 이익이 무겁다고 기뻐하지 말라. 그 이익이 변하여 손해가 될 때 그 해 또한 따라 깊으리라.

7

사랑이 지나치면 반드시 심한 소모(消耗)를 하게 되고, 기림받음이 심하면 반드시 심한 헐뜯음을 받는다. 기뻐함이 지나치면 반드시 심한 근심을 하게 되고, 뇌물 탐함이 심하면 반드시 심히 멸망하리라.

甚愛必甚費요 甚譽必甚毁니라. 甚喜必甚憂요 甚贓必甚亡이니라.

[풀이]

무엇이나 지나친 것은 그 반비례로 심한 반대의 것을 초래하게 마련이다. 사랑함이 지나치면 반드시 물심(物心)을 심하게 소모하고, 칭찬받음이 심하면 그것이 바뀔 때는 그만큼 심한 헐뜯음을 받는다. 기쁨은 물러갈 때에 또 그만큼 심한 근심을 안겨주고 떠나는 법이요, 뇌물을 몹시 탐하면 그 멸망 또한 그에 상응할 만큼 가혹한 법이다.

8

영국 속담에 "현자(賢者)는 남의 잘못을 보고 자기를 바르게 한다."는 말이 있다.

높은 벼랑을 보지 않으면 어찌 굴러떨어지는 환난(患難)을 알겠으며, 깊은 못에 임하지 않으면 어찌 빠져죽는 환난을 알겠으며, 큰 바다를 보지 않으면 어찌 드센 풍파의 환난을 알리. 〈孔子〉

子曰, 不觀高崖면 何以知顚墜之患이며, 不臨深淵이면 何以知沒溺之患이며, 不觀巨海면 何以知風波之患이리요.

9

미래를 알려거든 먼저 지나간 일을 살펴보라.

欲知未來인댄 先察已然이니라.

[풀이]

모든 것은 새로운 국면으로 변해 가는 과정에 있다. 그러나 변화의 국면은 서로 다를지언정 그 변화의 계기를 만드는 일련의 원리는 결국 같은 것의 반복이다. 미래를 예측하려거든 먼저 지나간 일을 살펴보라는 말이다.

10

거울은 얼굴을 살피는 수단이요, 지나간 것은 현재를 알게 하는 길이다. 〈孔子〉

子曰, 明鏡은 所以察形이요, 往者는 所以知今이니라.

[풀이]

얼굴을 살피기 위해선 거울에 비추어보듯이, 이제의 상황을 알기 위해선 지나간 것을 밝혀 보라. 지나간 것은 이제를 알게 하는 길이다. 지나간 것에는 현재를 초래한 요인이 자라나 있을 것이고, 현재 상황의 계기를 만드는 원리를 지나간 것에서 알 수 있기 때문이다.

11

지나간 일은 밝은 거울 같고, 미래의 일은 어둡기가 칠흑 같다.

過去事는 如明鏡이요 未來事는 暗似漆이니라.

[풀이]

지나간 일은 누구나 소상히 알 수 있다. 그러나 내일을 누가 알랴. 언제 어떤 길흉 화복이 닥쳐올지, 그것은 저 칠흑 같은 어둠의 세계에 잠겨 있는 것이다.

12

영국의 러스킨은 "죽을 때를 모르는 사람은 살 때를 모른다."고 말했다.

내일 아침의 일을 오늘 해질녘에 기약할 수 없고, 해질녘의 일을 포시(晡時)에 기약할 수 없다. 〈景行錄〉

景行錄에 云하되, 明朝之事를 薄暮에 不可必이요, 薄暮之事를 晡時에 不可必이니라.

◇포시(晡時) : 신시(申時). 오후 3시에서 4시 무렵.

[풀이]

아무도 내일을 단정할 수 없다. 그것은 저 비밀스러운 운명의 주재(主宰) 하에 있어 전혀 알 수 없는 것이다. 내일 아침에 어떤 일이 일어날지 오늘 해질녘에 꼭 기약할 수 없고, 해질녘에 어떤 일이 닥칠지 서너시 무렵에 기약할 수 없는 것이 사람 일이다.

13

하늘에는 예측할 수 없는 바람과 비가 있고, 사람에게는 아침 저녁의 화와 복이 있다.

天有不測風雨하고, 人有朝夕禍福이니라.

[풀이]

흐렸다 개고, 개어 있는가 하면 어느 새 비가 내리고, 또 바람이 불어닥치는 예측할 수 없는 기상(氣象) 변화가 하늘에 있다. 사람 일 또한 그렇다. 아침에 복이 왔는가 하면 저녁에 화가 닥치고, 저녁에 궂은 일이 있었는가 하면 아침엔 좋은 일을 만나는 실로 예측할 수 없는 운명의 변전(變轉)이 사람에게 있다.

14

아직 석 자 흙으로 돌아가지 않아선 백 년의 몸을 보존하기 어렵고, 석 자 흙으로 돌아가선 백 년의 무덤을 보존하기 어려운 것을.

未歸三尺土하여선 難保百年身이요, 已歸三尺土하여선 難保百年墳이니라.

[풀이]

'석 자 흙'이란 곧 무덤을 말한다. 아직 무덤으로 돌아가기 전에는 백 년 동안만이라도 그 몸을 보전하기 어렵고, 이미 무덤으로 돌아가선 백 년 동안만이라도 그 무덤을 고이 보존하기 어려운 것이 인생이다. 인생은 그렇게 무상한 것이다.

15

칸트는 "사람은 사람에 의해서만 사람이 될 수 있다."고 했다.

나무를 잘 기르면 뿌리가 튼튼하고 가지와 잎이 무성하여 마룻대와 들보의 재목이 이루어지고, 물을 잘 기르면 근원이 왕성하고 흐름이 길어서 관개(灌漑)의 이로움이 널리 베풀어진다. 사람을 잘 기르면 지기(志氣)가 크고 식견이 밝아져서 충의(忠義)의 선비가 나오나니 어찌 기르지 아니하랴. 〈景行錄〉

景行錄에 云하되, 木有所養則根本固而枝葉茂하여 棟樑之材 成하고, 水有所養則泉源壯而流派長하여 灌漑之利 博하고, 人有所養則志氣大而識見明하여 忠義之士 出이니 可不養哉아.

16

"믿지 못할 벗은 적만도 못하다."는 영국 속담이 있다.

스스로를 믿는 이는 남도 믿어서 오·월(吳越)끼리라도 다 형제

일 수 있고, 스스로를 의심하는 이는 남도 의심하여 제 몸 외에는 모두 적국(敵國)이리라.

自身者는 人亦信之하여 吳越이 皆兄弟요, 自疑者는 人亦疑之하여 身外 皆敵國이니라.

◇오·월(吳越) : 중국 춘추 시대 말기의 두 나라로 오(吳)는 현재의 강소성(江蘇省)을 중심으로 한 지역에, 월(越)은 지금의 절강·복건성(浙江·福建省) 등의 지역에 위치했는데 두 나라는 개와 원숭이 사이와 같은 적대 관계에 있었다.

[풀이]
저 스스로를 믿는 사람은 남도 그렇게 믿는다. 남이 모두 참되지는 않지만 저 혼자 마음은 참된지라 제 마음을 미루어 남의 마음을 믿기 때문이니, 이런 사람이라면 저 오(吳)나라와 월(越)나라 같은 원수 사이라도 다 형제처럼 믿고 지낸다. 저 스스로를 의심하는 사람은 남도 의심한다. 자신의 마음이 거짓된지라 제 마음을 짚어 남의 마음을 알기 때문이니, 이런 사람은 제 몸 외에는 모두 적국(敵國)처럼 여긴다.

17

의심스러운 사람은 쓰지 말고, 사람을 썼거든 의심하지 말라.

疑人莫用하고 用人勿疑니라.

18

물 밑에 잠긴 고기는 깊어도 낚을 수 있고 하늘 높이 날아가는 기러기는 높아도 쏘아 잡을 수 있지만, 오직 사람의 마음은 바로 지척간에 있음에도 이 지척간에 있는 사람의 마음만은 헤아릴 수 없구나.

諷諫에 云하되, 水底漁天邊雁은 高可射兮低可釣어니와, 惟有人心咫尺間에 咫尺人心은 不可料니라.

[풀이]
사람의 마음을 헤아리기가 어려움을 말한 글이다.

19

영국의 사무엘 존슨은 "처음 만난 사람을 판단하지 말라."고 했다.

범을 그리되 가죽은 그리지만 그 뼈를 그리기는 어렵고, 사람을 알되 얼굴은 알지만 그 마음은 알 수 없다.

畫虎畫皮難畫骨이요, 知人知面不知心이니라.

20

얼굴을 대하여 말은 서로 주고받지만, 마음 사이에는 겹겹 산들이 가로막혀 있다.

對面共話하되, 心隔千山이니라.

21

바다는 마르면 마침내 그 바닥을 볼 수 있다. 그러나 사람은 죽고 나도 끝내 그 마음을 알 수 없구나.

海枯면 終見底로되, 人死엔 不知心이니라.

[풀이]
사람 마음의 진실은 저 알 수 없는 곳에 있다는 뜻이다.

22

무릇 사람이란 앞질러 점칠 수 없다. 바닷물의 양을 잴 수 없듯이. 〈太公〉

太公이 曰, 凡人은 不可逆相이요, 海水는 不可斗量이니라.

23

남과 원한 맺는 것을 가리켜 '화의 씨앗을 심는 것'이라 하고, 선을 버리고 행하지 않는 것을 일러 '스스로를 해치는 일'이라 한다. 〈景行錄〉

景行錄에 云하되, 結怨於人을 謂之種禍요, 捨善不爲를 謂之自賊이니라.

[풀이]

원한이 원한으로 돌아오지 않으리란 보장은 없다. 때문에 남에게 원한을 품게 한다는 것은 뒷날에 터질 앙화(殃禍)의 씨앗을 스스로 심는 짓이라 하겠다. 선을 버리고 행하지 않는 것은 결국 스스로를 해치는 일이다. 선이란 인간이 당연히 행해야 할 가치인데도 그 선을 버리고 행하지 않는 것은 그만큼 인간으로서 그러한 가치를 받아들이는 일을 스스로 포기하는 짓이다. 이것은 인간으로서 자신의 가치를 떨어뜨리고 인간 사회로부터 자신을 스스로 배척하는 일이 되기 때문이다.

24

만약 한 쪽 말만 들으면 자칫 친한 사이가 멀어지리라.

若聽一面說이면 便見相離別이니라.

25

"빈곤은 벗을 시험한다."는 영국 속담이 있다.

배부르고 다사로움에서 음욕(淫慾)이 생겨나고, 배고프고 추워 보아야 도심(道心)이 싹튼다.

飽煖에 思淫慾하고, 飢寒에 發道心이니라.

[풀이]

가난하게 지낼 때 뜻이 높고 지조가 있던 사람이 살림이 넉넉해지자 오히려 속되고 추하게 타락하는 경우를 흔히 본다. 사람이 어떤 진실에 부딪치는 것은 배고프고 추운 절박한 상황에서이다. 배부르고 다사로움에서 음욕(淫

慾)이 생겨나고 배고프고 추위 보아야 도심(道心)이 생기나니, 모름지기 살림
이 넉넉할 때 마음가짐과 몸가짐을 조심해야 한다.

26

어진 사람이 재물을 많이 가지면 그 지조를 손상하게 되고, 어리
석은 사람이 재물을 많이 가지면 그 허물을 더하게 된다. 〈疏廣〉

疏廣이 曰, 賢人多財則損其志하고, 愚人多財則益其過니라.

◇소광(疏廣): 전한(前漢) 선제(宣帝) 때의 사람으로『춘추(春秋)』에 정통했다. 태자(太
子)의 스승이 되어 5년 동안 재직하다 노경(老境)을 이유로 사퇴하자 선제와 태자가 후한
재물을 내렸으나, 그는 그 재물을 모두 친한 사람에게 나누어 주고 재산을 늘리는 데 별
관심을 두지 않았다. 어떤 이가 그에게 그 재물을 자손을 위한 재산으로 남겨 두기를 권
하자 소광은 바로 위와 같이 말했다고 한다.

27

사람이 가난하면 지혜가 짧아지고 복이 이르면 마음도 지혜로워
진다.

人貧智短하고 福至心靈이니라.

[풀이]
사람이 결코 가난해서도 안 될 일이다. 가난하면 지혜 있는 사람도 생활에
쪼들리고 오그라들어 그 지혜를 마음껏 발휘하지 못하는 수가 많다. 곧 지혜
가 얇아진다는 말이다. 반면 유복해지면 위축된 마음도 활기를 띠고 영민해
지는 것을 볼 수 있다.

28

한 가지 일을 경험하지 않으면 한 가지 지혜가 자라지 않는다.

不經一事면 不長一智니라.

29

영국의 베이컨은 "덕은 향기와 같다.
이를 깨면 깰수록 향기롭다."고 했다.

시비(是非)가 종일토록 있더라도 듣지 않으면 저절로 없어진다.

是非終日有라도 不聽이면 自然無니라.

[풀이]
손바닥 하나만으로는 소리가 나지 않는 법이다. 설령 옳으니 그르니 종일 말썽이 일어나도 어느 한 편이 듣지 않아 보라. 그 말썽은 저절로 사라지고 만다.

30

와서 시비를 이야기하는 이는 곧 시비를 거는 사람이다.

來說是非者는 便是是非人이니라.

[풀이]
옳으니 그르니 말썽을 일으키는 사람이 따로 있지 않다. 내게 와서 누가 옳으니 누가 그르니 하고 말하는 사람, 이러한 사람이 곧 말썽을 일으키는 사람이다.

31

평생 눈썹 찡그릴 일을 하지 않으면 세상에 이를 갈 사람이 없
으리라. 위대한 명성이 어찌 저 미련한 돌에다 새기는 데에 있겠
는가. 길바닥 행인의 입술이 비(碑)를 이김에랴. 〈擊壤詩〉

擊壤詩에 云하되, 平生에 不作皺眉事면 世上에 應無切齒人이
라. 大名이 豈在鐫頑石가. 路上行人口가 勝碑니라.

[풀이]

돌에다 새겨 굳이 비석을 세워야만 전하게 되는 명성은 참으로 위대한 명
성이 아니다. 저 길거리의 평범한 사람들의 입에서 입으로 전해지고 또 전승
되는 찬양의 얘기들, 그 구비(口碑)에 새겨지는 명성이 굳이 비석에 새겨지
는 명성을 능가하는 법이다.

32

사향(麝香)을 지녔으면 저절로 향기가 풍겨나리니 어찌 꼭 바람
을 맞아 설까 보냐.

有麝면 自然香이니 何必當風立가.

◇사향(麝香) : 궁노루 수놈의 배꼽과 불두덩을 싸고 있는 향낭(香囊)을 채취해서 건사
한 향료.

[풀이]

참말로 사향을 지녔다면 어디서나 저절로 그 향기가 풍기게 마련이다. 향
내를 피우기 위해 어찌 꼭 바람을 맞아 서야만 될까 보냐. 참으로 고명(高明)
한 학덕(學德)을 지녔다면 스스로 자랑하러 나서지 않더라도 저절로 세상에

알려지게 마련이니, 스스로 자랑하러 나서는 학덕이라면 참으로 고명한 학덕은 아니라는 말이다.

33

세네카는 "빈 주머니가 된 뒤의 경제는 이미 늦었다."고 말했다.

복록(福祿)이 있다고 다 누리지 말라, 복록이 다하면 몸이 빈궁해지리라. 세력을 지녔다고 마구 부리지 말라, 세력이 다하면 원한에 찬 사람과 만난다. 복록이 있거든 항상 스스로 절제하고 세력을 지녔거든 항상 스스로 공손하라. 인생에서 교만과 사치는 처음에는 있으나 흔히 나중에는 없는 것이다.

有福莫享盡하라, 福盡身貧窮이라. 有勢莫使盡하라, 勢盡冤相逢이니라. 福兮常自惜하고 勢兮常自恭하라. 人生驕與侈가 有始多無終이니라.

34

여유를 두고 재주를 다 쓰지 않았다가 조물주에게 돌려주리라. 여유를 두고 봉록(俸祿)을 다 쓰지 않았다가 조정에 돌려주리라. 여유를 두고 재물을 다 쓰지 않았다가 백성에게 돌려주리라. 여유를 두고 복을 다 누리지 않았다가 자손에게 돌려주리라. 〈王燦政 四留銘〉

王燦政四留銘에 曰, 留有餘不盡之巧하야 以還造物하고, 留有餘

不盡之祿하야 以還朝廷하고, 留有餘不盡之財하여 以還百姓하고, 留有不盡之福하여 以還子孫이니라.

◇왕참정(王參政) : 북송(北宋) 진종(眞宗) 때의 정치가로 이름은 단(旦). ◇사류명(四留銘) : 네 가지 '남겨 둠'에 관한 명문(銘文).

[풀이]

재주가 좀 있다고 해서 그 재주를 다 부리지 말 일이다. 죽어 돌아가 조물주에게 돌려보낼 수도 있는 여유를 두라. 봉록(俸祿)을 받았다고 해서 양껏 다 쓰지 말 일이다. 오히려 나라에 반환할 수도 있는 여유를 두라. 재물이 좀 있다고 해서 있는 대로 다 쓰지 말 일이다. 백성에게 돌려줄 수도 있는 여유를 두라. 복이 좀 있다고 해서 마음껏 다 누리지 말 일이다. 자손에게 물려줄 수도 있는 여유를 두라. 이처럼 뭔가 여유를 두고 양껏 깡그리 탕진하지 말 일이니 탕진 뒤의 쪼들림, 그 쪼들림의 벽에 부딪칠 때를 생각하여 보라는 말이다.

35

황금 천 냥이 소중할 것이 없고, 사람에게서 좋은 말 한 마디 듣는 것이 천금(千金)보다 낫다.

黃金千兩이 未爲貴요, 得人一語勝千金이니라.

36

잘하는 사람은 못하는 사람의 종이다.

巧者는 拙之奴니라.

[풀이]

뭔가 잘하는 사람은 따지고 보면 그걸 못하는 사람의 종이라고 할 수 있다. 보라, 세상엔 뭔가 잘하는 사람이 그걸 못하는 사람이 간접 또는 직접으로 내는 보수로 살고 있으면서 자신의 능한 기능을 그 방면의 못하는 사람을 위해 바치고 있지 않은가. 잘하는 사람이여, 잰 체하지 말라. 못하는 사람이여, 슬퍼하지 말라.

37

황금이 귀한 것이 아니요, 안락함이 보다 값진 것이다.

黃金이 未是貴요 安樂이 値錢多니라.

38

"인간의 마음은 끊임없이 남의 마음을 얻는 데
소비하지 않을 수 없다." 고울드 스미스의 말이다.

제 집에 있어 손님을 맞아들일 줄 모르면 밖에 나갔을 때에 비로소 주인 적음을 알리라.

在家에 不會邀賓客이면 出外라야 方知少主人이니라.

[풀이]

제 집에 있어 제가 주인의 입장일 때 손님을 맞아 접대할 줄 모르면 다른 사람의 집에 손님이 되어 갔을 때 저를 반갑게 맞아 주는 주인이 적음을 비로소 알게 될 것이다.

39

가난하게 살면 비록 잡다한 저자거리에 살아도 서로 아는 이가 없을 것이요, 넉넉하게 살면 비록 깊은 산골에 살아도 먼 곳에서 찾아드는 친구가 있다.

貧居鬧市無相識이요, 富住深山有遠親이니라.

40

사람의 정의는 다 가난한 데서 끊어지고 세속 인정은 곧잘 돈 있는 집으로 쏠린다.

人義는 盡從貧處斷이요 世情은 便向有錢家니라.

41

차라리 밑 빠진 항아리를 막을지언정 코 아래 가로지른 것은 막기 어렵다.

寧塞無底缸이언정 難塞鼻下橫이니라.

[풀이]
'코 아래 가로지른 것'이란 '입'을 말한다. 말을 막기는 어렵다는 뜻.

42

사람의 정은 다 군색한 가운데서 서먹서먹해진다.

人情은 皆爲窘中疎니라.

43

"술과 탁상은 벗을 만들고 또 벗을 잃는다."는 프랑스 속담이 있다.

하늘에 교제(郊祭)를 지내고 사당(祠堂)에 제례(祭禮)를 올려도 술이 아니고선 흠향(欽饗)하지 않을 것이며, 임금과 신하, 벗과 벗 사이에도 술이 아니고선 정이 소담스럽지 않을 것이고, 싸움을 하고 서로 화해함에도 술이 아니고선 권할 것이 없으니 술에는 성취와 실패가 있어 데면데면 마시지 못할 것이다. 〈史記〉

史記에 曰, 郊天禮廟에 非酒不享이요, 君臣朋友에 非酒不美요, 鬪爭相和에 非酒不勸이라, 故로 酒有成敗而不可泛飮之니라.

◇사기(史記) : 한(漢)나라의 사마천(司馬遷)이 저술한 역사책. ◇교제(郊祭) : 고대 중국에서 천자가 도성의 남쪽 들에서 하늘에 드리던 제사.

44

자신이 지은 것은 자신이 도로 받게 되는 법이다.

自作이 還自受니라.

45

선비로서 도에 뜻을 두면서 좋지 않은 옷 입고 좋지 않은 음식 먹기를 부끄러워하는 이는 더불어 의논하기에 족하지 못하다. 〈孔子〉

子曰, 士 志於道而恥惡衣惡食者는 未足與議也니라.

46

선비에게 투기하는 벗이 있으면 어진 친구와 친할 수 없고, 임금에게 투기하는 신하가 있으면 어진 사람이 오지 않는다. 〈荀子〉

荀子曰, 士有妬友則賢交不親하고, 君有妬臣則賢人不至니라.

[풀이]
남을 시기하는 벗을 가까이 두면 어진 친구와 친해지기 어려우며 남을 시기하는 부하를 두면 어진 사람이 오기를 꺼려하는 법이다.

47

하늘은 녹(祿) 없는 사람을 낳지 아니하고, 땅은 이름 없는 풀을 키우지 아니한다.

天不生無祿之人이요, 地不長無名之草니라.

48

"무엇이든지 7년만 모으면
쓰일 곳이 있을 것이다."란 영국 속담이 있다.

큰 부자는 하늘에 달려 있고 작은 부자는 부지런함에 달려 있다.

大富는 由天하고 小富는 由勤이니라.

49

집안을 이룰 아이는 인분도 금처럼 아끼고, 집안을 망칠 아이는
금도 인분처럼 쓴다.

成家之兒는 惜糞如金하고, 敗家之兒는 用金如糞이니라.

50

편안하고 한가로이 지낼 때에 내겐 아무런 걱정거리가 없노라
말하지 말라. 겨우 걱정거리가 없노라고 말하자 이내 걱정거리가
생기리라. 입에 상쾌한 음식이라 해서 많이 먹으면 마침내 질병이
생길 것이요, 마음에 쾌적한 일이라 해서 지나치게 누리면 반드시
재앙이 있으리라. 병이 생긴 뒤에 약을 잘 복용하는 것은 병이 나
기 전에 미리 훌륭히 스스로 예방하는 것만 못한 법이다. 〈邵康節〉

康節邵先生이 曰, 閑居에 愼勿說無妨하라, 纔說無妨便有妨이니
라. 爽口物多終作疾이요, 快心事過必有殃이라. 與其病後能服藥으

170 省心篇

론 不若病前能自防이니라.

51

아무리 신묘한 약이라 해도 원한 맺힌 병은 고치지 못하고, 뜻 밖에 생기는 재물도 운수 궁한 사람은 부자가 되지 못하게 한다. 일을 생겨나게 하고서 일이 생기는 것을 그대는 원망하지 말고, 남을 해치고서 남이 해치는 것을 너희는 성내지 말라. 천지간 모든 일엔 자연히 인과 응보가 있는 법이니 멀게는 자손에게 있고 가까이는 제 몸에 있다. 〈梓潼帝君 垂訓〉

梓潼帝君垂訓에 曰, 妙藥이 難醫冤債病이요 橫財는 不富命窮人이라. 生事事生을 君莫怨하고 害人人害를 汝休嗔하라. 天地自然皆有報하니 遠在兒孫近在身이니라.

◇자동제군(梓潼帝君) : '제군(帝君)'은 신에 대한 존칭. 자동제군은 도가에서 우러러 믿는 신의 하나이다.

[풀이]

남에게 원한을 갖게 하지 말라는 것이다. 남에게 원한을 갖게 하면 두고두고 씻기 어렵다는 것이다.

52

"정당하게 얻은 재산이 아니면
진실한 재산이 아니다."란 포르투갈 속담이 있다.

꽃은 졌다가 피고 피었다 또 지는 것, 비단옷 베옷도 바뀌어 입혀지는 법. 부잣집도 항상 부귀한 것은 아니요, 가난한 집도 길이 적막하지는 않으리. 사람을 붙들어올림에 반드시 저 푸른 하늘에까지 받쳐올리진 못하고, 사람을 밀어뜨림에 반드시 저 깊은 구렁에다 아주 처박지는 못하리라. 그대에게 권고하노니 무릇 일을 두고 하늘을 원망하지 말라. 하늘의 뜻은 본디 사람에게 후하고 박함의 차별을 두지 않는다.

花落花開開又落하고, 錦衣布衣更換着이라. 豪家도 未必常富貴요, 貧家도 未必長寂寞이라. 扶人에 未必上靑霄요, 推人에 未必塡邱壑이라. 勸君凡事를 莫怨天하라. 天意於人에 無厚薄이니라.

53

한탄스럽구나, 사람의 마음 사납기가 뱀 같음이. 하늘의 눈이 수레바퀴처럼 구르는 것을 그 누가 알랴. 지난 해에 망령되이 동녘이웃의 물건을 취하더니 오늘엔 어느덧 북녘 집으로 돌아갔구나. 불의(不義)로 취한 재물은 끓는 물에 뿌려지는 눈(雪)이요, 뜻밖에 얻은 논밭은 물살에 밀리는 모래인 것을. 교활한 꾀를 생활하는 방법으로 삼는다면 그것은 흡사 아침에 피어 오르는 구름, 저녁에 지는 꽃과 같은 것.

堪歎人心이 毒似蛇라. 誰知天眼이 轉如車요, 去年에 妄取東隣物하더니 今日에 還歸北舍家라. 無義錢財는 湯潑雪이요, 儻來田地는 水推沙라. 若將狡譎爲生計면 恰似朝雲暮落花라.

54

재상의 목숨을 고칠 약이 없고, 돈으로도 자손의 똑똑함은 사지 못한다.

無藥可醫卿相壽요, 有錢難買子孫賢이니라.

[풀이]

아무리 권세가 당당한 재상이라 해도 그 앞에는 꼼짝 못할 또 하나가 있다. 바로 '죽음'이다. 아무리 많은 돈을 가졌다 해도 사들이지 못할 또 한 가지가 있다. 바로 '자손의 현명함'이다.

55

아서 영은 "진정한 지혜는 행복을 살 수 있는 대가이다."라고 말했다.

하루가 맑고 한가로우면 이 곧 하루의 신선(神仙)인 것을.

一日淸閑이면 一日仙이니라.

[풀이]

신선이 별다르랴. 하루를 마음 맑고 한가로이 지낸다면 이것이 곧 하루의 신선인 것을.

56

위태함을 알고 험함을 알면 내내 덫은 없을 것이요, 착한 이를 추어올리고 어진 사람을 천거하면 저절로 몸을 편안히 하는 길이 있으리라. 인을 베풀고 덕을 펴면 곧 대대의 영광을 가져올 것이요, 질투하고 시기하는 마음을 품고 원한을 보복하면 자손에게까지 환난을 끼칠 것이다. 남을 해치고 저만 이롭게 하면 마침내 출세하는 자손이 없을 것이요, 뭇사람을 해쳐서 성가(成家)를 한다면 어찌 그 부귀가 오래도록 계속되겠는가. 이름을 갈고 모습까지 다르게 해야 됨은 다 교언(巧言)으로 말미암아 생겨나고, 앙화가 일어나 몸이 상하게 됨은 모두 어질지 못한 탓이다. 〈眞宗皇帝〉

眞宗皇帝御製에 曰, 知危識險이면 終無羅網之門이요, 擧善薦賢이면 自有安身之路라. 施仁布德이면 乃世代之榮昌이요, 懷妬報寃이면 與子孫之爲患이라. 損人利己면 終無顯達雲仍이요, 害衆成家면 豈有長久富貴리요. 改名異體는 皆因巧語而生이요, 禍起傷身은 皆是不仁之召니라.

◇진종 황제(眞宗皇帝) : 송나라 제3대 황제. ◇나망(羅網) : 새·짐승을 잡는 덫. 곧 함정에 빠질 위험이 있는 일을 비유한 것. ◇운잉(雲仍) : 먼 자손.

57

"온화하고 순량(順良)함은 선인(善人)의 가장 신성한 표징"
이라고 한 드라이든의 말은 참다운 인생의 길을 말해 준다.

도리에 벗어난 재물을 멀리 하고 정도에 지나치는 술을 경계하라. 이웃을 가려 살고 벗을 가려 사귀며, 마음에 질투를 일으키지 말고 참소하는 말을 입에 올리지 말라. 친척 가운데 가난한 이를 소홀히 말고 다른 사람 가운데 부귀한 이를 두둔하지 말라. 자기를 이겨내는 데는 근면과 검소로써 우선을 삼을 일이요, 뭇사람을 사랑하는 데는 겸양과 화목으로써 으뜸을 삼을 일이다. 항상 지나간 날의 잘못을 생각하고, 매양 앞으로의 허물에 유념하라. 만일 나의 이 말에 의거한다면 나라와 집안이 다스려져 가히 장구하리라. 〈神宗皇帝〉

神宗皇帝御製에 曰, 遠非道之財하고 戒過度之酒하며, 居必擇隣하고 交必擇友하며, 嫉妬를 勿起於心하고 讒言을 勿宣於口하며, 骨肉貧者를 莫疎하고 他人富者를 莫厚하며, 克己는 以勤儉爲先하고 愛衆은 以謙和爲首하며, 常思已往之非하고 每念未來之咎하라. 若依朕之斯言이면 治國家而可久니라.

◇신종 황제(神宗皇帝) : 송나라 제6대 황제.

58

깜박이는 불티 한 점이 능히 넓고 너른 숲을 태우고 반 마디 그릇된 말이 잘못되어 평생의 덕을 허물어뜨린다. 몸에 한낱 실오라기라도 감았거든 항상 베짜는 여인의 수고를 생각하고, 하루에 밥 세 끼니를 물에 말아 먹어도 늘 농사짓는 이의 노고를 생각하라. 구차하게 탐하고 시기하여 남에게 손해를 끼친다면 필경 십 년의 편안함도 없을 것이요, 선을 쌓고 인을 보존해 가노라면 반드시 영화로운 자손이 있게 되리라. 복은 선함에 연유해 오는 것이니 그 실행을 쌓음에서 생겨나고, 평범하고 용렬함을 뛰쳐나와 성현(聖賢)의 경지에 들어가는 것은 다 진실함으로써 얻어진다. 〈高宗皇帝〉

高宗皇帝御製에 曰, 一星之火 能燒萬頃之薪하고 半句非言이 誤損平生之德이라. 身被一縷나 常思織女之勞하고, 日食三飱이나 每

念農夫之苦하라. 苟貪妬損은 終無十載安康하고, 積善存仁이면 必
有榮華後裔니라. 福緣善慶하니 多因積行而生이요, 入聖超凡은 盡
是眞實而得이니라.

◇고종 황제(高宗皇帝) : 남송(南宋)의 초대 황제.

59

"좋은 본보기는 항상 좋은 결과를 가져 온다."는
스마일즈의 말은 감화(感化)의 중요함을 말해 준다.

그 임금을 알려거든 먼저 그 신하를 보고, 그 사람을 알려거든
먼저 그 벗을 보고, 그 아버지를 알려거든 먼저 그 아들을 보라.
임금이 어질고 거룩하면 그 신하가 충성스럽고, 아버지가 인자하
면 그 아들이 효성스러운 법이다. 〈王良〉

王良이 曰, 欲知其君인댄 先視其臣하고, 欲知其人인댄 先視其
友하고, 欲知其父인댄 先視其子하라. 君聖臣忠하고 父慈子孝니라.

◇왕량(王良) : 춘추 시대 진(晉)나라 사람.

60

물이 지나치게 맑으면 고기가 없고, 사람이 지나치게 살피면 그
를 따르는 사람이 없다. 〈家語〉

家語에 云하되, 水至淸則無魚하고 人至察則無徒니라.

◇공자 가어(孔子家語) : 공자의 언행·일화와 제자들과의 문답을 수록한 책. 처음에는

스물 일곱 권이었으나 일부가 없어져 현존하는 것은 열 권인데, 그것도 위(魏)나라의 왕숙(王肅)이 공안국(孔安國)을 칭하여 위작(僞作)한 것이라고 전해진다.

61

봄비가 기름 같지만 길 가는 사람은 그 질척함을 싫어하고, 가을 달이 휘영청 밝지만 도둑질하는 자는 그 비춰짐을 싫어한다. 〈許敬宗〉

許敬宗이 曰, 春雨如膏나 行人은 惡其泥濘하고, 秋月揚輝나 盜者는 惡其照鑑이니라.

◇허경종(許敬宗) : 당나라 때의 정치가.

[풀이]

봄비가 새싹에게 기름처럼 이로워도 길 가는 사람은 싫어할 것이요, 가을 달이 밝다지만 도둑에게는 싫을 것이다. 사람은 이렇게 이기적이다.

62

세네카는 "덕을 행할 여지는 늘 있다."고 말했다.

대장부는 선(善) 알기를 분명히 하기 때문에 명분과 절의를 태산보다 무거이 여긴다. 그리고 마음씀이 엄밀하기 때문에 살고 죽는 것을 기러기 털보다 가벼이 여긴다. 〈景行錄〉

景行錄에 云하되, 大丈夫 見善이 明故로 重名節於泰山하고, 用心이 精故로 輕死生於鴻毛니라.

◇명절(名節) : 명분과 절의(節義). ◇홍모(鴻毛) : 기러기 털. 극히 가벼운 사물을 가리키는 말이다.

63

남의 흉함을 불쌍히 여기고 남의 선함을 즐거이 여기라. 또한 남의 급함을 건져 주고, 남의 위태함을 구원하여 주라.

悶人之凶하고 樂人之善하며, 濟人之急하고 救人之危니라.

64

눈으로 직접 본 일이라도 오히려 다 진실이 아닐 수 있거늘, 하물며 등 뒤의 말이야 어찌 족히 깊이 믿겠는가.

經目之事도 恐未皆眞이어늘 背後之言을 豈足深信이리요.

65

제 집 두레박 줄이 짧은 것은 탓하지 않고, 남의 집 우물 깊은 것만 탓하는구나.

不恨自家汲繩短이요, 只恨他家苦井深이로다.

66

뇌물을 먹고 법을 범한 자가 세상에 가득하건만 박복한 사람만
이 죄로 걸려드네.

贓濫이 滿天下하되 罪拘薄福人이니라.

67

"사람은 간난(艱難)의 진리를 버리고 행복의 오류를
택하기 쉽다."라고 한 베이컨의 말은 인성(人性)의 본질을 꿰뚫는다.

하늘이 만약 상도(常道)를 벗어나는 때엔 바람이 불지 않으면 비
가 올 것이요, 사람이 만약 그 상도를 어기는 날엔 병나지 않으면
죽으리라.

天若改常이면 不風卽雨요, 人若改常이면 不病卽死니라.

68

나라가 바르게 되면 천심(天心)도 순해지고 관청이 깨끗하면 백
성은 저절로 편안해지리라. 아내가 어질면 그 남편의 화가 적고
자식이 효성스러우면 그 아버지의 마음이 너그러워진다.

壯元詩에 云하되, 國正天心順이요 官淸民自安이라. 妻賢夫禍少
요 子孝父心寬이니라.

69

나무는 먹줄을 좇음으로써 곧게 되고 사람은 간(諫)함을 받아들임으로써 거룩해진다. 〈孔子〉

子曰, 木從繩則直하고 人受諫則聖이니라.

70

한 줄기 푸른 산 경치가 그윽한데 앞 사람의 논밭을 뒷사람이 차지하는구나. 뒷사람은 차지했다 해서 기뻐하지 말라, 다시 차지할 사람 뒤에 있으리니.

一派靑山景色幽러니 前人田土를 後人收라. 後人은 收得莫歡喜하라, 更有收人이 在後頭니라.

[풀이]

무릇 재화(財貨)란 어느 한 사람의 손아귀에 쥐어져 상주 부동(常住不動)하지는 않는 것. 이 손에서 저 손으로 넘어간다는 말이다.

71

아무 까닭 없이 천금(千金)을 얻으면 큰 복이 있는 것이 아니라 반드시 큰 화가 있으리라. 〈蘇東坡〉

蘇東坡 曰, 無故而得千金이면 不有大福이라 必有大禍니라.

◇소동파(蘇東坡) : 송나라 때의 유명한 문장가. 당송 팔대가(唐宋八大家) 가운데 한 사람이다. 이름은 식(軾), 동파(東坡)는 호이다. 대표적인 작품으로 「적벽부(赤壁賦)」가 있다.

72

우리 속담에 "고자쟁이가 먼저 죽는다."는 말이 있다.

"어떠한 것이 곧 화와 복이 되느냐?"고 내게 점쳐 달라 묻는 사람이 있었다. "내가 남을 허는 것이 곧 화가 되고, 남이 나를 허는 것이 오히려 복이 된다."고 했다. 〈邵康節〉

康節邵先生이 曰, 有人이 來問卜하되 如何是禍福고. 我虧人是禍요 人虧我是福이니라.

73

큰 집 천 칸이라 해도 밤에 눕는 곳은 여덟 자뿐이요, 갖고 있는 좋은 땅이 넓다 해도 하루에 먹는 것은 두 되뿐인 것을.

大廈千間이라도 夜臥八尺이요, 良田萬頃이라도 日食二升이니라.

74

오래 머물면 남에게 업신여김을 받고 자주 오면 친분도 성기어진다. 단 사흘이나 닷새 사이에 서로 보는 것도 처음과는 같지 않음을 알겠더라.

久住면 令人賤이요 頻來면 親也疎라. 但看三五日에 相見不如初라.

[풀이]
친한 정을 나누는 데에도 적절한 절제를 하는 것이 세상을 살아 가는 데 이롭다.

75

목마를 때 물 한방울은 단 이슬과 같고, 취한 뒤에 잔을 더함은 없음만 못하다.

渴時一滴은 如甘露요, 醉後添盃는 不如無니라.

76

술이 사람을 취하게 하는 것이 아니라 사람이 저 스스로 취하는 것이요, 미색(美色)이 사람을 미혹(迷惑)시키는 것이 아니라 사람이 저 스스로 미혹에 빠지는 것이다.

酒不醉人人自醉요, 色不迷人人自迷니라.

[풀이]
주색(酒色), 사람들은 늘 이것 때문에 망신을 한다. 그러나 주색 자체야 무슨 죄가 있겠는가. 사람들이 그렇게 만들어 놓고는 주색만 탓한다.

77

공(公)을 위하는 마음이 만약 사(私)를 위하는 마음만큼이라면 무슨 일에선들 옳고 그름을 가려 내지 못할까. 도를 향한 염원이 만약 남녀의 정념(情念)과 같다면 성불(成佛)한 지가 이미 오래이었으리라.

公心이 若比私心이면 何事不辨이며, 道念이 若同情念이면 成佛多時니라.

78

워즈워드는 "대현(大賢)은 우(愚)와 비슷하다."고 했다.

공교(工巧)한 이는 말을 잘하나 우졸(愚拙)한 이는 말이 없다. 공교한 이는 바둥거려 애쓰나 우졸한 이는 유유히 편안하다. 공교한 이는 패란(悖亂)스러우나 우졸한 이는 덕성(德性)스럽다. 공교한 이는 흉하나 우졸한 이는 길하다. 아아, 천하가 다 우졸하다면 형정(刑政)이 거두어져 윗사람은 편안하고 아랫사람은 화순하며 풍속은 맑아지고 악폐(惡弊)는 끊어지리라. 〈濂溪先生〉

濂溪先生이 曰, 巧者言하고 拙者默하며, 巧者勞하고 拙者逸하며, 巧者賊하고 拙者德하며, 巧者凶하고 拙者吉하나니, 嗚呼라 天下拙이면 刑政이 徹하여 上安下順하며 風淸弊絶이니라.

◇염계 선생(濂溪先生) : 성은 주(周), 이름은 돈이(敦頤), 염계(濂溪)는 별호이다. 북송(北宋)의 학자로 송학(宋學)의 시조. 저서로 『태극도설(太極圖說)』이 유명하다.

79

덕이 없으면서 지위가 높고, 지혜 없으면서 꾀하는 것이 크다면 진실로 화를 당하지 않을 이 드물리라. 〈周易〉

易에 曰, 德微而位尊하고, 智小而謀大면 無禍者 鮮矣니라.

◇역(易) : 『주역(周易)』을 일컫는다. 음(陰)·양(陽)과 팔괘(八卦)를 근간으로 주 문왕(周文王)과 그의 아들 주공(周公), 공자에 의해 대성(大成)된 책. 괘사(卦辭), 효사(爻辭), 십익(十翼)으로 우주와 인간의 이치를 설명하였다.

[풀이]
제 분수에 맞게 처신함이 몸을 보전하는 안전한 길임을 알라는 말이다.

80

다스리는 이의 도는 지위가 성취되는 데서 게을러지고, 병은 얼마간 치유(治癒)되는 데서 더해진다. 화는 게으른 데서 생겨나는 법이요, 효도는 처자를 갖는 데서 흐려지는 법이다. 이 네 가지를 살펴서 처음과 같이 나중에도 삼갈 일이다. 〈說苑〉

說苑에 曰, 官怠於宦成하고 病加於小愈하며, 禍生於懈怠하고 孝衰於妻子니, 察此四者하여 愼終如始니라.

◇설원(說苑) : 전한(前漢)의 유향(劉向)이 지은 책이름. 군도(君道)·신술(臣術)을 20편으로 분류하여 명사들의 일화를 열거한 책이다.

81

그릇이 차면 넘치고, 사람이 자만하면 이지러진다.

器滿則溢하고 人滿則虧니라.

82

양고깃국이 비록 맛좋으나 뭇사람의 입을 맞추기는 어렵다.

羊羹이 雖美나 衆口는 難調니라.

83

한 자 옥구슬이 보배가 아니다. 한 치의 시간을 다투라.

尺璧이 非寶요, 寸陰을 是競이니라.

[풀이]

한 자(尺)나 되는 옥벽(玉璧)이라면 결코 작은 가치는 아니다. 그러나 그 한 자짜리 옥벽 이상의 보배가 있다. 단 한 치의 시간, 이 시간을 단 한 치라도 아껴 쓸 일이다.

84

흰 옥구슬은 진흙 가운데 던지더라도 그 빛을 더럽힐 수 없다. 군자는 부정한 곳에 갈지라도 그 마음을 어지럽힐 수 없다. 그러므로 소나무와 잣나무는 눈과 서리를 견디어 내고 밝은 지혜는 위난(危難)을 건넌다. 〈益智書〉

益智書에 云하되, 白玉은 投於泥塗라도 不能汚穢其色이요, 君子는 行於濁地라도 不能染亂其心하나니, 故로 松栢은 可以耐雪霜이요, 明智는 可以涉危難이니라.

85

몽테뉴는 "사람이 낯을 붉히면 만사는 완전한 것이다."라고 했다.

산에 들어가 범을 잡기는 쉽지만 입을 열어 남에게 고하기는 어렵다.

入山擒虎易어니와 開口告人難이니라.

[풀이]
뭔가 딱한 일을 남에게 고하기는 어렵다. '염치(廉恥)'를 돌아보아야 하고, 또 사람은 '차마 하지 못하는 마음' 즉 '불인지심(不忍之心)'을 가지고 있기 때문이다.

86

멀리 있는 물은 가까운 불을 끄지 못하고 멀리 있는 친척은 가까운 이웃만 못하다.

遠水는 不救近火요, 遠親은 不如近鄰이니라.

87

해와 달이 밝지만 엎어놓은 소래기 밑은 비추지 못한다. 칼날이 잘 들지만 죄 없는 사람은 베지 못하고, 뜻하지 않은 재앙은 조심하는 집 문에는 들지 않는다. 〈太公〉

太公이 曰, 日月이 雖明이나 不照覆盆之下하고, 刀刃이 雖快나 不斬無罪之人하고, 非災橫禍는 不入愼家之門이니라.

[풀이]
평소에 매사를 조심한다면 뜻밖의 재앙을 당할 리가 없다는 말이다.

88

넓고 너른 좋은 땅이라도 하찮은 재주 한 가지를 몸에 지니는 것만 못하다. 〈太公〉

太公이 曰, 良田萬頃이 不如薄藝隨身이니라.

89

사물을 접하는 요체(要諦)는 자신이 하고 싶지 않은 바를 남에게 베풀지 않는 것과, 행하고서 얻음이 없으면 돌이켜 자기에게서 원인을 찾는 일이다. 〈性理書〉

性理書에 云하되, 接物之要는 己所不欲을 勿施於人하고, 行有不得이어든 反求諸己니라.

90

술과 색과 재물과 분만(憤懣)의 네 담장, 수많은 잘나고 못난 사람들 그 안 행랑에 들어 있네. 그 누가 이곳을 뛰쳐나오기만 한다면 그것이 곧 신선이 되는 불사(不死)의 방법인 것을.

酒色財氣四堵墻에 多少賢愚在內廂이라. 若有世人이 跳得出이면 便是神仙不死方이니라.

자기 자신을 아는 것

배종호(裵宗鎬)

고금(古今)에 통하는 가치 기준

속담에 "인심(人心)은 일반이다."란 말이 있다. 청산(靑山)은 만고
에 변하지 않으며 인심은 예나 이제나 한결같다고 한다. 니체는 과
거의 낡은 가치를 전환시키려고 "신(神)은 죽었다."는 대명제를 내세
워 서양 중세의 신 중심 사상에서 벗어나 근대의 인간 중심으로 돌
이키려 했는데, 과연 그 가치가 전환되었나? 물론 "신은 죽었다."는
말은 니체 혼자의 생각이 아니고, 당시 사조의 주류를 그가 그렇게
표현한 것에 불과하지만, 그런 기본 사조로 말미암아 근대 문화 즉
과학 문명이 이룩되었다고 볼 수 있다. 그러나 사람과 사람 사이, 곧
사회 인류의 삶에 다소의 변동은 있을지언정 큰 변화가 있었다고 볼
수는 없을 것이다. 중국 한(漢)나라 때의 왕충(王充)이 종교적 미신적
인 천 사상(天思想)을 극력 반대하여, 니체보다 약 1800년 전에 벌써
인력주의(人力主義)·진보주의(進步主義)를 내세웠다. 그러나 그의 저
서 『논형(論衡)』도 내용의 거의 30~40퍼센트가 골상(骨相)에 관한,

인간 운명을 말한 것으로 보아서 가치 전환이란 그다지 쉬운 것이 아님을 알 수 있다. 또 중국 사회의 역사를 보면, 사상적으로 백화 난만했던 선진 시대(先秦時代), 특히 전국 시대의 장자는 인간 중심을 내세운 유가에 대해 자연 중심의 가치 전환을 극구 주장했다. 그러나 중국 역사는 장자의 자연주의만으로 물들지는 않았다. 위의 몇 예로 보아 앞서 말한 것처럼 "인심은 일반이다." 곧 사람 사는 데는 예나 이제나 다 같은 가치 기준이 있음을 짐작할 수 있다. 철학자나 종교가는 공연히 자기들의 일방적인 세계관이나 인생관을 가지고 마치 삶의 전체인 것처럼 과장하여 쓸데없는 이론 체계를 세워 왔다. 그들이 내세우는 보편 타당성이란 그 사람, 그 사회, 그 시대의 보편이요 타당이었다. 따라서 그들은 모두 근시(近視)요, 색맹(色盲)이요, 자기 도취에 빠진 사람들이었다.

대개 구상(構想)이 서고 나서 거기에 이론을 만들겠지만, 그저 사색만 하는 사람은 이론을 먼저 세우고 그 이론으로써 구상을 만들기도 한다. 그래서 이론만 보편 타당하지, 그 구상은 보편성을 상실해 버린다. 참다운 구상은 오랜 체험을 통해서 스스로 세워지는 것이다. 여기에 실천의 가치가 있다.

새로운 가치 창조의 의미

『명심보감』은 중국에서 전래되는 교훈적인 말과 격언을 모아 엮은 것으로 그 중심은 유교적이다. 그것은 한 시대, 한 사회의 삶의 표현이 아니라 수천 년에 걸친 동양 사회 삶의 사상의 표현이다. 지금은 동서 문화의 교류로 거리가 줄어들고 시간이 단축되어 세계가 하나인 사회가 이루어졌다. 이러한 현시점, 현사회를 놓고 보면 동양과 서양, 예와 지금 사이에 현격한 차이가 있는 것 같다. 여기서 가치 전환을 부르짖게 될 것이다. 그러나 가치란, 진정 보편 타당한 가치란 그렇게 쉽사리 변하지 않는다. 청산은 예나 이제나 같으며, 인심은 동양이나 서양이나 매일반이라고들 한다. 사람 삶의 구체적인 부분에서는 동서와 고금에 걸쳐 많은 차이점이 있지만, 기본적인 목적은 큰 차이점이 없는 것으로 필자는 생각한다.

특히 「성심편」을 보면 매 구절이 우리 마음을 절실히 울린다. 젊은 세대는 가치 전환에 너무 바빠서 옛 것을 모조리 쓰레기통에 버리려 하겠지만 삶의 요모조모를 뼈저리게 겪은 사람이라면 과거의 전통을 모조리 단절해 버린 현재도, 현재와 전혀 관계 없는 미래도 있을 수 없음을 깨닫게 될 것이다. "미래를 알려거든 먼저 지나간 일을 살펴보라."는 말이 그것이다. 디오니소스적인 젊은 충동에다 아폴론적인 이성을 가미해서 그려 낸 것이 젊은이들의 미래 구상도이다. 거기엔 지난 과거는 희박하고, 현재는 불안정하며, 가야 할 미래는 뜬구름이다. 이러고 보면 옛 것을 모두 저버리고 새로운 가치 창조를 부르짖을 것은 매우 당연하고 또 진리로 나타난다. 그러나 성했다가 쇠하고 만났다가 헤어지는 것은 자연과 인생, 역사 변천의 철칙이다. 이 철칙이 바로 변함없는 진리요, 가치일 것이다.

참다운 인생을 위한 교훈

「성심편」에 "영화로움이 가벼우면 욕됨도 얕고 이로움이 무거우면 해로움도 깊다."고 했다. 바꾸어 말하면 영화로움이 많으면 욕됨도 많고, 이로움이 적으면 해로움도 적다는 뜻이다. 유럽을 석권한 나폴레옹이 세인트 헬레나 섬에 유배되었던 것이나 세계 정복을 꿈꾸던 히틀러가 흔적도 없게 된 것은, 모두 영화가 심하면 치욕도 거기에 비례하여 커진다는 것을 말해 준다. 「성심편」에서도 "세력을 지녔다고 마구 부리지 말라, 세력이 다하면 원한에 찬 사람과 만난다."고 훈계한다. 이런 예는 우리 나라에서도 해방 후 몇 번이나 계속되었다.

서구식 민주주의가 우리 나라에 들어온 이래 그 민주주의의 미명 아래 사람들은 낡고 봉건적인 것은 모두 그릇된 것으로 없애 버려야 한다고 속단하기도 했다. 그러나 「성심편」에 나타난 여러 교훈은 어느 사회, 어느 시대에도 알맞은 참된 것이다. 그것을 대개 분류해 보면 ① 보화(寶貨)보다 충효(忠孝)를, ② 가화(家和)와 부귀(富貴)의 비교, ③ 세정(世情)은 이익 사회, ④ 영화(榮華)와 욕해(辱害), ⑤ 세정의 상대성, ⑥ 인격 수양, ⑦ 자신(自信)과 자의(自疑), ⑧ 인심의 이중성, ⑨ 부귀(富貴)와 음행(淫行), ⑩ 교만과 폐해, ⑪ 언어와 부귀, ⑫ 술의 이로움과 해로움, ⑬ 일인 일기(一人一技), ⑭ 자각(自覺) 등이다.

이 가운데 몇 가지를 들어 현대 사회와 대조해 보자.

충효의 윤리

첫째, "보화(寶貨)는 쓰면 다함이 있되 충효(忠孝)는 바칠수록 다함이 없다."는 말에서 보화란 보석과 재물, 충은 조국애, 효는 가족애로 보고 생각해 본다. 한국의 현시점은 자본주의가 급속히 발전하는 물질 만능주의에서 파생된 개인주의적 성향이 사람들 사이에 팽배해 있다. 국가와 민족에 대한 충효의 관심이 희박해지고 있다. 그러나 아무리 코즈머폴리턴(cosmopolitan)들이 개인을 기반으로 한 세계 정부를 이상으로 삼고 그것이 필연적으로 실현되어야 한다고 호소한다 해도, 인간 본래의 혈통적 결연과 감정의 호흡은 생명 없는 무기물과는 다른 것이다. 스탈린이 슬라브 민족에게 호소한 것이나 히틀러가 게르만 민족에게 약속한 것이나 미국의 흑백 충돌 등은 사람 사이의 관계는 돈만 가지고 해결되는 것이 아니란 점을 잘 나타낸다. 예수의 이웃 사랑, 공자의 대동인(大同仁), 석가의 자비 사상은 사람 사이의 최고 이상이지만 결코 어버이와 자식 사이에 자연히 솟구치는 감정을 무시한 것은 아니다. 어찌 국가와 가정을 부차적인 가치로 돌리고, 오직 '나' 하나만의 존립 가치를 인정할 수 있겠는가.

공동 사회에서의 새 윤리

둘째, 윤리학자들이 사회를 공동 사회와 이익 사회로 나누는데 이익 사회란 운명 공동체, 혈연 관계로 구성된 공동 사회와는 달리 각자의 이익만 추구하는 사회이다. 더욱이 생존 경쟁이 치열한 현대 사회에선 공동 사회의 범위는 축소되어 가고, 이익 사회의 판도가 넓어지고 있다. "의가 끊어지고 친분이 성기어지는 것은 오직 돈 때문이다.", "사람의 정의는 다 가난한 데서 끊어지고 세속 인정은 곧잘 돈 있는 집으로 쏠린다."는 말은 이익 사회의 실상을 여실히 나타내고 있다. 이처럼 각기 이익만 취한다면 인정은 고갈되어 자칫하면 의리 없는 세상이 될 것이므로 "불의(不義)로 취한 재물은 끓는 물에 뿌려지는 눈"이라고 가르친다.

현실의 상대성

셋째, 현실의 상대성을 밝혀 말해 준다.

"사랑이 지나치면 반드시 심한 소모(消耗)를 하게 되고 기림받음이 심하면 반드시 심한 헐뜯음을 받는다. 기뻐함이 지나치면 반드시 심한 근심을 하게 되고, 뇌물 탐함이 심하면 반드시 심히 멸망하리라."는 교훈은 불교에서 말하는 "아무리 성한 자라도 반드시 멸할 때

자기 자신을 아는 것 193

가 있다."는 사상과 일맥 상통한다. 사람이 너무 인색하여 아끼기만 하면 반드시 송두리째 없어진다는 뜻이다. 세상은 상대적이어서 너무 좋다고 희희 낙락하다가는 헤아리지 못할 근심이 닥쳐 온다. "하늘에는 예측할 수 없는 바람과 비가 있고, 사람에겐 아침 저녁의 화(禍)와 복(福)이 있다.", "미래의 일은 어둡기가 칠흑 같다." 이런 격언을 항상 마음에 새겨야 할 것이다.

넷째, 인심은 이중적이라는 것이다. 복잡한 사회에서 사람들은 개인의 이익에만 눈이 어두워 틈만 있으면 남을 속이려 한다. 그러므로 "얼굴을 대해 말은 서로 주고받지만 마음 사이에는 겹겹이 산이 가로막혀 있는 것"이며 "사람을 알되 얼굴은 알지만 그 마음은 알 수 없다."는 것이다. 일본 속담에 "사람을 보거든 도둑인 줄 생각하라."는 말이 있다. 이처럼 사회는 무서워졌다. 사람을 도저히 믿지 못할진대, 인류 사회는 고사하고 이익 사회인들 성립할 수 있겠는가 말이다. 그래서 신(信)을 강조하여 "스스로를 믿는 이는 남도 믿어서 …… 스스로를 의심하는 이는 남도 의심하여……."라고 했다. 아무리 믿을 수 없는 것이 인심이라 할지라도 사람을 너무 의심만 하는 사람은 자기 스스로가 남을 속이려는 마음을 품고 있기 때문이다. 그러므로 의심이 너무 많은 사람과는 사귈 수 없을 것이다.

다섯째, 분업(分業)이 발달한 현대는 각 개인이 한 가지 기술을 가져야 생활할 수 있게 되었다. 사회가 복잡해지고 생존 경쟁이 심해질수록 사람은 한 가지 기술이나 재주를 가져야 살아 갈 수 있다. 강태공(姜太公)이 "넓고 너른 좋은 땅이라도 하찮은 재주 한 가지를 몸에 지니는 것만 못하다."고 한 말은 참으로 적절한 교훈이다.

자각 · 자성(自省) · 성심(省心)

우리는 이따금 "너 자신을 알라."는 말을 한다. 이것은 2천5백여 년 전 어느 서양 성인의 말이다. 자각(自覺)! 자성(自省)! 성심(省心)! 그야말로 모든 것이 인간 자각에 달려 있다는 것이다. 자각이야말로 위에서 말한 것들의 기초요, 총결론이다. 그러므로 「성심편」에서는 『성리서(性理書)』를 인용하여 "행하고서 얻음이 없으면 돌이켜 자기에게서 원인을 찾을 일이다."라고 했다. 사람의 처세술은 말솜씨나 손재주나 지식을 바탕으로 하는 것이 아니라 스스로 깨달아서 사람 구실을 하는 데 있다. 사람을 대하는 데 있어 모든 것을 자기에게 돌이켜 반성하는 데서 모든 것이 이루어질 것이다. 공자가 '극기(克己)'나 '반구 제신(反求諸身)'을 역설한 것은 바로 이러한 까닭이다.

고전에 속하는 『명심보감』이 어쩌면 이렇게도 현대의 우리에게 절실하게 들어맞을까! 우리 조상이 어린 아이들에게 『명심보감』을 가르친 이유도 여기에 있었으리라 새삼스레 생각해 본다.

• • • • • • •

立敎篇
생활의 실천 요강

• • • • • • •

인간 생활에는 지침이 있다.

생활에는 규범이 있으며 살아 가는 데는

제각기 타당한 요강(要綱)이 있다.

어떤 실천 원리를 받아들이고,

어떤 실천 원리는 받아들이지 않을 것인가?

1

입신하는 데에 의가 있으니 효도가 근본이요, 상제(喪祭)에 예가
있으니 슬퍼함이 근본이요, 전진(戰陣)에 질서가 있으니 용기가 근
본이요, 치국(治國)에 방도가 있으니 농사가 근본이요, 왕위에 있음
에 도가 있으니 계승이 근본이요, 재물을 생산함에 때가 있으니
노력이 근본이 된다. 〈孔子〉

子曰, 立身有義而孝爲本이요, 喪祀有禮而哀爲本이요, 戰陣有列
而勇爲本이요, 治政有理而農爲本이요, 居國有道而嗣爲本이요, 生
財有時而力爲本이니라.

2

정치를 행하는 요체는 공정과 청백이요, 가문을 이루는 방도는
검약과 근면이다. 〈景行錄〉

景行錄에 云하되, 爲政之要는 曰 公與淸이요, 成家之道는 曰
儉與勤이니라.

[풀이]
부정(不正)과 탐오(貪汚)로 나라를 그르치고 몸을 망치지 않은 이는 드물
고, 사치와 게으름에 빠지고서도 가산(家産)을 보존했다는 이는 과거에도 현
재에도 없다.

3

글을 읽는 것은 집을 일으키는 근본이요, 이치를 좇음은 집을 보존하는 근본이요, 부지런하고 검소함은 집을 다스리는 근본이요, 화순(和順)함은 집을 가지런히 하는 근본이다.

讀書는 起家之本이요, 循理는 保家之本이요, 勤儉은 治家之本이요, 和順은 齊家之本이니라.

[풀이]

독서와 순리(循理)와 근면과 검소함과 화순(和順)함, 이러한 가치는 인생을 살아 가는 데 많은 도움을 주는 것이다. 단순히 처세의 방편이 아니라 자신의 인격을 도야하는 데에 더욱 유익할 것이다.

4

"목적은 알처럼 실행으로 부화(孵化)하지 않으면 곧 썩는다."고 한 스마일즈의 말은 인생에서 계획과 실천의 중요함을 말해 준다.

일생의 계책은 어릴 때에 있고, 한 해의 계책은 봄에 있고, 하루의 계책은 새벽녘에 있다. 어려서 배우지 않으면 늙어서 아는 바가 없고, 봄에 갈지 않으면 가을에 바랄 것이 없고, 새벽녘에 일어나지 않으면 그 날에 할 일이 없다. 〈孔子三計圖〉

孔子三計圖에 云하되, 一生之計는 在於幼하고, 一年之計는 在於春하고, 一日之計는 在於寅이니, 幼而不學이면 老無所知요, 春若不耕이면 秋無所望이요, 寅若不起면 日無所辦이니라.

5

다섯 가지 가르침의 조목은 아버지와 자식 사이엔 친애가 있어야 하고, 임금과 신하 사이엔 의리가 있어야 하며, 남편과 아내 사이엔 분별이 있어야 하고, 나이 많은 이와 나이 적은 이 사이엔 차례가 있어야 하며, 벗과 벗 사이엔 믿음이 있어야 하는 것이다. 〈性理書〉

性理書에 云하되, 五敎之目은 父子有親하며, 君臣有義하며, 夫婦有別하며, 長幼有序하며, 朋友有信이니라.

[풀이]

이른바 '오륜(五倫)'이다. 아버지와 자식, 임금과 신하, 남편과 아내, 나이 많은 이와 나이 적은 이, 그리고 벗과 벗은 사람이 살아 가는 데 기본적인 인간 관계로서 그 사이에 각각 친(親)·의(義)·별(別)·서(序)·신(信)의 윤리가 행해져야 사람답게 살 수 있다는 뜻이다.

6

삼강은 임금은 신하의 벼리가 되고, 아버지는 자식의 벼리가 되고, 남편은 아내의 벼리가 되는 것이다.

三綱은, 君爲臣綱이요, 父爲子綱이요, 夫爲婦綱이니라.

7

충신은 두 임금을 섬기지 아니하고, 열녀는 두 남편을 받들지
않는다. 〈王蠋〉

王蠋이 曰, 忠臣은 不事二君이요, 烈女는 不更二夫니라.

◇왕촉(王蠋) : 전국 시대의 제(齊)나라 사람. 조국이 이웃 연(燕)나라에게 패하자 항복
의 권고를 물리치고 자살했다.

8

관직을 다스림에는 공평 이상이 없고, 재물에 임함에는 청렴 이
상이 없다. 〈忠子〉

忠子曰, 治官에 莫若平이요, 臨財에 莫若廉이니라.

9

무릇 말은 반드시 정성스럽고 참되게 하고, 행동은 돈독하고 공
경하게 하고, 음식은 절제 있게 먹고, 글씨는 똑똑하고 바르게 쓰
고, 모습은 단정하고 경건하게 하며, 의관은 바르고 엄숙하게 차려
라. 걸음걸이는 조용하고 예모 있게 하고, 거처는 가지런하고 고요
하게 하여라. 일은 계획을 세워 시작하고, 말을 입 밖에 낼 때는

그 실행 여부를 살펴보고, 평상의 덕을 굳게 가지며, 승낙은 신중히 응하여라. 선을 보거든 내가 행한 것같이 여기고, 악을 보거든 나의 병인 것같이 여겨라.

무릇 이 열 네 가지는 모두 내가 아직 깊이 성찰하지 못한 것이라 이를 써서 자리 오른편에 갖춰 두고 아침 저녁으로 보면서 경계하는 것이다. 〈張思叔 座右銘〉

張思叔座右銘에 曰, 凡語를 必忠信하며 凡行을 必篤敬하며 飮食을 必愼節하며, 字畫을 必楷正하며, 容貌를 必端莊하며, 衣冠을 必整肅하며, 步趨를 必安詳하며 居處를 必正靜하며, 作事를 必謀始하며, 出言을 必顧行하며, 常德을 必固持하며, 然諾을 必重應하고, 見善如己出하며 見惡如己病하라. 凡此十四者는 皆我未深省이라. 書此當座右하여 朝夕視爲警하노라.

◇장사숙(張思叔) : 북송(北宋)의 학자로 정이천(程伊川)의 제자이다. ◇좌우명(座右銘) : 자리 오른편에 써 두고 항상 스스로에게 경계하도록 하는 교훈적인 말.

10

스마일즈는 "덕행은 나 자신에게 힘을 주고 남에게 덕행을 고취한다."고 말했다.

첫째, 조정에서의 이해와 변방 관직의 임명에 관하여 말하지 않는다.

둘째, 주현(州縣) 관원의 장단점과 득실(得失)에 관하여 말하지 않는다.

셋째, 여러 사람이 저지른 나쁜 일에 관하여 말하지 않는다.

넷째, 관직에 나아가고 기회를 좇아 세도에 붙좇는 일에 관하여 말하지 않는다.

다섯째, 재리(財利)가 많고 적음이나 가난을 싫어하고 부자를 바란다는 것 따위를 말하지 않는다.

여섯째, 외설스런 농지거리며 여색(女色)에 대한 평을 말하지 않는다.

일곱째, 남의 물건을 구하는 것과 술과 음식을 억지로 얻기 위하여 말하지 않는다.

그리고 남이 전해 달라는 편지를 뜯어 보거나 묵혀 두지 말며, 남과 한자리에 앉았을 때 남의 사신(私信)을 엿보지 말라. 남의 집에 갔을 때에 남이 지어 둔 글을 보지 말며, 남에게서 물건을 빌려 와 파손하거나 안 돌려주지 말라. 음식을 먹는 데 가리어 취사(取捨)하지 말며, 남과 함께 있을 때에 자신만의 편리를 취하지 말라. 무릇 남의 부귀를 부러워하거나 헐뜯지 말라.

이 몇 가지 일에 범함이 있으면 족히 그 마음씀이 현명하지 못함을 알 것이니 마음을 바르게 하고 몸을 닦는 데에 크게 해 되는 바가 있는지라, 이에 이것을 써 두고 스스로 경계하는 것이다.
〈范益謙 座右銘〉

范益謙座右銘에 曰, 一不言朝廷利害邊報差除하고, 二不言州縣官員長短得失하고, 三不言衆人所作過惡之事하고, 四不言仕進官職趨時附勢하고, 五不言財利多少厭貧求富하고, 六不言淫媒戲慢評論女色하고, 七不言求覓人物干索酒食하고, 又人付書信을 不可開坼沈滯요, 與人幷坐에 不可窺人私書요, 凡入人家에 不可看人文字요, 凡借人物에 不可損壞不還이요, 凡喫飮食에 不可揀擇去取요, 與人同處에 不可自擇便利요, 凡人富貴를 不可歎羨詆毁니라. 凡此數事에 有犯之者면 足以見用心不肖니, 於正心修身에 大有所害라, 因書以自警하노라.

11

영국 속담에 "근면은 행운의 오른손이요,
절약은 행운의 왼손이다."란 말이 있다.

무왕이 태공에게 물었다.

"사람이 세상에 살아 가는 데 어째서 귀천 빈부가 같지 않은지 원컨대 설명을 들어 이것을 알고자 하오."

태공이 말하기를 "부귀는 성인(聖人)의 덕과 같아서 다 천명(天命)에 말미암거니와 부유한 이는 쓰는 데 절제가 있고 부유하지 못한 이는 집에 열 도둑이 있기 때문입니다." 하였다.

武王이 問太公曰, 人居世上에 何得貴賤貧富不等고 願聞說之하여 欲知是矣로라. 太公이 曰, 富貴는 如聖人之德하여 皆由天命이어니와 富者는 用之有節하고 不富者는 家有十盜니라.

◇무왕(武王) : 주(周) 문왕(文王)의 아들. 부왕의 유업을 이어받아 상(商) 왕조의 폭군 주(紂)를 몰아내고 천자에 올라 주 왕실을 일으켰다. 강태공을 왕사(王師)로 모시고 있었다.

[풀이]

사람이 세상 살아 가는 모습을 보면 어떤 이는 귀한가 하면 어떤 이는 천하고, 누구는 가난한가 하면 누구는 부유하여 서로 차이가 있다. 어째서 그러한가를 두고 무왕은 왕사(王師)인 강태공에게 물어 보았다. 강태공은 무왕의 물음에 우선 "부귀는 성인의 거룩한 덕과 마찬가지로 하늘의 명령에 말미암기는 하나 역시 부유한 이는 쓰는 데 절제가 있기에 그러하고, 부유하지 못한 이는 그 집에 열 도둑의 폐단이 있기 때문에 그러합니다." 하고 답하였다.

12

무왕이 "무엇을 가리켜 열 도둑이라 하오?" 하고 물으니

태공이 "철 맞아 익은 것을 거둬들이지 않는 것이 첫째 도둑이요, 거둬들여 잘 쌓아 두지 않는 것이 둘째 도둑이요, 일 없이 등불을 켜 두고 잠자는 것이 셋째 도둑이요, 게을러서 경작하지 않는 것이 넷째 도둑이요, 공력(功力)을 들이지 않는 것이 다섯째 도둑이요, 지극히 해로운 일만 오로지 행하는 것이 여섯째 도둑이요, 딸을 너무 많이 기르는 것이 일곱째 도둑이요, 낮잠이나 자고 일어나기를 게을리하는 것이 여덟째 도둑이요, 술과 환락을 탐하는 것이 아홉째 도둑이요, 남을 몹시 시기하는 것이 열째 도둑입니다."라고 대답했다.

武王이 曰, 何謂十盜오. 太公이 曰, 時熟不收 爲一盜요, 收積不了 爲二盜요, 無事燃燈寢睡 爲三盜요, 慵懶不耕 爲四盜요, 不施功力이 爲五盜요, 專行切害 爲六盜요, 養女太多 爲七盜요, 晝眠懶起 爲八盜요, 貪酒嗜慾이 爲九盜요, 强行嫉妬 爲十盜니이다.

13

카알라일은 "근면은 덕행의 근본이다."라고 했다.

무왕이 물었다.

"집에 열 도둑이 없는데도 부유하지 못한 것은 어째서인가요?"

태공이 대답했다.

"그런 사람의 집엔 반드시 삼모(三耗)가 있을 것입니다."

무왕이 "무엇을 삼모라 하오?" 하였다.

태공이 대답하기를 "창고가 뚫려 있는데도 가리지 않아 쥐와 새가 어지러이 먹어 대는 것이 첫째 모(耗)요, 거두고 씨뿌리는 데에 때를 놓치는 것이 둘째 모요, 곡식을 흩뜨려 더럽고 천하게 다루는 것이 셋째 모입니다." 하였다.

武王이 曰, 家無十盜而不富者는 何如닛고. 太公이 曰, 人家에 必有三耗니이다. 武王이 曰, 何名三耗오. 太公이 曰, 倉庫漏濫不蓋하여 鼠雀亂食이 爲一耗요, 收種失時 爲二耗요, 抛撒米穀穢賤이 爲三耗니이다.

14

무왕이 물었다.
"집에 삼모가 없는데도 부유하지 못함은 어째서인가요?"
태공이 대답하였다.
"그런 사람의 집엔 반드시 첫째 착(錯), 둘째 오(誤), 셋째 치(痴), 넷째 실(失), 다섯째 역(逆), 여섯째 불상(不祥), 일곱째 노(奴), 여덟째 천(賤), 아홉째 우(愚), 열째 강(强)이 있어서 재앙을 스스로 불러들이는 것이지 하늘이 재앙을 내리는 것이 아닙니다."
무왕이 다시 물었다.
"원컨대 그 내용을 다 듣고 싶소."
태공이 대답하였다.
"아들을 기르며 가르치지 않는 것이 첫째 착(錯)이요, 어린 아이를 가르치지 않는 것이 둘째 오(誤)요, 처음 신부를 맞아들일 때 엄한 교훈을 행하지 않는 것이 셋째 치(痴)요, 말하기 전에 먼저 웃기부터 하는 것이 넷째 실(失)이요, 부모를 봉양하지 않는 것이 다섯째 역(逆)이요, 밤중에 알몸으로 일어나는 것이 여섯째 불상(不 祥)이요, 남의 활을 가지고 쏘기를 좋아하는 것이 일곱째 노(奴)요, 남의 말 타기를 좋아하는 것이 여덟째 천(賤)이요, 남의 술을 마시 면서 남에게 권하는 것이 아홉째 우(愚)요, 남의 밥을 먹으면서 친 구들에게도 먹으라고 억지 쓰는 것이 열째 강(强)입니다."

무왕이 말하였다.

"훌륭하고 참되도다, 이 말이여!"

武王이 曰, 家無三耗而不富者는 何如닛고. 太公이 曰, 人家에 必有一錯二誤三痴四失五逆六不祥七奴八賤九愚十强하여, 自招其禍 요 非天降殃이니다. 武王이 曰, 願悉聞之하노이다. 太公이 曰, 養 男不敎訓이 爲一錯이요, 嬰孩不訓이 爲二誤요, 初迎新婦不行嚴訓 이 爲三痴요, 未語先笑 爲四失이요, 不養父母 爲五逆이요, 夜起赤 身이 爲六不祥이요, 好挽他弓이 爲七奴요, 愛騎他馬 爲八賤이요, 喫他酒勸他人이 爲九愚요, 喫他飯命朋友 爲十强이니다. 武王이 曰, 甚美誠哉라 是言也여.

인간의 내면에 흐르는 것

양주동(梁柱東)

일상 생활 수양의 지침

내가 『명심보감』을 처음 읽은 것은 열 살 전후로 『유합(類合)』, 『계몽편(啓蒙篇)』을 떼고 『논어』를 읽기 전이었는데 지은이가 누구 인지 몰라 궁금했고, 『경행록』이니 『성리서』니 하는 인용이 과연 정확한 것인지 의심쩍었으나 전편(全篇)이 참으로 사람의 일상 생활에 수양의 지침이 될 만한 교훈을 잘 망라한 책이라고 느꼈다. 더욱이 「입교편」은 그러한 특징이 잘 드러나 있다.

우선 이 편 첫머리에 '자왈(子曰)'로 인용된 '육본(六本)'과 『경행록』 의 '이요(二要)·사본(四本)', 『공자삼계도』의 '삼계(三計)'와 『성리서』 의 '오교(五敎)' 곧 유교의 근본 덕목인 '오륜(五倫)'이며, 왕촉의 말인 충신·열녀의 '이불(二不)', 그리고 장(張)·범(范) 두 분의 좌우명 각 십사조, 또 무왕·태공 사이의 문답으로 인용된 '십도(十盜)·삼모(三 耗)' 등 어느 것이나 인생의 지침, 생활의 규범, 일상 덕목의 요강을 보이는 것으로 더구나 소년의 머리에 잘 기억되도록 숫자로 열거한 것이 좋았다. '삼강 오륜'은 말할 것도 없고 '삼계'·'이불' 같은 훈계는 노년에 이르도록 내 머릿속에 영원히 새겨져 있을 만큼 생생하다.

육본(六本)

'입신(立身)'을 효도의 근본으로 삼은 것은 동양 윤리의 특징이요, 좋든 궂든 동양 사람에게는 깨지지 않는 사상이다. 우리가 옛날부터 내려온 이 효 사상에서 소극적 방면만을 섭취한 결과 많은 폐단이 나타난 것은 사실이다. 이를테면 "몸과 머리털·살결은 부모에게 받은 것이니 감히 훼상하지 않음이 효도의 시작이라"는 둥, "효자는 바위나 담 아래 서지 않는다"는 둥 이래서야 어디 이발이나 수술인들 하겠으며, 우주 탐험의 우주인이 되기는커녕 등산가나 운동 선수가 될 수 있겠으며, 전장의 용사나 해외 유학인들 떠날 수 있겠는가! 아닌게아니라 우리 선조가 그리도 나약하고, 무기력하고, 적극적·진취적·모험적이지 못하던 것은 모두 이 소극적 '효도' 사상의 부산물이었다.

그러나 오늘날에 와서는 그 반동과 외래 사조의 영향으로 '효도' 자체의 관념과 사상이 몽땅 청소년의 머리에서 사라져 가는 듯하여 도리어 걱정이다. 현재의 청소년은 '저'만 알고 '애인'이나 아는 대신 저와 애인을 낳고 길러 주신 '부모'는 아랑곳없고 눈앞의 '이익'에만 마음이 쏠리고 '출세'에만 눈이 어두운 반면, 진정한 효도인 '입신양명 이현부모(立身揚名以顯父母)'는 염두에 없는 듯하다. 이런 점으로 보아 "입신하는 데에 의가 있으니 효도가 근본이요'란 첫머리의 공자 말씀은 아직도 현재의 청소년에게 경종이 아닐 수 없다.

상례(喪禮)와 제사에 '슬퍼함이 근본'인 것도 현대 생활에 참고가 된다. 아직도 우리 생활에는 상례·제례에 허식이 많기 때문이다. 옛날 중국의 완적(阮籍)이 유교의 형식과 허례를 싫어하여 모친상을 당한 뒤 조문객이 밀려들 때엔 눈물 한 방울 안 흘리고 술만 마시고 태연히 앉았다가, 그들이 다 간 뒤에 문을 닫아 걸고 문득 "슬피 울고 피를 토하며" 몹시 슬퍼했다는 이야기와 같이 '슬퍼함이 근본임'을 철저히 실행해야 하겠다.

'정치에 농사가 근본'이라는 '농본(農本)주의'는 '공업 제일'을 서둘러야 할 현대 국가로선 약간 후진적 사상이나, '농본(農本)'조차 불완전하여 해마다 막대한 외국 농산물을 수입하는 우리로선 뭐니뭐니 해도 '농·공이 병행'되어야 한다.

공사(公私) 생활의 기본 원리

이요(二要)

정치의 요체를 '공(公)·청(淸)' 살림의 길을 '근(勤)·검(儉)' 각기 두 자로 지적한 것은 현대에도 그대로 적용되는 진리이다. 공·사 기관에 '부정·부패'가 노상 득실거리고 위에서도 '부정 부패 척결'을 새삼 강조하는 오늘날 현실에서, 과연 이 '공(公)·청(淸)' 두 자는 각 관청에 걸리는 액자에 꼭 씌어야 할 표어이다. '근·검' 두 자도 마찬가지다. 경제 발전도 결국 이 두 자를 밑바탕으로 하는 것이다.

사본(四本)

무엇보다 동양 사람은 '가정 중심', '가족 본위'이다. '기가(起家)·보가(保家)·치가(治家)·제가(齊家)'가 만인의 생활 목표로서 그에 대한 '사본'은 다 찬성할 만한 요목(要目)이지만, 그 중 "글을 읽는 것은 집을 일으키는 근본(讀書起家之本)"이라 함은 현대인으로선 좀 의아할 이야기일 듯싶다. 옛날에는 과거·벼슬 등 출세의 길이 오직 글과 책에만 있어 "책 가운데에 저절로 많은 봉록(俸祿)이 있다. (書

中自有萬鍾祿)"고도 하고 "물소리·바람 소리·소나무 소리·댓잎 소리·거문고 소리·노랫가락 소리 등 오만 가지 소리가 자제(子弟)의 글 읽는 소리만 못하다."고도 했지만, 현대 풍경으론 독서 서생(書生)은 속칭 '책벌레'로 '돈벌이 만능'의 현대 사회에서는 가장 초라한 신세가 되고 말았다. 그 한 예로 무애자(无涯子)도 "독서 만 권이 한푼어치만도 못함(讀書萬卷不値一錢)"을 피부로 느끼고 노상 자탄했다. 그러니 필자로서는 '독서 만 권'보다 차라리 '기술 습득' 곧 '한 가지 기술을 몸에 지님(一藝隨身)'을 '집을 일으키는 근본'으로 권장할까.

삼계(三計)

"일생의 계책은 어릴 때에 있고, 한 해의 계책은 봄에 있고, 하루의 계책은 새벽녘에 있다."고 하였다. 세 항목이 모두 지당한 말이다. 무엇이나 첫 시작과 기획이 중요함은 개인이나 국가나 마찬가지다. 필자도 어려서 받은 이 '삼계'의 가르침에 따라 적어도 매일 아침 다섯시에 일어나 그 날 할 일을 곰곰 생각하는 습관을 익혀, 늙은 지금에도 더욱 힘써 행하고 있다. "일찍 일어나는 새가 벌레를 잡는다.(Early bird catches the worm.)"는 서양의 실리적 격언처럼 우리 나라도 이제 치밀한 계획을 세우고 거족적으로 이를 추진해 나아가야 할 것이다.

"한 나라의 계책은 해방 직후에 있다.(一國之計在於解放直後)"를 모토로 진작 해방 당시부터 시작했으면 얼마나 큰 성과를 이룩했을까!

오교(五敎)

이는 곧 오륜(五倫)이다. 이 오륜과 삼강(三綱)은 종래에는 삼척 동자라도 다 알던 유교의 근본 도덕이나 요즈음 청소년 가운데엔 아는

이가 아주 적은 듯하다. 청소년은 고사하고 대학 졸업자나 지식층도 '오륜·삼강'이 무엇인지 물으면,

　　오륜 : 올림픽 마크 〔오륜(五輪)?〕

　　삼강 : 한강·압록강·두만강 〔삼강(三江)?〕

이라 대답하기가 일쑤이다. 딴은 그 대신 '민주주의'를 아는 양하고 '레이디 퍼스트'를 말하고 '휴머니즘' 운운하니 그쯤의 무식은 무방하다 할까.

　이 '오륜' 가운데 '군신(君臣)' 관계는 봉건 유물이니 오늘날 관심을 가질 바가 아니나, 민주주의 하에서 '민관(民官)'간의 덕목은 무엇이어야 할까?

　"남편과 아내 사이에 분별이 있어야 하는 것(夫婦有別)"은 근본적으로 '남녀가 무별(無別)'인 오늘날 좀 문제이나 전문직 여성이 마침 실직한 남편에게 "밥 지으세요.", "방 청소해요." 등을 분부할 때에 남편의 입에서 종종 중얼거려질 방패의 표어가 될 만하다.

　그것보다도 "나이 많은 이와 나이 적은 이 사이에 차례가 있어야 하는 것(長幼有序)"은 나 같은 노인이 버스를 탈 때마다 내심 갈망하는 덕목이나, 실제로는 "나이 많은 이와 나이 적은 이 사이엔 차례가 없는 것(長幼無序)"이거나 "장년(壯年)이 먼저, 노인이 나중"이라는 개정판 순서가 되어 버렸다. 그리고 하도 배신과 속임수 천지의 현대 인간 관계인지라 '벗과 벗 사이에 믿음이 있어야 하는 것(朋友有信)'이 차라리 '회고(懷古)의 노래'로 들리나, 그만큼 오늘날에 이 항목이 재삼 되씹어지는 말이다.

　이불(二不)

　"충신은 두 임금을 섬기지 아니하고, 열녀는 두 남편을 받들지 않

는다.(忠臣不事二君, 烈女不更二夫)"는 왕촉의 유명한 정언(定言 : dictum)에 의거하여 예로부터 지금까지 몇천 년 간 동양 역사에서, 특히 이 나라에서도 얼마나 많은 충신·열사·열녀·정부(貞婦)가 '충·열' 두 자를 지키기 위해 목숨을 기러기 털같이 내던지고 웃으며 죽음의 길을 택했던가? 박제상(朴堤上)·정몽주(鄭夢周)·사육신(死六臣)·최면암(崔勉庵)·도미의 처(都彌妻), 누구누구의 처첩이나 성춘향 등 『삼강행실(三綱行實)』·『오륜행실(五倫行實)』의 「충신·열녀」조에 그려져 있는 화상들, 족보·비명(碑銘)에 새겨져 있는 비절(悲絶)·장절(壯絶)한 기록 등등 근대 사회에 와서 이 장렬한 '절개' 사상은 그만 퇴색을 면하지 못하여 이 모든 장렬한 역사가 일종의 코웃음의 대상이 되고, "흥, 그랬던가?" 쯤으로 회고되고 있음은 가슴 아픈 일이다. 딴은 그 중에 '과부의 수절'이 필요 없어진 것만은 당연한 일이나, 그렇다고 일국 대통령의 미망인이 남편이 작고한 지 얼마 안 되어 해죽거리며 외국의 늙은 부자의 품에 안겨 재혼하는 것을 대수롭지 않게 바라보거나 오히려 찬미하는 풍조가 될 만큼 이 '절개' 사상이 오늘날엔 완전히 무용지물이 되어도 좋을까? 더구나 자신의 구구한 영달만을 위하여 조국을 팔아먹고 겨레를 배반하는 매국노·반역자, 정조를 헌신짝같이 여기고 수표 몇 장이면 백 명의 남자에게라도 몸을 파는 비트족 여성이나 창녀족은 어떠한가! 그러나 문제는 '양심'과 '의리'와 사랑과 신의이다. 사회 제도는 바뀌고 시대는 다를망정, 인류의 양심과 의리는 변하지 않는 법이다. 마치 바다의 표면 물결은 변할망정 그 밑바닥의 흐름은 조용하고 변하지 않는 것처럼. '충신·열녀'란 말이 시대 감각에 맞지 않는다면 대구(對句)를 반으로 줄여 "양심은 불경이심(良心不更二心)"이라 할까.

그러나 나 같은 과도기 학자가 아무리 이렇듯 '절개' 사상을 두둔

하여도 지금의 청년 남녀는 숫제 '절개'란 말의 뜻조차 몰라한다. 식자들조차 "상황 때문에 어쩔 수 없었다."고 하여 신숙주(申叔舟)·이완용(李完用)을 변호하고, 여대생들은 "개인의 행복은 절대"라 운운하며 '재클린 케네디 오나시스'를 탄미한다. 나 같은 노인만이 워낙 소년 시절에 『논어』와 『명심보감』 등 한문책을 읽어서 이렇게 사상이 완강하여 사리에 어둡고 고루한가!

좌우명(座右銘)

우선 '언행·음식·글씨·용모·의관·걸음걸이·거처·응답' 등에 지켜야 할 태도인 '십이필(十二必)'과 '선·악'에 대한 '이여(二如)', 합 14조의 장사숙의 좌우명에 관해 살펴보자. 필자의 관심을 끄는 것은 '걸음을 조용히'라는 한 조이다. 이 표어는 봉건 시대 양반의 걸음걸이로 현대 사회에서 그런 느린 걸음을 하다가는 버스·택시도 탈 수 없는 터이지만, 한편 교통 사고가 많은 거리에선 필자가 아직도 반드시 지키는 준칙이다. 아무리 바쁜 일이 있어도 차가 북새치는 길을 건널 때 필자는 앞뒤 십여 미터에 달려오는 차가 없음을 확인한 뒤에야 천천히 한 손을 들고 '양반 걸음'으로 유유히 건너간다.

범익겸의 좌우명 '칠불언(七不言)'과 '칠불가(七不可)'는 대체로 일상 생활에 지금도 타당한 조목들이다. 특히 전자의 처음 '사불언(四不言)'은 난세에 '명철 보신(明哲保身)'의 철학으로 꼭 유념해야 할 사항이다. 그러나 정치·정부에 관한 일을 일체 '함구(緘口)'로 일관해서야 어디 참다운 민주주의가 발달할 여지가 있을까마는, 주책없는 비평이나 분수에 넘치는 발언으로 부질없이 제 몸만 망치는 것은 고금이 마찬가지다.

인간 불평등론

주 무왕과 태공 사이의 문답으로 되어 있는 '인간 불평등 원인론'의 '십도(十盜)·삼모(三耗)'설 등은 '빈부·귀천'이 모두 천명(天命)이라는 동양적 '숙명설'이라는 점이 못마땅하나, 고대 봉건적·농본적 소규모 생산 제도에선 당연하던 조목이요, 또 우리 현실과 같은 소규모의 농촌 경제에선 아직도 유의해야 할 사항이다. 그 가운데 "일 없이 등불을 켜 두고 잠자는 것이 셋째 도둑(無事燃燈寢睡爲三盜)"이라는 항목이 특히 현대인에게도 뜻이 있는 듯싶다. 일곱째 도둑인 "딸을 너무 많이 기르는 것(養女太多)"은 '여(女)'자가 문제, '딸'이란 말인가, '첩(妾)'이란 말인가?

'삼모(三耗)'는 조그만 일이나 일상 생활에 역시 필요한 사항이라 할 수 있다. 예컨대 쌀·곡식·허드레 들을 함부로 던지지 말라는 것이다.

治政篇
공적 구조의 터전

국가는 구조 위에 서 있다.
사람은 그 구조에 참가하면서 국가의 구성원으로서 일한다.
어떻게 구조의 터전을 마련해 갈 것인가?

1

처음으로 벼슬을 얻은 사람도 진실로 아끼는 일에 마음을 두기
만 한다면 반드시 사람을 구제하는 바가 있을 것이다. 〈明道先生〉

明道先生이 曰, 一命之士 苟有存心於愛物이면 於人에 必有所濟
니라.

◇명도 선생(明道先生) : 북송의 학자 정호(程顥). 그는 주돈이(周敦頤)에게 수학했고 송
대 성리학 발전에 공적이 크다. 그의 아우 이천(伊川) 정이(程頤)와 함께 '이정자(二程子)'
로 존칭된다.

[풀이]

처음으로 벼슬을 임명받은 사람이란, 아직 그 지위가 대단하지 않은 미관
(微官)을 의미한다. 그러한 미관마저도 진실로 아끼는 일에 마음을 두기만
한다면 백성에게 반드시 구제를 베풀 수 있다는 말이다.

2

위에는 지시하는 이가 있고, 중간에는 이를 따라 다스리는 관원
이 있으며, 아래에는 이에 따르는 백성이 있다. 백성이 바친 베로
옷을 지어 입고 곳간에 거두어 둔 곡식으로 밥을 지어 먹으니 너
희의 봉록은 바로 백성의 기름이다. 아래의 백성은 학대하기가 쉽
지만 위에 있는 저 하늘은 속이기 어려우니라. 〈唐太宗〉

唐太宗御製에 曰, 上有麾之하고 中有乘之하고 下有附之하니,
幣帛衣之요 倉廩食之하니 爾俸爾祿이 民膏民脂니라. 下民은 易虐

이어니와 上蒼은 難欺니라.

◇당 태종(唐太宗) : 당나라의 제2대 황제, 이름은 이세민(李世民). 즉위 2년에, 황충(蝗蟲 : 누리)이 농작물을 해치자 몸소 피해를 시찰하고서 황충 두어 마리를 잡다 "백성에게 허물이 있다면 그 책임은 내게 있으니 너희 황충은 의당 나의 심장을 갉아 먹을 것이요, 백성은 해롭히지 말라!"고 하면서 벌레를 삼켜 애민 충정(愛民衷情)을 과시했다.

3

"촛불은 남을 비추어 주고 자신을 태운다."는
스페인 속담은 참다운 봉사 정신을 말해 준다.

벼슬에 임하는 법도는 오직 세 가지가 있으니, 청렴과 신중과 근면이다. 이 세 가지를 알면 몸가질 바를 알리라. 〈童蒙訓〉

童蒙訓에 曰, 當官之法이 唯有三事하니 曰淸 曰愼 曰勤이라. 知此三者면 知所以持身矣니라.

◇동몽훈(童蒙訓) : 송나라의 여본중(呂本中)이 아이들을 가르치기 위해 지은 책.

4

벼슬자리에 있는 이는 반드시 성냄을 경계하라. 일에 옳지 못한 점이 있을지라도 마땅히 자상하게 처리하노라면 반드시 맞을 것이나, 만약 성부터 먼저 낸다면 다른 사람이 아니라 바로 자기 자신에게만 해로울 뿐이다.

當官者는 必以暴怒爲戒하여, 事有不可어든 當詳處之면 必無不中이어니와 若先暴怒면 只能自害라 豈能害人이리요.

5

　임금 섬기기를 나의 어버이 섬기듯 하고, 윗사람 섬기기를 나의 형 섬기듯 하고, 동료와 사귀기를 나의 가족처럼 하고, 여러 이속 (吏屬) 대우하기를 나의 노복(奴僕)이듯 하고, 백성 사랑하기를 나의 처자와 같이 하고, 관청의 일 처리하기를 내 집안 일처럼 하고 난 뒤에야 능히 내 마음을 다했다 할 것이니 만약 털끝만큼이라도 미흡함이 있다면 그것은 모두 내 마음에 아직 극진하지 못한 것이 있기 때문이다.

　事君을　如事親하며，事官長을　如事兄하며，與同僚를　如家人하며，待羣吏를　如奴僕하며，愛百姓을　如妻子하며，處官事를　如家事然後에야　能盡吾之心이니，如有毫末不至면　皆吾心에　有所未盡也니라.

6

"사회 이익에 착안하고 공무를 처리하는 사람은 아직도 극히 적다."고 한 프랭클린의 말은 공무에 임하는 이에게 따가운 일침(一針)이다.

　어떤 이가 이천 선생에게 물었다.

　"부는 영을 보좌하는 자인데 부가 하고자 하는 바를 영이 혹 좇지 않으면 어떻게 합니까?"

　이천 선생이 대답하기를 "마땅히 성의로 움직일 일이다. 지금 영과 부가 서로 맞지 않음은 곧 사사로운 생각으로 다투는 것이다. 영은 고을의 우두머리니 만약 제 부형(父兄) 섬기는 도리로 섬겨서 잘못이 있으면 자신에게로 돌리고, 잘한 일이 있으면 그것이 영에

게로 돌아가지 않을 것을 염려하곤 하여 이 같은 성의를 쌓아 간
다면 어찌 움직이지 않을 사람이 있겠는가." 하였다.

　　或이 問, 簿는 佐令者也라 簿所欲爲를 令或不從이면 奈何닛고.
伊川先生이 曰, 當以誠意로 動之니라. 今令與簿不和는 便是爭私
意요, 令은 是邑之長이니 若能以事父兄之道로 事之하여 過則歸己
하고, 善則唯恐不歸於令하여 積此誠意면 豈有不動得人이리요.

　　◇이천 선생(伊川先生) : 북송의 학자 정이(程頤). 명도(明道) 정호(程顥)의 아우. 주희
(朱熹)와 함께 성리학의 대표적인 학자이다. ◇부(簿) : 관청의 장을 보좌하는 직위. ◇영
(令) : 현읍(縣邑)의 장.

[풀이]
　'부(簿)'란 관청의 장(長)을 보좌하는 직책이다. 만약 현읍(縣邑)의 장인
'영(令)'을 보좌하는 '부'가 의도하는 바를 그 영이 혹 좇지 않으면 어떻게 해
야 좋으냐는 물음에 정이천(程伊川) 선생은 마땅히 성의로 움직일 일이라고
했다. 즉 '부'가 제 부모 형제 섬기는 도리로 '영'을 섬겨서 잘못이 있으면
'부' 자신의 책임으로 돌리고, 잘한 일이 있으면 그것이 '영'에게로 돌아가지
않을 것을 염려하여 어떻게 해서든 그 잘한 일을 '영'의 영광으로 돌리곤 하
여 성의를 쌓아 간다면 그 누군들 '부' 곧 자신을 보좌하는 자의 뜻에 움직이
지 않겠느냐는 것이다.

7

　　유안례가 백성에 임하는 도리를 묻자 명도 선생이
　　"백성으로 하여금 각각 그들의 진정을 알릴 수 있도록 하라."
하고, 부하 통솔의 도리를 물으니
　　"자기를 바르게 함으로써 자기 밖의 것을 바르게 하라."

고 말씀했다.

劉安禮 問臨民한대 明道先生이 曰, 使民으로 各得輸其情이니라. 問御吏한대 曰, 正己以格物이니라.

◇유안례(劉安禮) : 자는 원소(元素), 북송 때의 사람이다.

[풀이]

치자(治者)는 어떻게 백성 위에 임할 것이며, 부하를 통솔할 것인가? 유안례의 물음에 정명도 선생은 그 기본적인 태도에 관해 밝혔다. 백성으로 하여금 각각 그들의 진정을 알릴 수 있도록 강압하지 말라 하고, 먼저 치자 자신부터 바르게 하여 모범이 됨으로써 자기 밖의 모든 것을 바르게 하라고.

8

도끼를 맞이하고서도 바르게 간(諫)하며, 가마에 삶겨 죽기에 이르러도 할 말을 다 한다면 이가 바로 충신이니라. 〈抱朴子〉

抱朴子曰, 迎斧鉞而正諫하며 據鼎鑊而盡言이면 此謂忠臣也니라.

◇포박자(抱朴子) : 진(晉)나라 사람 갈홍(葛洪)의 호이자 그가 지은 책이름. 갈홍은 특히 신선술을 즐겨 닦았으나 국정에 공도 세웠는데 그의 저서 『포박자』의 「내편(內篇)」에서는 신선술을, 「외편(外篇)」에선 시정의 득실과 인사의 좋고 나쁨을 논했다.

[풀이]

군왕의 뜻에 곡종(曲從)하는 이가 충신이 아니다. 임금의 비리를 바로잡기 위해서라면 설령 서슬이 푸른 도끼가 내려지더라도 간할 것은 간하고, 설령 끓는 가마에 삶겨지기에 이르러서도 할 말을 다 하는, 이런 이가 진실로 충신이다. 도끼와 가마 모두 극형의 형구(形具)이다. 죽음을 무릅쓰고라도 바른 대로 간하는 것이 진정한 충신이란 말이다.

국가와 개인의 역할

홍순옥(洪淳鈺)

백성이 관료의 주인이라는 사상

『명심보감』 가운데서 「치정편(治政篇)」이라면 요즈음의 국민 윤리 과목이나, 대학 같으면 정치학과나 행정학과에서 취급할 범주에 속한다.

대학의 정치학 교재나 행정학 교재를 보면 그 다루는 분야가 한없이 많고 복잡하기 짝이 없다. 하기야 이천여 년 문화의 축적에다 금세기 학설의 분출(噴出)은 너무나 벅차서, 학계는 정신을 바짝 차리고도 여기저기 돌아다보며 혈안이 되어 따라가야만 하는 딱한 형편이고, 그러고도 십 년은 뒤진 것 같은 것이 그 실정이니 어찌하랴.

'정책 결정론(Decision making)'이니 '파워 이론(Power theory)'이니 '커뮤니케이션 이론(communication theory)', '행동주의(behaviorism)'니 하여 새로운 '이즘(ism)'이나 '이론(theory)'이 나오면 이것이 무엇인가 뒤질세라 새로운 감각의 단어와 씨름하고 그 해설을 들어야 한다.

그러나 한 가지 공통적으로 느끼는 뒷맛은 별것이 아니고 시시하다는 불평 비슷한 것을 숨길 수가 없다. 과학화는 미시적(微視的) 경향으로 흐르고 형이하(形而下)로 내려가기 때문이다. 하기야 형이상(形而上)으로나 거시적(巨視的)으로 볼 것 다 보았기 때문인지도 모른다. 학문은 학자적(형이상)에서 기술자적(형이하)으로 되어가서 구형(舊型)에서 신형(新型)으로 흐르는 것 같다.

기술자형(技術者型)이 되려면 자연 과학에 종사하는 것이 실용에 가깝다고 느끼는 사람도 있다. '치정(治政)'에도 정치적인 면과 행정적인 면이 겸하여 있으니 기술을 요하는 것은 현대와 같이 대중 사회에서 봉사하는 '네오 리바이어던(neo-Leviathan)' 즉 '큰 정부(big government)'에서 특히 필요하다. 선진 민주 국가의 정치가나 관료들은 훈련이 잘 되어 있어서 백성에게 불편을 덜 주고 봉사하려고 끊임없이 연구하고 있으니 이 점은 다른 어떤 것보다도 앞서 본받아야 할 것이다. 백성에 대한 봉사에는 두 가지가 있으니, 첫째 정신면에서 인민 주권 사상과 법치주의에 투철해야 하고, 둘째 기술면에서 능률적이어야 한다.

이 두 가지는 어느 쪽에 경중(輕重)이 있는 것이 아니고 손바닥과 손등의 관계와 같다. 그러나 기술에 앞서 나는 정신 자세를 먼저 강조하고 싶다. "백성이 관료의 주인"이라는 사상은, 요즘에는 구두선(口頭禪)으로도 망각하고 있는 것 같은 느낌이 절실하다.

이에 대한 좋은 격언으로 『명심보감』의 「치정편」을 보라고 권하고 싶다. 이를 좀 구체적으로 살펴본다.

인민주권 사상의 경제적 표현과 관청 행정의 요체

"백성이 바친 베로 옷을 지어 입고 곳간에 거두어 둔 곡식으로 밥을 지어 먹으니 너희의 봉록(俸祿)은 바로 백성의 기름이다. 아래의 백성은 학대하기가 쉽지만 위에 있는 저 하늘은 속이기 어려우니라." 하고 당 태종은 관리들을 훈계했다.

관리는 백성이 짠 직물을 입고 백성이 농사지어 바친 것을 먹으므로 하민(下民)을 학대하지 말라는 것이니 인민 주권 사상의 경제적 표현으로, 서양의 사회 계약(social contract)에 근거한 추상적인 자연법 사상보다는 더욱 실감나는 구체적인 표현이다. 우리 나라 관료가 특권 계급인 양 하고 국민을 경시(輕視)·하대(下待) 혹은 착취의 대상으로 삼는 폐습은 어디서 유래된 못된 짓일까. 관리들은 대학 출신이 대부분이고 또한 행정계 대학원과 공무원 연수원에서 많이 연수를 받고 있는데, 무엇보다도 인민 주권 사상이나 법치주의가 근본 원리임을 특히 명심하여야 할 것이다.

"관청의 일 처리하기를 내 집안 일처럼 하고 난 뒤에야 능히 내 마음을 다했다 할 것"이라고도 했다. 관사(官事) 처리를 가사(家事) 처리하듯이 하라는 것이니, 이보다 더 인정 있는 관청 행정이 또 어디 있겠는가. 구체적으로는 정교(政敎) 일치의 군주 정치 체제가 되어서 왕을 어버이와 같이, 장관(상관)을 형과 같이, 동료는 가족과 같이, 백성은 처자(妻子)와 같이 여기라고 했다. 이 밖에 하리(下吏)와 가노(家奴)를 동급으로 표현하기도 했다. 지금 관리가 국민을 형제 대하듯 혹은 부모 대하듯 하면서 행정을 처리한다면 사회는 얼마나 명랑해지며 국력의 발전은 얼마나 빨라질 것인가. 돈을 주고 인정을 사는 세상에서 말이다.

한복을 즐겨 입는 필자는 관청에 출입하다가 수위에게 양복을 입었을 때는 당하지 않던 제지를 여러 번 당하였는데, 그 이유를 친구들과 웃으면서 여러 가지로 생각해 보았다. 내가 찾아간 사람은 "자네가 장사꾼처럼 보인 게로군.", "점쟁이로 보지나 않았을까." 하며 웃었지만 지금까지도 개운치가 않다. 무명 두루마기나 입은 백성에게는 어떻게 대할 것인가? 동족을 동족이 존대하지 않으면 누가 존대하겠는가.

또 "영은 고을의 우두머리니 만약 제 부형 섬기는 도리로 섬겨서, 잘못이 있으면 자신에게로 돌리고……."라고 하였다. 상관이 하관(下官)의 기안을 부결하는 경우를 읍장인 '영'과 그 보좌관인 '부'의 경우를 들어 설명했는데 부형을 대하는 도리로써, 성의로써 읍장을 감동시키라는 것이다. 그리하여 공은 읍장에게, 잘못은 자신에게 돌리라는 것이다.

또 지방관은 백성을 대할 때에 백성으로 하여금 각각 그 회포(懷抱)를 숨김없이 풀도록 하라고 했으니 이는 백성과 지방관 사이에 간격이 없고 민정을 밝게 파악할 수 있도록 하는 바요, 신임을 얻을 수 있는 지름길이다. 또한 부하에 대한 통솔 방법은 스스로 모범이 되어 솔선 수범하는 것을 그 요령으로 삼고 있으니 타당한 말이 아닐 수 없다.

관리의 품위 유지는 행정의 요체

「치정편」은 관리의 품위 유지를 행정의 요체로 삼고 있다. 처음 취직한 선비가 자기 아닌 타인(他人)·타물(他物)[물(物)=others]을 진실로 아낄 줄 알아야 한다고 하였는데 그것은 생각하건대 애민(愛民)[=봉사(奉仕)], 이재(理財)[=정확한 관리(管理)]의 첫걸음이요, 그런 관리이면 명관(名官)이 될 수 있을 것이다. 흔히 첫 출발에서 명관이던 사람도 지위가 높아질수록 타락하는 경향이 있으니 출발에서부터 흐린 자세여서야 되겠는가. 이 글은 참으로 처음 취직한 사람의 복무 태도로서 좋은 정신적 지침이다.

그리고 관리의 복무 자세를 청렴(淸廉)·신중(愼重)·근면(勤勉)의 '청(淸)'·'신(愼)'·'근(勤)' 세 자로 열거하여 몸가짐의 요점을 가르치고 있으며, 관리는 절대로 "성냄을 경계하라."고도 하였다. 일이 까다롭고 어렵다고 신경질을 내며 갑자기 '노여움'을 나타내는 것은 평범한 사람으로도 비인격자이며 특히 관리로는 부적격자로 판정될 수밖에 없다. 화를 내는 것은 결과적으로 자기 손해를 가져온다. 더욱이 민주주의 체제의 오늘날 관리가 국민에게 화를 낸다는 것은 상상도 할 수 없는 일이다. 먼저 화를 내는 사람은 의학적으로 이상 심리자로 현대에서는 정신병 환자에 속한다고 취급되어야 할 것이다.

　「치정편」가운데 목숨을 내걸고 군왕에게 정간(正諫)하고 진언(盡言)하는 이가 충신이라 한 것은 매우 중요한 제언이다. 상관에게 아첨하고 비위를 맞추는 것은 나라를 망치는 일이다. 선비는 학문을 한 자로서 뚜렷한 주관이 있어야 하는데, 이것을 가지고도 상관의 잘못을 간하지 않는다면 비겁한 짓이다. 이에 못지않게 상관은 부하의 바른 간언(諫言)을 잘 판단해서 받아들일 줄 알아야 할 것이다.

청(淸)·신(愼)·근(勤)의 공무 윤리

　되풀이하거니와 "봉록은 바로 백성의 기름"이라 하여 "공무원의 봉급은 국민의 세금"이라는 요즘 표현과는 먼 아주 심각한 문자로 [혈세(血稅)라고나 하면 비슷할까] 못박아 관리를 소스라치게 하고 있으니 당 태종 당시의 관리들이 어찌 애물(愛物)하지 않겠으며, 청(淸)·신(愼)·근(勤)하지 않겠으며, 어찌 감히 성내겠으며, 상관에게 성의로 감동하게 않겠으며, 관사(官事)를 가사(家事)와 같이 다하지 않겠으며, 백성으로 하여금 그들의 진정을 표달하게 하지 않겠으며, 부하 통솔에 먼저 자기를 바르게 하지 않겠으며, 군왕에게 정간하고 진언

하지 않겠는가.

　바라건대 요즘의 정치가나 관료, 민간 기업체의 경영진이나 사원, 학생이나 교원까지도 일을 당하여 본말(本末)을 전도(顚倒)함이 없이 근본을 바로 세우고 심사 숙고하면 그 다음 행동은 스스로 풀려나오는 것을 다시 한 번 명심할 기회를 가져 보아야 하겠다.

治家篇
가정 생활의 경영

모든 구성은 합리적인 단위로 이루어져 있다.
개체는 가정의 구성 인자이며
가정은 국가 사회를 이루는 단위이다.
훌륭한 개체는 훌륭한 가정을,
훌륭한 가정은 훌륭한 국가를 만든다.

1

무릇 손아랫사람은 일이 크거나 작거나 가리지 말고 독단으로 하지 말고 반드시 어른께 여쭈어 보고서 할 일이다. 〈司馬溫公〉

司馬溫公이 曰, 凡諸卑幼 事無大小히 毋得專行하고 必咨稟於家長이니라.

[풀이]

집안에는 가장이 있는 법이다. 손아랫사람은 일이 크든 작든 가장에게 여쭈어 보고 행해야 할 것이다. 가장은 인생 체험이 많으므로 젊은이가 미처 모르는 예지(叡智)를 지녔으며, 또 아랫사람이 제멋대로 행동하면 가정의 질서가 깨지기 때문이다.

2

손님 접대는 풍성하게 하되 살림살이는 검소하게 하라.

待客에 不得不豊이요 治家에 不得不儉이니라.

3

카네기는 "나폴레옹 3세의 가정 생활의 파멸은 유제니 황후의 끊임없는 불평과 비평에 기인한 것이며, 톨스토이의 노후의 비극은 그의 부인의 끊임없는 잔소리와 반항에 기인한 것이며, 링컨의 가정적 불행은 부인의 히스테릭한 행동에서 생긴 것이라 한다."고 했다.

못난이는 아내를 두려워하고, 현숙한 여인은 남편을 공경한다.

〈太公〉

太公이 曰, 痴人은 畏婦하고 賢女는 敬夫니라.

4

노복을 부림에 먼저 그들이 배고프고 춥지 않은지 염려하라.

凡使奴僕에 先念飢寒이니라.

5

"어디 간들 나의 집 품안보다
더 좋은 사랑을 받을 것이냐?"란 말이 있다.

자식이 효도하면 양친이 즐거워하고 집안이 화하면 만사가 이루
어지는 법이다.

子孝雙親樂이요 家和萬事成이니라.

6

때때로 불이 날까 예방하고 밤마다 도둑이 올까 방비하라.

時時防火發하고 夜夜備賊來니라.

7

아침 저녁 식사가 이른지 늦는지를 보면 그 집이 흥하는지 쇠하는지 점칠 수 있다. 〈景行錄〉

景行錄에 云하되, 觀朝夕之早晏하여 可以卜人家之興替니라.

[풀이]

일 없이 조석반(朝夕飯)이 늦는 것은 그 집안이 게으른 탓이요, 게으른 집안이 흥할 리 없다. 조석반이 이르고 늦음을 보아 그 집안이 흥하는지 쇠하는지 점칠 수 있다는 말이다.

8

영국의 존슨은 "돈만 위하여 결혼하는 것보다 더 나쁜 것이 없고, 사랑만 위하여 결혼하는 것보다 더 어리석은 것은 없다."고 했다.

혼인의 일에 재물을 논하는 것은 오랑캐의 도이다. 〈文仲子〉

文仲子曰, 婚娶而論財는 夷虜之道也니라.

◇문중자(文仲子) : 수(隋)나라 때의 석학 왕통(王通)을 가리킨다. 조정에 올린 자신의 건의가 받아들여지지 않자 물러나 제자를 길러 냈는데, 당나라 초기에 활약한 방현령(房玄齡)·두여회(杜如晦)·위징(魏微) 등은 모두 그의 문하생이다. 저서로 현재까지 전하고 있는 것은 『중설(中說)』뿐이나 그 밖에 『예론(禮論)』도 있다. '문중자'는 그가 죽은 뒤 제자들이 부른 호이다.

[풀이]

결혼은 인격의 결합이기 때문에 그 기준은 두 사람의 인격 자체에 있지 두 집안의 재물이 많고 적음에 있지 않다. 이러한 결혼의 정도(正道)를 모르고 혼사에 재물이 많고 적음을 논하는 것은 저 야만 오랑캐의 도이지 문화인이 할 바가 아니라는 말이다.

참다운 가정과 사회

박노춘(朴魯春)

국가 사회 생활의 기본 단위로서의 가정

우리 개인 생활의 근거지는 가정이며, 가정은 국가 생활의 기본 단위이다. 개개인의 생활은 가정을 떼어놓고 생각할 수 없다. 사람은 국가 사회라는 공동 생활을 하지 않을 수 없는 숙명의 사교 동물인 만큼 공민으로서의 행복한 개인 생활이란, 국가라는 테두리 안의 가정에서 이루어지는 순탄한 생활을 의미한다. 그렇게 생각하여 볼 때 떠돌아다니며 걸식하는 사람은 말할 것도 없고, 가정을 가지지 않고 물질을 초월한 경지에서 살아 가는 사람도 절대 행복한 삶을 누리고 있다고는 볼 수 없다. 동양 윤리에서는 "심신을 닦고 집안을 다스린 후에 나라를 다스리고 백성을 편안하게 한다."는 순차적인 실천 윤리를 주장한다. 개인의 덕성을 닦는 일이 인격 완성의 기초가 되는데, 개인의 인격은 가정을 잘 다스리는 실천을 통하여 발휘하여야 하고, 그런 실천의 실적을 닦은 사람이라야 국가 사회의 공적(公的) 경영을 이야기할 수 있다는 생각이다. 원만한 가정 생활, 나아가 이상적인 가정 생활이 우리의 생애에서 매우 중요한 폭을 차지한다는 것을 알 수 있다.

'치가(治家)'는 요즈음 말로 하면 '가정 경영'이 되니 가정을 원만하고 화목하게 꾸려 가는 도리이다. 가정은 국가의 구성 단위인 만큼 국가에 원수(元首)가 있듯이, 가정에는 이른바 가장이 있게 마련이다. 가장이란 법률적으로는 호주나 세대주가 될 경우가 많으나, 남자가 가장일 경우 그 남자 가장에 못지않은 것이 주부의 위치다.

한 가정의 주인과 주부, 이 두 사람은 한 집안을 떠메고 버티고 서 있는 두 기둥이다. 이 두 기둥이 약하면 집안이 위태롭고 꺾이면 집 안이 쓰러지고 만다. 더군다나 두 기둥 중 한 쪽이 다른 한 쪽과 나란히 서지 못할 때에는 원만하고 화목한 가정 생활을 바랄 수 없다.

주인과 주부를 또 달리 비유하건대 인체의 좌우 양손이나, 수레의 좌우 두 바퀴와 같다. 그러므로 한 쪽이 부족할 경우에는 다른 한 쪽이 그것을 보충할 수 있어야 하고, 두 가지가 갖추어져 있지 않다면 완전하다고 볼 수 없다.

이렇게 부부가 가정의 중심인데, 둘 사이에 주종을 가리려 하고, 누가 주도권을 잡느냐는 문제로 시끄러운 가정 불화가 일어난다. 그러나 위에서 말한 바와 같이 이 두 사람은 제각기 맡은 역할이 다르다. 남편이 맡아서 할 일과 아내가 할 일이 따로 있다.

"못난이는 아내를 두려워하고, 현숙한 여인은 남편을 공경한다."고 했다. 이 말은 진실로 뜻이 깊다. 또 역설적인 의미를 포함한 말이다. 어리석은 남편이 아내를 두려워한다고 하였으니 슬기로운 남편은 아내를 두려워하지 않는다는 말이 되고, 슬기로운 아내가 남편을 공경한다고 하였으니 어리석은 아내가 남편을 업신여긴다는 말이 된다. 참으로 옳은 말이다. 똑똑한 남편과 아내의 경우, 누가 누구를 싫어한다든지 두려워할 것도 없고 서로 사랑하고 공경할 것이다. 바꿔 말하면 부부가 합심 협력하여 가정을 이끌고 나갈 것이다.

가정 정치로서의 가정(家政)

가정을 다스리는 '가정(家政)'은 모름지기 양두(兩頭) 정치가 되어야 할 것이다. 두 사람이 주도권을 함께 가지고 협조하면 된다. 그것을 옛날에는 "집안을 주장한다."고 하였는데 그 '주장'의 폭을 많이 차지하는 쪽을 내세워서 '바깥주장'이니 '안주장'이니 하였다. 그래서 남편이 전제(專制)한다는 전제(前提) 아래에서 즉 바깥주장이어야 한다는 생각에서 남편의 주관 영역을 아내에게 침범당하였을 때 '안(內)주장'이라고 손가락질하였고, 그 남편의 처지를 '엄처 시하(嚴妻侍下)'라고 불러서 비웃기도 하였으니 '엄처 시하'는 요즘 말로 공처가니 경처가니 하는 말이 된다. 이런 이름을 듣지 않도록 부부는 두 손뼉처럼 한 쌍이 되어 언제나 함께 가정을 경영하여야 할 것이다.

가정에서 아랫사람이나 어린 사람이 제 마음대로 하지 말고 어른께 여쭈어 보고 하는 것도 가정의 질서를 유지함에는 필요한 일이다. 그렇다고 아랫사람이나 어린 사람의 좋은 의견을 무조건 말살하고 좋은 실천을 금지해서는 안 될 것이다. 아랫사람이거나 어린 사람이거나간에 나름의 인격이 있고 나름의 의견이 다르니, 인격을 인정하여 주어야 하고, 의견을 존중하여야 할 오늘날에는 아랫사람이나 어린 사람이라고 하여 그들의 의견과 실천을 무조건 들어 주지도 않고 하지 말라고만 하여서는 안 된다. 집안 어른께 여쭈어 보라고 하는 속뜻은 그들의 의견에는 미처 덜 생각한 것이 있을지 모르고 그들의 행동에는 옳지 못한 것이 있을지 모르니, 그런 것에 대한 올바른 판단을 내릴 수 있는 것이 경험과 실천을 가진 어른의 헤아림이기 때문이다.

가정의 재정을 관리하는 것은 주부의 책임이다. 남편은 가정의 수입을 늘리는 면에서 활동하면, 아내는 그 수입으로 절약하고 검소하게 생활하여 대외적으로 살림에 빈궁한 티를 보이지 말아야 하겠다.

"손님 접대는 풍성하게 하라."고 하였지만 꼭 손님을 접대할 때만 풍성하게 하라는 뜻은 아니고, 오히려 남과 교제할 때 자기의 분수에 지나친 허례적인 물질 교제를 삼가라는 뜻이다. 필요 이상으로 풍성을 과시하는 허세를 부리지 말고 오직 빈약함이 두드러지게 눈에 띄게 하지 말아야 함을 뜻한다.

한 가정에는 가족 외에 부려야 할 식구도 있다. 주인이나 주부는 가정부 같은 상주(常住) 고용인이나 임시 고용인에게 항상 마음을 쓰고 따뜻한 마음씨로 대해 주어야 한다. 남에게 부림을 받는 사람은 자기네가 낮고 약한 자리에 있다는 자격지심을 갖기 쉽다. 그 사람들의 처지가 되어서 생각하여 보면 물질적으로 동정하는 것만이 잘하는 일이 아니라는 것을 깨달아 속마음에서 우러나오는 따뜻한 인간미를 맛보도록 해주겠다고 생각하게 될 것이다. 그렇게 되면 그들도 감복하여 더 힘껏 주인의 일을 보살펴 줄 것이다. 주머니를 털어 보아도 한 푼도 없어서, 구걸하는 거지에게 진심에서 우러나오는 악수를 하여 주었더니 돈을 주는 이보다 더 감격하여 고마워하더라는 말이 투르게네프의 산문시에 나온다. 이런 심정으로 대해 주어야 한다. "먼저 그들이 배고프고 춥지 않은지 염려하라."는 말은 그 사람들의 곤궁한 처지를 동정하여 물질적으로 충분하게 갚아 주라는 뜻만이 아니라 고용주라는 특권 의식을 버리고 평등 의식을 가지고 인간적으로 대하라는 점을 강조한 말이다.

가정은 평화의 상징이 되어야 한다. 가정 하면 단란·화목을 연상하게 되는데 어느 가정이나 모름지기 그러하여야 한다. 자식이 효도하면 어버이가 즐거워하니 자연히 집안이 화목하게 될 것이다. 집안이 화목하여야 모든 일이 잘 된다는 것은 가족끼리 합심·합의하여 상부·협조하게 되니까 그러한 것이다.

가족은 부지런하여야 한다. 사회 생활에서도 부지런하여야 하지만, 특히 가정 생활에서는 모든 가족이 부지런하여야 한다. 식구가 부지런한 가정은 잘 살게 된다. 옛말에도 "큰 부자는 운수를 타고나야 하지만 작은 부자는 부지런하면 된다."는 말이 있다. 부지런한 가족은 불이나 도둑에 대한 예방책도 당연히 강구한다.

결혼 문제에 관하여 한 마디 없을 수 없다. 구혼을 하는 데 대상자를 재산이 많고 적음을 저울질하여 정하는 것을 이 「치가편」에서는 통렬히 매도하였다.

어디까지나 재산·학식·사회 지위 등이 그다지 큰 차등이 없는 위치에서 서로 취미·기호가 맞고 이상이 맞는 대상을 구하여야 한다. 상대자의 인품을 보지 않고, 오직 재산만을 표준으로 '돈에 팔려 가는' 신랑·신부가 되어서는 안 되겠다.

결혼이란 일생 중 진정한 의미의 인생이 새로 생겨나는 중대한 계기인데, 자신부터 '황금의 노예'가 되어 배우자마저 '황금의 노예' 속에서 찾는 격의 결혼 관념을 우리는 민족 정기를 확립한다는 점에서도 엄중히 배격하여야 하겠다.

•••••••

安義篇
인륜의 기본

•••••••

인간은 태어나면서부터 관계 속에 얽혀든다.
부부 관계, 부자 관계, 형제 관계…….
한 인간의 성공과 실패는 이런 관계를
올바르게 유지하는 데 달려 있는 것이 아닐까?

1

사람이 있은 뒤에 부부가 있고, 부부가 있은 뒤에는 부자(父子)가 있고, 부자가 있은 뒤에는 형제가 있나니, 한 가정의 친속(親屬)은 이 셋뿐이다. 이에서부터 나아가 구족(九族)에 이르기까지는 모두 이 삼친(三親)에 뿌리를 두는지라 인류에게 가장 중요한 것이니 돈독하지 않게는 못하리라. 〈顔氏家訓〉

顔氏家訓에 曰, 夫有人民而後에 有夫婦하고, 有夫婦而後에 有父子하고, 有父子而後에 有兄弟하니, 一家之親은 此三者而已矣라. 自玆以往으로 至于九族이 皆本於三親焉故로 於人倫에 爲重也이니 不可不篤이니라.

◇안씨가훈(顔氏家訓) : 남북조 시대의 문신이자 학자이던 안지추(顔之推)가 지은 책. 자손에게 주는 훈계의 책으로서 입신 치가(立身治家)의 법을 논함. ◇구족(九族) : 고조로부터 증조, 조부, 부친, 자기 아들, 현손까지의 동종 친속의 범위를 일컫는 말. 자기를 본위로 직계친은 위로 4대 고조, 아래로 4대 현손까지이며, 방계친은 고조의 4대손이 되는 형제, 종형제, 재종형제, 삼종형제까지이다.

2

형제는 팔다리와 같고 부부는 옷과 같으니, 옷이 해어졌을 때는 다시 새것을 얻을 수 있지만 팔다리가 끊어진 곳은 잇기가 어렵다. 〈莊子〉

莊子曰, 兄弟는 爲手足하고 夫婦는 爲衣服이니, 衣服破時엔 更得新이어니와 手足斷處엔 難可續이니라.

[풀이]

　형제와 부부의 비중을 놓고 어느 것이 더 무거운가를 질문한다면 여러 대답이 나올 것이다. 적어도 유교적 전통에서 살아 온 동양인은 혈연 중심의 사고 방식에 기인하는 형제 우위(優位)를 숭상할 것이다. 이 구절은 바로 이러한 사고 방식을 뒷받침해 준다. 요즘에는 이러한 관점이 매우 비판적으로 받아들여지리라.

3

포르투갈의 속담에 "부자 친구 집에는 부를 때에 가고 가난한 친구 집에는 부르지 않아도 가라."고 했다.

　부유하다고 친하지 않으며 가난하다고 멀리 하지 않음은 바로 사람 가운데 대장부다운 일이요, 부유하면 나아오고 가난하면 물러남은 바로 사람 가운데 소인배 짓이다. 〈蘇東坡〉

　蘇東坡가 云하되, 富不親兮貧不疎는 此是人間大丈夫요, 富則進兮貧則退는 此是人間眞小輩니라.

[풀이]

　부자라 해서 반드시 미덕을 갖추었다고 말할 수는 없다. 마찬가지로 가난하다 해서 악덕을 지녔다고 말할 수 없다. 친교(親交)의 계기를 빈부로 측정할 수는 없다. 눈앞의 상황에만 급급할 일이 아니며, 인생을 긴 안목으로 보며 살아 가야 함을 가르친다.

인간 조건으로서의 생활 윤리

황산덕(黃山德)

도덕의 기본적 원리로서의 오륜(五倫)

유교에서는 우리가 잘 알고 있는 바와 같이 도덕의 기본적인 원리로서 오륜(五倫)을 들고 있다. 군신 유의(君臣有義)·부자 유친(父子有親)·장유 유서(長幼有序)·부부 유별(夫婦有別)·붕우 유신(朋友有信)의 다섯 덕목이 그것인데, 그 가운데 군신은 국가 생활, 붕우는 사회 생활, 부자·장유·부부는 가족 생활의 윤리 관계를 말한다.

옛날에는 국가 생활, 사회 생활, 가족 생활의 기본 단위가 대가족 제도에 의해 이루어져 있었으므로 모든 윤리가 가족을 기초로 형성되었다.

『안씨가훈』에서도 부부·부자·형제의 삼친(三親)이 인륜에서 가장 중요하다고 주장하고 있다.

가족 위주의 이러한 사고 방식을 봉건적이라고 해서 비웃는 이가 있을지도 모른다. 또 자기 한 몸을 돌보지 않고, 자기 집안 사람들을 생활고에 팽개쳐 두는 한이 있더라도 국가와 사회를 위하여 모든 것을 바치는 생활 태도가 더 바람직하다고 말하는 이가 있을 수도 있다. 물론 과거의 대가족 제도를 오늘날에도 그대로 찬양하려는 것은 아니다. 이런 의미의 가족 제도는 오늘날 거의 붕괴되었으며, 부부와 그 사이에서 태어난 자식들만으로 이루어지는 핵가족이 인간 사회 생활의 기본 단위가 되기에 이르렀다. 그러나 사회 생활의 실정이 이처럼 달라졌다고 할지라도 본문에서 주장된 것과 같은『안씨가훈』의 사고 방식은 여전히 깊은 의의를 가지고 있다고 보아야 한다. 왜냐 하면 비열한 인격의 소유자가 인간 사회에 관하여 아무리 그럴싸한 말을 할지라도 우리는 그것을 곧이들을 수 없으며, 또 자기 집안 사람을 불행 속에 처박아 둔 채 국가와 사회를 위하여 '진정으로' 도움이 되는 일을 하는 사람을 우리는 보지 못하였기 때문이다.『안씨가훈』의 이러한 주장은 아주 평범하고 고리타분하게 느껴질지는 모르나, 오늘날에도 여전히 깊은 교훈을 남겨 준다.

형제를 팔 다리에 비유하고, 부부를 옷에 비유하고는 옷은 찢어지면 갈아 입을 수 있지만 팔 다리는 잘라지면 다시 붙일 수가 없으니, 부부 관계보다 형제 사이의 우애가 더 중요하다는 것이 장자가 한 말의 뜻이다. 그러나 현대인의 감각에서 본다면, 이런 주장은 어딘가 어색한 점이 있다.

본문의 주장은 대가족 제도를 전제로 한 것이라고 생각된다. 고대 중국에서는 많은 형제가 대가족의 기본이 되었을 것이며, 수많은 처첩은 집안의 노동에 종사하고 또 새로운 가족을 생산하는 사명만을 가지고 있었을 것이다. 이러한 처첩이 그 사명을 다하지 못하여 아이를 제대로 낳지 못하는 경우에는 언제든지 쫓겨날 수 있었으며,

또 새로운 다른 여자를 맞아들일 수가 있었다. 여자의 지위는 이처럼 비참하였는데, 이러한 가족 제도를 전제로 한다면 장자의 주장은 그런 대로 일리가 있다고 말할 수도 있다.

그러나 오늘날은 사정이 많이 달라졌다. 오늘날에는 부부 사이의 관계가 가족 생활의 중심으로 자리잡았다. 물론 부부 관계라는 것이 절대 불가침의 영역은 아니고 실제로 이혼이 증가 추세인 것은 사실이지만, 건전한 부부 관계를 전제로 하는 경우 가족 생활 안에서의 비중은 가장 무겁다. 하기야 부부 관계와 형제 관계가 다 원만하다면 더 이상 바랄 것이 없겠지만, 소가족 제도 안에서 부부 사이가 원만하지 못하면서 형제끼리 자주 내왕한다면 그 가정은 파란을 면하지 못할 것이므로 그 중에서 꼭 하나만을 택해야 한다면 역시 원만하고 행복한 부부 관계를 먼저 택해야 할 것이다.

이렇게 볼 때 장자가 한 말은 부부 관계가 모두 나쁘든지 또는 부부 관계만 나쁘고 형제 관계는 좋은 경우에만 통할 수 있는 것이며, 부부 관계가 원만한 경우에는 절대로 인정해서는 안 된다고 생각한다. 그리고 부부 관계가 원만하지 못한 경우에는, 장자의 말을 빌릴 필요도 없이 언제든지 그 관계는 해소될 수 있다는 것이 현대인의 생활 감정임을 지적해 둔다.

고금을 통한 인간 심리의 묘리(妙理)

대장부와 소인배를 구별한 소동파의 "부유하다고 친하지 않으며 가난하다고 멀리 하지 않음은……" 하는 말은 오늘날에도 그대로 들어맞는다. 소동파는 다만 부와 가난을 비교하면서 대장부와 소인배를 구별하였지만 권력을 가진 자와 못 가진 자, 여당과 야당에 대한 태도에 따라서도 이러한 구별은 가능할 것이다. 우리 나라 속담에

"정승집 개가 죽으면 문상객이 줄지어 몰려들지만, 정승 자신이 죽으면 아무도 찾아가지 않는다."는 말이 있는데, 이것도 소동파의 이 구절과 같은 뜻이라고 볼 수 있다.

소동파의 글에 구태여 사족을 좀 붙인다면 "…하다고 해서 특별히"라는 말을 붙이는 것이 좋으리라고 생각된다. 원문에는 그저 "부유하다고 친하지 않으며 가난하다고 멀리 하지 않음은……"으로 되어 있지만 "부유하다고 해서 특별히 친하게 하지 않고 가난하다고 해서 특별히 멸시하지 아니함은……"으로 고치는 것이 소동파의 참 뜻을 나타낼 것이기 때문이다.

• • • • • • •

遵禮篇

인간 관계로서의 예절

• • • • • • •

우리 나라를 동방 예의의 나라라고 불러 왔다.
사람 사이의 예의는 서로의 인격을 바탕으로 이루어진다.
예의가 바르다는 것은 인격이 고상하다는 말이 아닌가.

1

가정에 예가 있으므로 장유(長幼)가 분별되고, 집안간에 예가 있으므로 삼족(三族)이 화목하게 되고, 조정에 예가 있으므로 관작(官爵)에 차서(次序)가 있게 되고, 사냥에 예가 있으므로 군사(軍事)가 숙달되고, 군중(軍中)에 예가 있으므로 무공이 성취된다.

子曰, 居家有禮故로 長幼辨하고, 閨門有禮故로 三族和하고, 朝廷有禮故로 官爵序하고, 田獵有禮故로 戎事閑하고, 軍旅有禮故로 武功成이니라.

◇삼족(三族): 부・모・아내 세 계통의 친족 및 척족(戚族).

[풀이]

'예(禮)'란 질서를 이루려는 준칙이니 사람 사회엔 반드시 있게 마련이요, 또한 따라야 하는 것이다. 가정에 예가 있어 이에 따름으로써 장유(長幼)가 분별되고, 집안간에 예가 있어 이에 따름으로써 삼족(三族)이 화목하게 되고, 조정에 예가 있어 이에 따름으로써 관작(官爵)에 차서(次序)가 있게 되고, 사냥에 예가 있어 이에 따름으로써 군사(軍事)가 숙달되고, 군중(軍中)에 예가 있어 이에 따름으로써 무공이 성취되는 법이니 예는 반드시 따라야 할 것이다.

2

군자가 용기만 있고 예가 없으면 난동하게 되고, 소인이 용기만 있고 예가 없으면 도둑질을 저지르게 된다. 〈孔子〉

子曰, 君子 有勇而無禮면 爲亂하고 小人이 有勇而無禮면 爲盜
니라.

[풀이]

여기서 '군자(君子)'란 상류 지식층의 사람, '소인(小人)'은 하층민을 가리킨
다. 상류 지식층의 사람이 용기만 있고 예가 없으면 난동으로 흐르기 쉽고,
하층민이 용기만 있고 예가 없으면 도둑질을 범하기 쉽다는 것이다. 용(勇)
과 예(禮)는 상충되기 쉬운 것으로 이 두 가지를 겸해 갖추어 조화시켜야 한
다는 말이다.

3

에머슨은 "예의와 사양은 조금만 자기를 이기면 된다."고 말했다.

조정에서는 벼슬보다 더한 것이 없고, 마을에서는 나이보다 더
한 것이 없고, 세상을 돕고 백성을 기르는 데에는 덕보다 더한 것
이 없다. 〈曾子〉

曾子曰, 朝廷엔 莫如爵이요, 鄕黨엔 莫如齒요, 輔世長民엔 莫如
德이니라.

◇증자(曾子) : 이름은 삼(參), 자는 자여(子輿)이다. 공자의 제자로서 정통 계승자가 되
었고, 특히 효행으로 이름난 이다. 오늘날 전하고 있는 『효경(孝經)』은 그가 지은 것으로
알려져 있다.

4

노소 장유(老少長幼)는 하늘이 부여한 질서이니 이치를 어겨 도

를 상하게 해서는 안 되느니라.

老少長幼는 天分秩序이니 不可悖理而傷道也니라.

5

문 밖에 나설 때에는 마치 큰 손님이라도 뵈올 듯이 하고, 방으로 들어설 때에는 늘 사람이 있는 것처럼 하라.

出門에 如見大賓하고, 入室에 如有人이니라.

6

남이 나를 정중히 대해 줄 것을 바라거든 무엇보다 내가 먼저 남을 정중히 대해 주라.

若要人重我인댄 無過我重人이니라.

[풀이]
누구나 남에게 무례한 행동을 당하면 불쾌하지 않을 사람이 없으리라. 남에게 정중한 대우를 바란다면 내가 먼저 남을 정중하게 대우하는 것만이 그런 대우를 받을 수 있는 최선의 길이다.

7

아버지는 아들의 덕을 말하지 않고, 아들은 아버지의 허물을 말하지 않는다.

父不言子之德하고 子不談父之過니라.

현대 생활에서의 예의

박성의(朴晟義)

만사의 근본이 되는 예

　'준례(遵禮)'는 예(禮)를 따른다는 말이다. 예로부터 중국을 비롯해 우리 나라는 '동방 예의의 나라'라 일컬어져 왔다. 이 명칭에서 우리 겨레가 예의를 잘 지켜 왔음을 알 수 있다.

　그러면 예란 무엇인가? 이것은 곧 외면적인 규율로서 크게는 제도나 법률로부터 작게는 의식(儀式)이나 행동까지를 포괄한 말이다. '예'의 기록인 『예기(禮記)』를 보면 "도덕 인의(道德仁義)도 예가 아니면 이루어지지 않고, 가르쳐 훈계하고 풍속을 바로잡는 데도 예가 아니면 갖춰지지 않고, 쟁송(爭訟)도 예가 아니면 판결할 수 없고, 군신(君臣)·상하(上下)·부자(父子)·형제도 예가 아니면 결정되지 않고, 스승을 섬기는 데에도 예가 없으면 친밀함이 없고, 조정에도 군중(軍中)에도 제사(祭祀)에도 예가 없으면 위엄이 없다."고 했다. 이것을 보면 예란 모든 일의 근본임을 알 수 있다.

　여기서 말한 공자의 예관(禮觀)은 이천여 년 전의 말이지만 오늘에도 적합한 말이라 할 수 있다.

　한 가정에 예의가 없으면 집안이 문란해진다. 공자는 집안에 예의가 있기 때문에 장유의 분별이 있다고 했다. 요사이 서양물이 들어 젊은이들이 어른을 섬길 줄 모르고 남녀 평등, 인권 평등을 구실로 삼아 버릇없이 행동하는 경우가 허다한 것은 이런 말의 참뜻을 잘 모르기 때문이다. 서양 사람들도 서로 예의를 지킬 줄 안다. 자식이 부모에 대한 예의를 모르고 부부 사이에도 예의를 지킬 줄 모른다면 그 가정은 문란해지고 말 것이며, 어린이나 젊은이가 어른을 섬길 줄 모르면 그 사회는 질서 없는 사회가 되고 말 것이다.

　그러므로 가정에도 예의가 있기 때문에 족히 화목하다고 했다. 부부 사이에도 서로 사랑만 알고 아내가 남편에게 예의를 지킬 줄 모르고 남편 또한 아내에 대한 예의가 없다면 갈등과 싸움이 끊이지 않을 것이다. "친한 사이에도 예의가 있어야 한다."는 말이 있는데 가장 친한 부부 사이에도 마찬가지로 해당된다. 남녀 평등이란 뜻을 오해하고 그 사이에 예의가 없다면 화목한 가정을 이루기가 어려울 것이니 이 점을 공자는 이천여 년 전에 벌써 갈파했다.

　이와 마찬가지로 조정에도 예의가 있어야 하는데 관청에서는 상하 간에 서로 예의를 지켜야 할 것이며, 농사를 짓든 사냥을 하든 전장에 나가든 예의가 있으면 화목하고 공을 세울 수 있다는 것이다. 오늘날의 관점에서 보더라도 공자의 말은 지당한 말이라 아니 할 수 없다.

예와 만용과의 배울(背律)

　공자는 또 용맹하기만 하고 예의가 없으면 세상을 어지럽게만 하고, 소인이 용맹만 있고 예의가 없으면 도둑질을 한다고 했다. 이것도 사실이다.

쓸데없는 용기를 '만용(蠻勇)'이라고 말하는데, 이것은 자신에게 손실일 뿐 아니라 사회를 어지럽게 하는 짓이다. 이를테면 9층 빌딩에서 헛된 용기를 부려 뛰어내린다면 자기도 죽을 뿐 아니라 길 가는 사람들을 소란하게 할 것이다. 요사이 깡패 중에 흔히 있듯이 공연히 헛된 용기를 부려 행인에게 시비를 걸어 사람을 친다면 무례함은 말할 것도 없고 세상을 어지럽히는 일밖에 되지 않는다. 그러므로 용기만 있고 예의를 지킬 줄 모르는 사람이 많다면 문란한 세상이 되고 말 것이다.

그리고 군자는 용기가 있으면 큰 일을 하고 희생적인 좋은 일을 하거니와, 반대로 소인이 용맹만 있고 예의를 지킬 줄 모르면 남의 물건을 훔치거나 남을 죽이는 일까지 저지른다. 옛날에는 간신 소인배들이 상관에게 아첨하고, 자기의 이익을 위하여 만용을 부려 살생까지도 서슴지 않고 저질렀다. 이런 일은 현사회에도 없지 않다. 이런 짓은 모두 인간 만사의 근본이 되는 예의를 지킬 줄 모르는 데서 말미암은 것이다. 예에 관한 공자의 말은 인간이 살아 가는 데 영원한 진리라 하겠다.

덕치를 모토로 하는 예의 실천

공자의 제자로서 효행으로 이름난 증자는 "조정에서는 벼슬보다 더한 것이 없고, 시골에서는 나이보다 더한 것이 없고, 세상을 돕고 백성을 다스리는 데는 덕보다 더한 것이 없다."고 했다.

여기서 벼슬보다 더한 것이 없다는 말은 관리 사회의 상하 분별을 이야기한 것으로 그 사이에서 예절을 지킬 것을 말한 것이다. 즉 지위가 낮은 사람은 높은 사람에게 지위에 따른 응분(應分)의 예절을 갖추라는 뜻일 것이다. 요사이 '하극상(下剋上)'이란 말이 있다. 아랫사람이 상관에게 불손한 태도를 취하는 것을 일컫는다. 이렇게 되면 상하의 질서가 문란해질 것이다. 그러므로 지위가 아래인 사람은 상관에게 예의를 갖춰야 한다. 그러나 증자의 말은 아랫사람의 윗사람에 대한 태도만으로 보이는데, 그렇다면 잘못이다. 상관도 부하에게 예의를 지켜야 함은 당연한 일이다. 하극상이 일어나는 원인이 흔히 부하에 대한 지나친 무례로 말미암는 경우가 많기 때문이다.

　마을에서는 나이보다 더한 것이 없다는 말도 마찬가지다. 공직에 있지 않은 고을 사람들 사이에는 지위를 따지기가 곤란하므로 나이를 따져 윗사람을 섬기라는 뜻이다. 그러나 나이 많은 사람도 손아랫사람에게 예의를 지켜야 함은 물론이다.

천리와 인간의 도

　세상을 돕고 백성을 다스리는 데는 덕이 제일이라 했다. 『논어(論語)』에 "덕이 있는 사람은 외롭지 않고 반드시 이웃이 있다."는 말이 있다. 덕망이 있어야만 사람들이 따르고 그 말을 순종한다. 그러므로 세상이나 백성을 다스리는 데에는 덕이 있어야 한다. 옛날부터 정치에는 법치(法治)보다 덕치(德治)를 주장했다. 오늘날에도 법만 따지지 말고 덕으로 다스리는 것이 아쉽다.

　노소(老少)나 장유(長幼)는 하늘이 나눈 질서라고 했다. 이것은 삼강 오륜 사상의 '장유 유서(長幼有序)'와 같은 뜻이다. 우리 인간에게는 늙은이와 젊은이의 나눔이 있고, 어른과 어린이의 분별이 있으니 이 사이에는 차례가 있어야 한다는 것이다. 아무리 노소 동락이라 하지만 그 사이에는 질서와 예의가 있어야 할 것이다. 이러한 분별의 이치를 어기면 사람의 도를 어기는 것이다. 참으로 인간 만사는 그 차례가 있어야 하니, 우리는 이 천리(天理)를 지킴으로써 순조로운 생활을 할 수 있을 것이다.

문 밖에 나갔을 때는 손님을 대한 듯이 하고, 남이 없는 방안에 있을 때는 사람이 있는 듯이 하라는 말은 항상 몸가짐을 조심하라는 뜻이다. 또 예의의 필요성을 강조한 옛말로 홀로 있을 때 삼가라는 말이 있다. 남이 없다고 해서 예에 어긋난 짓이나 사심(邪心)을 가진다면 사람의 도리가 아닐 것이다.

남이 나를 소중히 여기기를 바란다면 먼저 내가 남을 소중히 여길 줄 알아야 한다고 했다. 세상에는 남은 업신여기고 자기만 소중히 여기는 사람이 있다. 자기를 소중히 생각한다면 남도 소중히 생각해야 한다. 이것이 요사이 말하는 인권 평등 사상이기도 하다. 유아 독존(唯我獨尊)식으로 나만 알고 남은 몰라라 하는 생각은 공동 사회의 평화를 어지럽게 한다. 사람은 남의 인격을 존중하고 겸손한 마음을 가짐으로써 평온한 사회를 이룰 수 있다. 나와 남 사이의 근본이 되는 예가 있어야 한다.

현대 생활에서의 대인적(對人的) 예의

아버지는 아들의 덕을 남에게 자랑하지 말 것이며, 아들은 또 아버지의 허물을 남에게 말하지 말라고도 했다. 자식이 아무리 잘났다 해도 남에게 자랑하는 것은 보기 좋지 않고, 아버지가 아무리 잘못한 점이 있다 하더라도 남에게 소문내고 떠들어 대는 것은 역시 보기에 안 좋다. 자식의 잘난 점이나 부모의 잘못은 남이 판단한다. 부모가 자식 자랑을 하면 보기에 우습고 부모에게 비록 허물이 있다 해도 자식이 떠들어 대면 남이 보기에는 불효로 보일 뿐이다.

자식의 훌륭한 점은 그 부모가 자랑하는 것보다 남이 알아 주어야 가치가 있고, 부모에게 허물이 있으면 자식의 도리로서 그것을 될 수 있는 대로 숨기고 부모가 그 잘못을 고치도록 간언을 해야 할 것이다.

이상의 모든 말은 한 마디 한 마디가 모두 옳은 것으로서 현대 인간도 일상 생활에서 실천해야 할 명언이다.

• • • • • • •

言語篇

진정한 언어 생활의 길

• • • • • • •

말 한 마디가 한 나라의 흥망을 좌우하기도 하고,
한 개인을 살리기도 죽이기도 한다.
어떻게 진정한 언어 생활을 할까?

1

말이 조리에 맞지 않으면 말하지 않는 것만 못하다. 〈劉會〉

劉會 曰, 言不中理면 不如不言이니라.

2

한 마디 말이 맞지 않으면 천 마디 말이 쓸데없다.

一言不中이면 千語無用이니라.

3

입과 혀는 화와 근심의 근본이며 몸을 망치는 도끼와 같으니 말
을 삼가야 한다. 〈君平〉

君平이 曰, 口舌者는 禍患之門이요 滅身之斧也니라.

4

사람을 이롭게 하는 말은 솜처럼 따뜻하고, 사람을 상하게 하는
말은 가시 같아서 한 마디 말이 무겁기가 천금과 같고, 한 마디

말이 사람을 중상함은 아프기가 칼로 베는 것과 같다.

利人之言은 煖和綿絮하고, 傷人之語는 利和荊棘하여, 一言半句
重値千金이요, 一語傷人에 痛如刀割이니라.

5

입은 사람을 상하게 하는 도끼이며, 말은 혀를 베는 칼이다. 입
을 막고 혀를 깊이 감추면 몸은 어느 곳에 있으나 편안할 것이다.

口是傷人斧요 言是割舌刀니, 閉口深藏舌이면 安身處處牢니라.

6

"사람을 대해서 자기 일만을 떠드는 인간은 첫째로 자신의 교양없음을 자백하고,
둘째로는 사교의 예절을 모르는 사람이라는 것을 광고하는 것이다." 카네기의 말이다.

사람을 만나서 또한 가끔 말을 하되, 가히 온전히 자신이 지니
고 있는 한 조각 마음을 버리지 말지니, 호랑이의 무서운 입을 두
려워 말고 오직 인정의 두 마음을 두려워할 일이다.

逢人且說三分話하되, 未可全抛一片心이니, 不怕虎生三個口요
只恐人情兩樣心이니라.

7

　나를 아는 친구를 만나면 천 잔이나 되는 술도 적고, 그 기회를
맞추지 못하면 한 마디 말도 많은 법이다.

　酒逢知己千鍾少요, 話不投機一句多니라.

사회와 언어 생활의 윤리

남광우(南廣祐)

공적 사회 생활에서의 올바른 언어 생활

인간은 사상이나 감정을 표현하는 수단으로 언어를 구사해 왔는데 언어란 인간 사회에서 막중한 힘을 발휘해 왔다.

인류 문화를 언어 문화라 하여도 지나친 말은 아닐 것이다. 인간이 만물의 영장으로서 지구상에 군림해 온 것은 정신적 존재이기 때문이요, 정신적 존재인 인간의 정신적 산물이 문화라 하겠는데, 그 정신 곧 사상·감정을 표현하는 수단 가운데 가장 큰 비중을 차지하는 것이 언어이기 때문에 그러한 위치를 차지할 수 있는 것이다. 성현의 가르침도, 위대한 문인의 작품도, 정치인의 경륜도, 학자의 연구 성과도 모두 언어로 전달되어 왔고 앞으로도 그러할 것이다.

이토록 인간 사회에서 막중한 힘을 발휘하는 말이기에, 우리는 사적(私的)인 대인 관계에서나 공적(公的)인 사회 생활에서나 말을 가려 하되 올바른 말로써 남에게 해를 끼치지 않고 사회에 도움이 되도록 해야 할 것이다.

『논어』의 「학이편(學而篇)」에 보면 "교언 영색(巧言令色)은 인(仁)이 드물다."고 했는데 남에게 아첨하느라고 비위에 맞게 말을 꾸미고 태도를 꾸미는 이는 대개 양심이 없는 사람이니, 이 교언 영색하는 사람들 때문에 나라를 망치는 일이 있음을 우리는 알고 있다. 양약(良藥)은 입에 쓰나 병에 이롭다는 말이 있는데 달콤한 말에만 귀를 기울이는 위정자가 있다면 자신의 파멸은 물론 나라까지 망치게 되니 무서운 일이라 하겠다.

그러나 "말 한 마디로 나라를 흥하게 한다.(一言而興邦)"고 하기도 하고, "말 한 마디로 나라를 잃는다.(一言而喪邦)"고도 하지 않았던가? 한 마디 말로 나라를 일으킬 수도 있고 나라를 망칠 수도 있다는 것이니 말의 힘이 아주 크다고 하겠다. 그러고 보면 말이란 함부로 무책임하게 할 수는 없는 것, 신중을 기해야 할 것임을 새삼 느끼게 된다.

사리에 맞는 언어 생활

「언어편(言語篇)」에서 "말이 조리에 맞지 않으면 말하지 않는 것만 못하다."고 한 유회(劉會)의 말은 당연한 것. 옳은 말도 다 못하는 세상에 불합리한 말을 지껄여서야 될 법이나 한가? 하기야 사사 오입(四捨五入)의 새로운 해석으로 개헌을 하게 한 '말', 옳지 않은 '말'이 받아들여져 집권 연장을 한 전례도 있어 조리에 맞지 않는 말이 기승을 부리기도 하는 세상인 듯도 보인다. 그러나 옳지 않은 말을 받아들인 그 정권은 거꾸러지고 말지 않았는가. 결국 "말이 조리에 맞지 않으면 말하지 않는 것만 못하다."고 한 유회의 말은 불변의 진리라 할 수밖에.

"한 마디 말이 맞지 않으면 천 가지 말이 쓸데없다."고 하였다. 많은 말 하려 들지 말고 한 마디 말이라도 신중히 생각해서 남이 승복할 수 있게 말하라는 것일 게다.

노(魯)나라 조정에서 장부(長府)라는 국고(國庫)를 개조하려 하였더니 민자건(閔子騫)이 듣고 비평하기를

"옛날대로 두는 것이 무엇이 나쁘다고 생각하느냐. 어찌 백성을 괴롭히고 나라 재산을 허비하여 가면서 고쳐 지을 필요가 있겠는고. (仍舊貫이 如之何오 何必改作이리요)"

라고 하자, 공자가 이 말을 듣고,

"이 사람이 비록 함부로 말을 하지 않을지언정 말을 하면 반드시 사리에 맞는구나.(夫人不言이언정 言必有中이니라)"

하였다. 민자건의 말처럼 사리에 맞는 말만 가려 하라는 것이다. 값 없는 천만 마디 말보다 값 나가는 천금 같은 말, 조리에 어긋나지 않는 말을 적절한 때 적절한 곳에서 할 수 있어야 한다.

설화(舌禍)와 간언의 의미

"입과 혀는 화와 근심의 근본이며 몸을 망치는 도끼와 같다." 하고, "입은 사람을 상하게 하는 도끼이며 말은 혀를 베는 칼이다. 입을 막고 혀를 깊이 감추면 몸은 어느 곳에 있으나 편안할 것이다."라고 하였다. 말 때문에 입는 화를 경계한 말이다. 이 같은 화 때문이 아니더라도 말을 삼가야 함은 앞에서도 언급하였다. 『논어』의 「이인편(里仁篇)」에 보면 공자가

"옛사람이 함부로 말하지 않은 것은 몸소 행함이 말을 따르지 못함을 부끄러이 생각했기 때문이니라.(古者言之不出은 恥躬之不逮也니라)"

하였고, 또 「위정편(爲政篇)」에 보면 자공(子貢)이 '군자'란 어떤 사람

을 말하는가를 묻자

"먼저 마음 가운데 있는 말을 실행하고는 말이 그 뒤를 따르는 사람이니라. (先行其言이요 而後從之니라)"

하였으니, 몸과 마음을 닦는 데에 명심해야 할 일이다. 더구나 몸을 잘 보전해야 하는 입장에서 생각한다면 병에 마개를 꼭 막듯이 입을 다물어야 할 것이나, 그렇다고 불의를 보고도 못 본 체 시키는 대로 하고 말 때문에 화를 입을까 걱정하여 보신에만 급급한다면 너무나 안일하고 소극적인 생활 태도라고 아니 할 수 없다. 그 위치에 있는 이, 책임 있는 이가 말로 인한 화만을 두려워하는 태도는 바람직하지 않다. 이 대목의 근본 뜻도 말로 인한 화만을 경계하고 보신에만 투철하라는 것은 아닐 것이다. 『논어』「위정편」의 "말을 삼가서 잘못이 적고 행실을 삼가서 후회가 적다면 벼슬은 그 가운데에 있느니라.(言寡尤하고 行寡悔하면 祿在其中矣라)"고 한 공자의 말씀이나, 『순자(荀子)』「권학편(勸學篇)」의 "말에는 화를 부름이 많다.(言有召禍也라)"고 한 것처럼 말 때문에 화를 초래하는 일이 많음을 경계한 것으로 해석함이 온당할 것이다.

또 "사람을 이롭게 하는 말은 솜처럼 따뜻하고 사람을 상하게 하는 말은 가시 같아서, 한 마디 말이 무겁기가 천금과 같고 한 마디 말이 사람을 중상함은 아프기가 칼로 베는 것과 같다."고 하였다. 오늘날과 같이 개인과 개인의 관계가 소원하고 반목·질시·갈등으로 얽히고 설켜 물고 뜯고 할퀴고 때리고 치고 받고 차고 하는 현실 사회에서 이 말은 무게를 가진다. 사람을 이롭게 하는 말은 그야말로 일언 반구(一言半句)가 천금보다 값진 것이라 한 마디 말로 병든 이를, 약한 이를, 가난한 이를, 고독한 이를, 슬픔에 잠긴 이를, 괴로움에 몸부림치는 이를 위로하고 격려한다면 얼마나 따뜻하고 훈훈하겠는가. 마치 엄동 설한 극심한 추위에 떨던 이가 두둑한 솜바지 저고리에 언 몸을 녹이는 것과도 같을 것이다. 그러나 가시같이 따갑고 칼로 베는 것같이 남을 아프게 하고 다치게 하는, 사람을 상하는 말이나 나를 내세우기 위해 남을 해치는 말은 삼가야겠다.

진심에서 우러나는 언어

"사람을 만나서 또한 가끔 말을 하되 가히 온전히 자신이 지니고 있는 한 조각 마음을 버리지 말지니, 호랑이의 무서운 입을 두려워 말고 오직 인정의 두 마음을 두려워할 일이다."라고도 하였다. 자신이 지니고 있는 한 조각 마음이란 진심을 뜻하는 것이요, 인정의 두 마음이란 이중적이고 표리 부동(表裏不同)한 마음을 일컫는 것이니 진심에서 우러난 거짓 없는 말로 사람을 접해야 한다는 것이요, 거짓말이나 그릇된 말이 세상 사람을 미혹하게 하는 폐단이 크니 두려워해야 한다는 것이다.

과연 그렇다. 『논어』「공야편(公冶篇)」에 보면 공자가 이르기를 "교묘하게 꾸며 대는 말과 아름다운 얼굴 빛으로 남에게 지나친 공경을 보이는 이를 옛날의 좌구명(左丘明)이 부끄럽게 여겼다고 하니 나 또한 이를 부끄럽게 여기며, 마음 속에 원한을 숨기고 겉으로 다정한 듯이 벗을 사귀는 이를 좌구명이 부끄럽게 생각하였다고 하니, 나 또한 그렇게 생각하노라.(巧言令色足恭으로 左丘明恥之러니 丘亦恥之하며 匿怨而友其人으로 左丘明恥之러니 丘亦恥之하노라)"고 하였으니 진심 아닌 거짓으로 말과 낯빛을 꾸미는 이는 아름다운 독버섯과 같은 존재로 그 독소는 사람을 해치고, 양심(良心) 아닌 양심(兩心)은 면종 복배(面從腹背)나 배은 망덕(背恩忘德)하고, 의리를 저버리기를 헌신짝처럼 할 밑바탕이 되는 것인즉 두려워하고 부끄러워해야 할 것이다.

"나를 아는 친구를 만나면 천 잔이나 되는 술도 적고, 그 기회를 맞추지 못하면 한 마디 말도 많은 법이다."라고 하였다. 지기 지우(知己之友)를 만나 의기 투합(意氣投合)하여 나누는 술잔은 그야말로 천 잔도 적다 할 것이나, 말이란 아껴서 해야 하는 것으로 때와 곳을 가려 도리에 맞는 말을 해야지 그렇지 않다면 한 마디 말도 많다는 것이다. 함부로 지껄여 대는 요설(饒舌)과 다변(多辯)은 우리가 경계해야 할 것이다. 하물며 『논어』의 「안연편(顔淵篇)」에 "어진 이는 그 말을 삼가느니라.(仁者는 其言也訒이라)" 한 공자의 말씀처럼, 말이란 실천하기 어려운 것이니 어찌 함부로 말할 수 있겠는가.

이상 이 「언어편」에서 우리는 간명하고 평범하면서도 불변의 진리를 담은 말들을 살펴보았다. 곰곰 되씹어 음미함으로써 처신의 길잡이로 삼아야 하겠다.

交友篇

보람 있는 우정

인생을 살아 가는 데는 벗이 필요하다.
서로 허심 탄회하게 생을 이야기하고
고뇌를 함께 하는 참된 벗은 과연 얼마나 될까?

1

착한 사람과 함께 지내면 마치 지란(芝蘭)의 방에 든 듯하여 오
래되면 그 향기를 맡지 못하더라도 곧 그와 더불어 감화될 것이요,
착하지 못한 사람과 함께 지내면 마치 생선 가게에 든 듯하여 오
래되면 그 냄새를 맡지 못하더라도 역시 그와 더불어 감염될 것이
다. 붉은 물감에 간수된 것은 붉어지고 검은 물감에 간수된 것은
검어지는 법인지라, 그러므로 군자는 반드시 그 함께 지낼 이를
삼가서 택한다. 〈孔子〉

子曰, 與善人居면 如入芝蘭之室하야 久而不聞其香이라도 卽與
之化矣요, 與不善人居면 如人鮑魚之肆하여 久而不聞其臭라도 亦
與之化矣니, 丹之所藏者는 赤하고 漆之所藏者는 黑이라, 是以로
君子는 必愼其所與處者焉이니라.

[풀이]
사람 사귀는 데 신중을 기하라는 말이다. 자기도 의식하지 못하는 사이에
상대에게서 영향을 받게 마련이기 때문이다.

2

학문을 좋아하는 사람과 함께 가면 마치 안개 속을 가는 것 같
아서 비록 옷이 흠뻑 젖지는 않더라도 때때로 물기가 배어들고,
무식한 사람과 함께 가면 마치 측간에 앉은 것 같아서 비록 옷이
더러워지지는 않더라도 때때로 그 냄새가 난다. 〈家語〉

家語에 云하되, 與好學人同行이면 如霧中行하여 雖不濕衣라도 時時有潤하고, 與無識人同行이면 如廁中坐하여 雖不汚衣라도 時時聞臭니라.

3

"벗을 얻는 비결의 하나는 스스로가
남의 벗이 되는 것이다." 에머슨의 말이다.

안평중은 사람 사귀기를 훌륭히 했도다. 오래도록 변함없이 공경했나니. 〈孔子〉

子曰, 晏平仲은 善與人交로다, 久而敬之온여.

◇안평중(晏平仲) : 춘추 시대 제(齊)나라의 정치가. 이름은 영(嬰), 평중(平仲)은 자(字)이다. 공검 역행(恭儉力行)으로 영공(靈公)·장공(莊公)·경공(景公)을 도와 제나라를 강성하게 했다. 안자(晏子)로도 지칭한다.

[풀이]

춘추 시대 제나라의 대부 안영의 교우를 평한 공자의 말이다. 오래도록 변함없는 공경을 지속할 수 있었음은 안영이 어질고, 그만큼 벗을 택하는 것도 훌륭했기 때문이리라.

4

얼굴 아는 이야 천하에 가득하되 마음 아는 이는 과연 몇 사람이나 될까.

相識이 滿天下하되 知心能幾人고.

[풀이]

얼굴만 안다고 해서 참된 교우라고 할 수는 없다. 서로 그 마음을 알아야 비로소 교우라 할 수 있다. 면식(面識)쯤이야 세상에 얼마든지 있을 수 있지만 마음 아는 이는 몇 사람이나 될까. 지기(知己)가 흔하지 않고 만나기가 쉽지 않다는 말이다.

5

"많은 벗을 가진 사람은 한 사람의 벗도 가질 수 없다."고 한 아리스토텔레스의 말은 진정한 벗이 귀함을 말해 준다.

술 마시고 밥 먹을 때의 형제는 천 사람이나 있더니만 위급할 때의 벗은 하나도 없구나.

酒食兄弟는 千個有로되 急難之朋은 一個無니라.

[풀이]

내게 돈이 있어 술을 사 주고 밥을 먹여 줄 때는 형, 아우 하며 따르는 친구가 천 사람도 되더니만 내가 위난(危難)에 빠졌을 때 건져 주는 벗은 하나 없구나. 마음을 터놓고 벗을 사귀기가 쉽지 않다는 말이다.

6

군자의 사귐은 담박(淡泊)하기가 물 같고 소인의 사귐은 달콤하기가 단술 같다.

君子之交는 淡如水하고 小人之交는 甘如醴니라.

[풀이]

물은 담박하지만 변하지 않음이 그 특질이고, 단술(감주)은 달콤하지만 변하는 것이 그 특질이다. 군자의 사귐은 의로 맺어지는 사귐이요 소인의 사귐은 이(利)로 맺어지는 사귐인지라, 군자의 사귐은 겉으로는 담박하기가 물 같지만 안으로는 돈독한 정으로 맺어져 변함이 없으나 소인의 사귐은 당장 달콤한 정을 겉으로 내뿜다가 일단 이(利)가 맞지 않으면 서로 야박스레 돌아서기 일쑤이다.

7

길이 멀면 말의 힘을 알게 되고, 날이 오래면 사람의 마음을 알게 된다.

路遙에 知馬力이요, 日久에 見人心이니라.

[풀이]

말을 타고 먼 길을 가 보면 비로소 그 말이 지닌 힘의 강약을 알게 된다. 마찬가지로 사람과 사귐에 사귀는 날이 오랠수록 그 사람 마음 됨됨이의 참모습을 파악할 수 있다.

인격적인 우정의 의미

어효선(魚孝善)

참다운 교우의 의미

「교우편(交友篇)」을 보면 "날이 오래면 사람의 마음을 알게 된다."
고 하였으니, 벗을 사귀는 데에 어찌 그 사람을 미리 알고 사귈 수
있으랴.

오래 사귀어 보아야 비로소 그가 착한 사람인지 착하지 않은 사람
인지 알 수 있다.

겉으로 보기에 착한 사람 같아서 사귀어 보니 뜻밖에 착하지 않은
사람임이 드러나고, 겉으로 보기에 착하지 않은 사람 같아서 멀리
하다 보니 뜻밖에 착한 사람임이 드러나, 여태까지 가까이 하던 사
람을 멀리하게 되고 여태까지 멀리하던 사람을 가까이 하게 되는 수
도 있다. 이러하므로 사람을 미리 알고 사귀기란 날씨를 미리 알고
길을 떠나는 것같이 쉽지 않은 노릇이다.

사람을 처음 만나면 다만 첫인상으로 착한 사람이나 착하지 않은
사람이냐를 점친다. 착한 사람처럼 보이면 다시 만났을 때 반갑게

대하고, 착하지 않은 사람처럼 보이면 다시 만나도 서먹서먹하게 대한다.

사람이 사람을 알게 되는 고비가 일생에 몇 번 있다.

걸음마를 시작하기 전부터 유치원에 다닐 나이가 그 첫 고비요, 국민 학교에 들어간 뒤가 둘째 고비요, 중학교에 들어간 뒤가 셋째 고비요, 고등 학교에 들어간 뒤가 넷째 고비요, 대학에 들어간 뒤가 다섯째 고비요, 사회인이 된 뒤가 그 여섯째 고비라 할 수 있다.

이사를 하거나 새 학년이 될 때마다 아는 사람이 불어나고, 이미 사귄 친구를 알게 되고, 사회인이 된 뒤에는 직장이 바뀔 때마다 맡은 일 때문에 새 사람을 자꾸 알게 된다. 그러나 이 많은 사람이 다 친구는 아니요, 또 이 많은 사람을 모두 친구로 사귈 수도 없는 노릇이다.

우리가 얼굴을 아는 수많은 사람 중에서 사귐을 트게 되는 데는 몇 가지 조건이 있다.

어릴 때에는 욕심 많은 아이를 싫어한다. 이를테면 장난감을 독차지하거나 괜히 때리거나 하면 다시는 안 논다.

학교에 들어간 뒤에는 이웃에 살거나, 앞에 앉은 짝이거나, 성적이 비슷하거나, 같은 장난꾼이거나, 아니면 같은 샌님이거나 어쨌든 끼리끼리 사귀게 마련이다.

중·고등·대학교에서는 출신 학교가 같거나, 같은 서클에 들었거나 취미가 같거나 뜻이 같아야 사귀는 것 같다.

사회인이 되면 지금까지 사귀던 친구와는 일단 멀어진다. 날마다 만나지 못하기 때문이다. 그러는 동안 새 사람을 알게 된다.

직장에서는 동료와 어울려야 그 자리에 있기가 편하므로 앞뒤 안 따지고 싫든 좋든 사귀어야 한다. 또는 맡은 일 때문에 거래가 있는 사람과도 사귀게 된다.

이 때에 흔히 술자리가 벌어진다. 한 번 먹고 두 번 먹고 세 번만 먹으면 누구든지 십년 지기가 된다. 이래야 모든 일이 편해지고 쉬워진다.

이용하려고 사귀는 수도 있다. 어느 한 쪽이 또는 서로 이용하려고 사귀는 것이므로, 이용하는 편이나 이용당하는 편이나 서로 해로울 것이 없다. 이런 경우에 뇌물이 오가고 부정이 저질러지기도 한다. 이용이 잘 되고 부정이 드러나지 않으면 더욱 친밀해지지만, 한 번 탄로가 나면 서로 해를 입고 끊어지고 만다. 이것이 이른바 소인의 사귐이라 생각된다.

이해 관계를 떠나서 사귀기도 한다. 취미가 같거나 뜻이 맞거나 서로 존경하므로 사귄다. 이것이 이른바 군자의 사귐이다.

그러나 바쁜 세상에, 남보다 잘 살아야 하는 세상에 어찌 맑은 물 같은 군자의 사귐만을 일삼을 수 있겠는가.

이해를 떠난 진정한 우정

술 친구는 많아도, 급하고 어려운 일에 도와 줄 친구는 하나도 없다고 하였다.

술 친구를 만나면 술 안 먹고 그냥 헤어질 수는 없고, 술을 놓고서야 즐거울 수 있다. 술자리에서는 하기 어려운 말을 부끄럽지 않게 할 수도 있고, 술자리라야 마음이 누그러진다.

급하고 어려운 일에 친구를 돕는 일과 술은 한데 생각할 일이 아니다. 친구란 서로 인생을 즐기려고 사귀는 것이지, 급하고 어려운 일에 도움을 받으려고 사귀는 것은 아니다.

아무리 친구일지라도 도움을 주고 도움을 받을 만한 상당한 조건이 있어야 비로소 이루어지는 것이 아닐까? 그러므로 돕는 쪽은 여유가 있어야만 돕는 것도 아니요, 받는 쪽은 급하고 어려워서만 받는 것도 아니다.

이해로 사귄 친구라면 뇌물을 줄 수도 있지만, 이해를 떠난 친구 사이에는 서로의 인격을 존중해서 구구한 말로 도와 달랄 수도 없고 섣불리 도울 수도 없지 않을까?

급하고 어려운 일에는 동기간을 기대게 되나 그도 뜻대로 아니 되니, 어찌 친구로서랴.

어려운 처지에 친구의 도움을 크게 받는다면, 그 때부터 친구를 친구로 대할 수 없다. 처지가 어렵다고 친구에게 손을 내민다는 것은 여간한 결심이 서지 않고는 누구나 할 수 있는 일이 아니다.

이런 때 돕지 못하면 하루아침에 원수가 되어 의절당하게 되고, 한번 도우면 자꾸 손을 내밀게 되니 번번이 도와야 한다. 번번이 돕다가도 한번 못 도우면 결과는 처음부터 못 도운 경우와 같아진다.

그러므로 잘살고 못사는 이는 있을지언정, 못사는 이가 잘사는 친구에게 구차한 소리 안 해야 친구라 할 수 있고 떳떳할 수 있다.

인격 형성과 교우의 영향

한 사람의 인격이 이루어지는 데 가장 큰 영향을 주는 것은 환경이다. 이 환경 가운데에 친구야말로 가장 크고 소중한 환경이 아닐까 한다. 학교에 다니는 어린이가 공부를 잘 안 하고, 부모와 스승을 속이고, 손이 거칠고 한 것은 저 혼자 갑자기 하는 소행이 아니다. 그를 둘러싸고 있는 친구의 영향으로 그리 되는 경우가 많다.

그러므로 나쁜 친구를 사귀면 나쁜 물이 들고, 좋은 친구를 사귀면 좋은 물이 드는 것이 사실이다.

　어른의 경우도 마찬가지다. 좋은 친구를 사귀어 넘나들면 좋은 것을 배우게 되나, 나쁜 친구를 사귀어 넘나들면 나쁜 것에 빠질 염려가 있다. 좋은 사람을 사귀면 내가 빛나고, 나쁜 사람을 사귀면 내 빛이 죽는다.

　누군가 말하기를, 평생에 좋은 친구 셋을 사귀면 그 사람은 인생에 성공한 사람이라 하였거니와, 좋은 친구 셋을 얻어 인생에 성공한 사람이 과연 몇이나 될까?

　좋은 벗을 찾기 전에 내가 남의 좋은 벗이 될 수 있는 사람이 되어야 하겠고, 좋은 벗을 찾기 전에 내가 남이 사귀고 싶어할 만한 사람이 되어야 하지 않을까?

　착한 사람도 누구에게나 착할 수는 없고, 좋은 사람도 누구에게나 좋은 사람이기는 어렵다. 내 경우에는 착한 사람이 남에게는 착하지 않은 사람일 수 있고, 내 경우에는 좋은 사람이 남에게는 좋지 않은 사람일 수도 있다. 이것도 자기 주관에 따라, 자기 처지에 따라 그 기준이 달라지게 마련이니 절대로 착한 사람이나 절대로 착하지 않은 사람이 있을 수는 없다. 내게 해를 끼친 사람은 착하지 않은 사람이지만, 그 사람에게 해를 입지 않은 사람은 착한 사람이라 할 것이다. 이와 같이 이해 관계를 떠나서 사귄다면 모두가 착한 사람이요, 이해 관계로 사귄 사람이라면 마침내는 착하지 않은 사람이 되게 마련이다. 그러므로 친구란 모름지기 이해 관계를 떠나서만 그 사귐이 맑은 물 같을 수 있다. 죽마 고우, 십년 지기도 이해 관계 때문에 하루아침에 배신자가 되지만 이해를 떠난다면 단 며칠을 사귀었더라도 죽마 고우, 십년 지기일 수 있다.

안 보면 보고 싶고, 만나면 헤어지기 싫고, 각각 떨어져 있어도 문득문득 생각나는, 그러면서도 안 만나고 배기는, 서로 끈끈한 사이라야 참된 친구가 아닐까?

• • • • • • •

婦行篇
미덕 있는 여성

• • • • • • •

"클레오파트라의 코가 조금만 낮았더라면
역사는 달라졌을 것이다."라는 말이 있다.
역사 혹은 개인의 인생에서 여성의 힘이 때로는
놀라울 만큼 위대한 때가 있다.

1

영국 속담에 "처녀로서는 다이아몬드일지라도
아내로서는 유리가 된다."는 말이 있다.

여자에게는 기림받을 네 가지 덕이 있으니, 첫째는 부녀로서 갖출 덕성이요, 둘째는 부녀로서 갖출 용의(容儀)요, 셋째는 부녀로서 갖출 말씨요, 넷째는 부녀로서 갖출 솜씨가 그것이다. 부녀의 덕성이란 반드시 재지(才智)가 뛰어남을 뜻하는 것이 아니요, 부녀의 용의란 반드시 얼굴이 아름다움을 뜻하는 것이 아니요, 부녀의 말씨란 반드시 말솜씨가 능란함을 뜻하는 것이 아니요, 부녀의 솜씨란 반드시 능묘한 재주가 남다름을 뜻하는 것이 아니다.

부녀의 덕성이란 맑고 절개 곧으며 염치 있고 절제 있어 분수를 지켜 마음을 정연히 가다듬고, 행동 거지에 수줍음이 있으며 동정에 법도가 있는 것, 이것이 바로 부녀의 덕성이다.

부녀의 용의란 항상 먼지며 때를 빨아 옷차림을 깨끗이 하며 목욕을 제때에 하여 일신에 불결함이 없도록 하는 것이다.

부녀의 말씨란 말을 가려서 하되 그른 말을 하지 않으며 꼭 해야 할 때에 하여 사람들이 그 말을 싫어하지 않도록 하는 것이다.

부녀의 솜씨란 길쌈을 부지런히 하며, 꼭 술 빚는 것만을 능사로 하지 말고 좋은 맛을 갖추어서 손님을 접대하는 것이다.

이 네 가지 덕은 부녀로서 빠뜨려서는 안 될 것으로서, 행하기가 매우 쉽고 또 그렇게 힘쓰는 것이 올바른 일이니, 이에 따라 행하면 그것이 곧 부녀의 범절이다. 〈益智書〉

益智書에 云하되, 女有四德之譽하니 一曰婦德이요 二曰婦容이요 三曰婦言이요 四曰婦工也니, 婦德者는 不必才名이 絶異요 婦容者는 不必顏色이 美麗요 婦言者는 不必辯口利詞요 婦工者는

婦不必伎巧過人也니라. 其婦德者는 清貞廉節하여 守分整齊하며
行止有恥하고 動靜有法이니 此爲不德也요 婦容者는 洗浣塵垢하
여 衣服鮮潔하며 沐浴及時하여 一身無穢니 此爲婦容也요 婦言者
는 擇詞而說하되 不談非語하고 時然後言하여 人不厭其言이니 此
爲婦言也요 婦工者는 專勤紡績하며 勿好暈酒하고 供具甘旨하여
以奉賓客이니 此爲婦工也니라. 此四德者는 是婦人之所不可缺者
라, 爲之甚易하고 務之在正하니 依此而行이면 是爲婦節이니라.

2

부녀의 예절로서는 말소리가 반드시 가늘어야 한다. 〈太公〉

太公이 曰, 婦人之禮는 語必細니라.

[풀이]
여자가 큰 소리로 소란을 떠는 것처럼 흉한 것도 없다. 무릇 부녀는 그 말
소리를 나직하고 가늘게 하라. 그것이 여자의 아름다움이요, 예절이다.

3

"어진 아내를 가진 사람은 어떠한 환난이라도
견딜 수 있다."는 스페인 속담이 있다.

어진 아내는 남편을 귀하게 만들고, 악한 아내는 남편을 천하게
만든다.

賢婦는 令夫貴요, 惡婦는 令夫賤이니라.

4

집에 어진 아내가 있으면 남편이 뜻밖의 화를 당하지 않는다.

家有賢妻면 夫不遭橫禍니라.

[풀이]
어진 아내는 남편의 모든 일에 자상한 염려를 기울여 알게 모르게 남편을 보살핀다. 그리하여 남편에게 닥칠 수도 있던 횡화(橫禍)를 항상 미연에 방지한다.

5

어진 아내는 육친(六親)을 화목하게 하고 간특한 부녀는 육친을 깨뜨린다.

賢婦는 和六親하고 佞婦는 破六親이니라.

◇육친(六親): '부(父)·모(母)·형(兄)·제(弟)·처(妻)·자(子)'라는 설, '부(父)·자(子)·형(兄)·제(弟)·부(夫)·부(婦)'라는 설 등 여러 설이 있어 한결같지 않으나 여기서는 그저 '가까운 친척'쯤으로 알면 무방하다.

[풀이]
한 집안이 화목한가 아닌가는 주부의 사람됨에 달려 있다는 뜻이다.

참다운 여성의 역할

모윤숙(毛允淑)

고금 여성의 계명

『명심보감』은 하나의 성서 같은 책이다. 동양 윤리에 깊이 뿌리를 박고 만들어진 한국의 잠언집이다.

특히 여성을 위해 여러 가지 지킬 바를 지적하였는데, 예나 지금이나 여성의 계명으로 하나도 탓할 점이 없다고 본다. 현대 교육이 여성의 심신에 끼친 영향은 지대하나 그 교육의 실천에 있어 자칫 잘못 받아들이는 일이 허다한 요즘, 이『명심보감』을 다시 음미하여 참됨과 거짓이 얼마나 행복과 불행을 초래하는 가름길이 되는가를 알아보기로 하자. 「부행편(婦行篇)」에서는 여성의 네 가지 덕을 설명하였다.

여성은 아름다움의 상징이어야 한다는 점인데, 이 아름다움의 내용은 겉으로 드러나는 아름다움을 말함이 아니라 정조와 절개를 곧게 지키는 매운 성품을 뜻한다고 하였다.

따라서 몸가짐을 바르게 하고 한결같이 얌전하고 조심하여야 하며, 행실을 법도에 좇아 하는 것이 부덕의 으뜸이라 하였다. 이는 여성뿐 아니라 모든 사람이 지켜야 할 일반적인 교양이라고 해도 과언이 아니다.

한편 부덕에 관한 내용은 너무 근엄하여 분별 의식이 생기지 않은 사회와 가정에 적용되었던 과거를 생각하게 한다. 왜냐 하면 우리네 선조 여성은 이 근엄한 덕목의 노예가 될 의무만을 지켜 왔을 뿐, 무슨 이유로 이 덕목에 자신의 인간성마저 희생해야 하는지 몰랐다. 여성도 물론 희로 애락의 정서를 자기 판단하에 발산할 수도 억제할 수도 있는 자유를 가졌다. 여성을 지도하는 교훈이나 유교 사상이, 그 이념이나 문자로 보아 그른 데는 없어 보인다. 그러나 이 이념은 주입식으로 조상의 전통에 의해서만 실행될 것이 아니요, 자기 비판으로 그 참뜻을 제 살과 뼈에 사무치도록 절실히 깨닫는 때라야 그 진심을 살리는 길이 된다.

여인의 덕성

첫째, 부녀로서 갖출 덕성으로 우선 정조를 깨끗이 하라 했으나 오늘날 많은 여성은 형식적인 정조를 깨끗이 하기 위해 젊음이나 삶의 방향을 억제하는 일은 드물다. 이것도 자기 비판과 분별을 기준으로 옳다고 생각하는 대로 그 길이 정해져야 할 것이다. 정조를 깨끗이 하라 했다 해서, 그 말에 눌려 주위와 사회의 눈치를 보아 가며 일생을 그릇된 고독 속에서 억지로 살아 가는 여성이 아직도 많다.

그 중에서 스스로 고독을 선택하여 사는 여성도 없지 않다. 그러나 타의에 의해서 수절 과부로 일생을 허망하게 보내는 여성을 위해선, 이 깨끗한 절개의 내적 의미가 형식적이 아니라 내용적인 정신의 방향을 의미하는 것으로 해석되어야 할 것이다. 여기서 말하는 절개 문제는 남편과 사별하였을 경우를 말한다. 우리는 의미 없이 살다 사라져 간 수많은 열녀와 미망인을 역사 속에서 보았다. 그 중에는 자기의 참된 비판에 의해 일생을 혼자 산 분도 있으나, 대개는 이 『명심보감』의 계명에 의해 그들의 사회와 부모의 체면 때문에 의미 없이 지켜 온 일이 더욱 많았다고 볼 수 있다. 여성 자체의 자아 완성이 이루어지지 않았을 때 피동적인 교훈으로만 작용했던 과거식 실천에서 과감히 탈피하여 당사자의 자유와 인간성을 우선 인정하고 자신이 이를 참고해서 처리함이 옳지 않을까 한다.

깨끗한 정조라 함은 우선 정신과 마음가짐에 좌우되는 것이므로, 단순한 교훈에만 기계적으로 얽매이지 않도록 하는 것이 필자의 의견이다. 그러나 결코 어떤 도덕 수준을 벗어나 행동하거나 자유를 선택함은 필자가 말한 기준 밖의 일이므로 논할 가치를 인정하지 않는다.

여인의 용의(容儀)

둘째, 부녀로서 갖출 용의(容儀)를 들었다.

"항상 먼지며 때를 빨아 옷차림을 깨끗이 하며 목욕을 제때에 하여 일신에 불결함이 없도록 하는 것"을 부녀의 용의라 하였다. 이것은 하나도 흠잡을 데 없는 위생 철학이요, 장수의 비결이 되는 내용이다. 그러나 이 덕목을 지키려면 우선 근면의 도와, 깨끗함과 더러움의 분별 의식을 얼마만큼 인식한 뒤가 아니면 실현하기 어려운 문제이다. 정결하게 몸을 거둘 줄 아는 여성은 예나 지금이나 어느 가정 어느 사회에서나 환영하지 않을 사람이 없다. 그 마음이 늘 생기에 차 있는 여성이 아니고는 위생 생활이 얼마나 중요한지 모르기도 하리라. 과거엔 빨래터나 목욕통이 편리하게 되어 있지 않았는데도 무작정 잦은 목욕과 잦은 빨래를 권장했다.

오늘날 이 덕목은 절대 환영하는 바요, 또 실천되고 있음을 다행으로 안다.

셋째, 부녀로서 갖출 말씨를 말했다. 말은 실로 인간 생활에서 가장 큰 기본 교양을 좌우하는 열쇠이다.

'부언(婦言)'이라는 말이 여성의 교훈으로 특히 기록되어 있음을 보면, 흔히 여자는 말을 함부로 하여 사람과 사람 사이에 화와 복을 자주 일으키는 원인이 되는 까닭에서도 말을 조심하라 했고, 상대를 골라 말을 하라 권했다. 이것은 실로 최고의 교양을 갖추지 않고는 도저히 실천하기 어려운 일이다. 의식적이거나 무의식적이거나, 여성은 미리 생각하거나 판단하기 전에 얼른 입에서 말을 내뱉어 버리는 습성이 있다. 이 말들은 대개 남의 기분을 저해하는 말이 아니면, 자기의 자랑이거나 자기를 남보다 우월하게 보이기 위한 수단으로 튀어나오는 말이다. 또 이런 말에 능숙한 사람은 비록 여성뿐 아니라 남성에게도 얼마든지 있어, 상대방을 불쾌하게 하고 자신의 인격마저 저하시키고 만다.

한 마디 말로 천금을 산다는 격언을 망각한 채, 더욱 여자들은 가벼운 기분에서 말 실수를 하여, 우정을 상하거나 평화로운 분위기를 깨뜨려 놓는 일이 종종 있어 이 '부언'이 부덕의 일부분이 되었다고 본다. 가장 쉬운 듯하면서도 가장 실행하기 어려운 덕목이다.

과거나 현재, 미래에도 이 덕목은 여성의 교양과 무게와 인격을 표현하는 데 큰 역할을 담당하리라 믿는다. 말이 아무 비판 없이 무책임하게 되지 않기 위해선, 인내로 남을 자기 이상으로 존경하는 예의가 필요하지 않은가 한다.

넷째, 부녀로서 갖출 솜씨를 들었다. "길쌈을 부지런히 하며, 꼭 술 빚는 것만을 능사로 하지 말고 좋은 맛을 갖추어 손님을 접대하는 것"을 부녀의 솜씨라 하였다.

정도가 지나치면 사치해지기 쉽고 방탕한 기분을 일으키기 쉬운 옷감과 술을 말하였는데, 원칙은 찬성하나 이 덕목도 분별 있게 행함이 옳을지언정 전혀 무시할 수는 없다. 때로는 아름다운 옷감이 지나친 사치가 아닌 이상 괜찮을 것이요, 약간의 술이 손님에게 실례가 아닌 정도에선 또한 무방하리라 본다.

현대 여성을 위한 생활 덕목

위에 말한 네 덕목은 모두 여성을 위해 만들어진 교훈이다.

조선 시대 여성은 이 덕목에 지나치게 얽매여서, 인간이 가질 개성이나 취미마저 말살당하고 인형처럼 되어 버리고 말았다. 오늘의 여성들은 이 인형 같은 영혼 없는 과거 여성들을 보면서 지나친 탈피를 꿈꾸다가 이도 저도 아닌, 여성 아닌 여성의 태도를 이모저모로 보이고 있어 민망스럽다.

언제나 교훈이 그른 데는 없다. 교훈이라는 그물에 얽혀 자신의 분별이나 생명력을 잃을 때는 아무리 좋은 교훈이라도 소용이 없는 법이요, 또 너무 자신만만해서 해방감에만 도취하다가는 그 또한 자아를 잃고 마는 것이니 우선 분별력과 교양을 바탕으로 이 부덕을 비판하고 흡수함이 옳은 태도라 하겠다. 이 네 가지는 꼭 여성만이 지켜야 할 특별한 이유는 없는 것이라 생각되기도 한다.

•• •• ••

해설

현대와 『명심보감』의 윤리관

안병욱

기독교, 불교, 유교의 세계관

유교와 불교와 기독교는 강조하는 점이 각각 다르다. 모두 사람 마음의 평화와 행복한 생활을 위한 가르침이지만 교리와 방법이 서로 다르다.

기독교는 신을 강조한다. 신은 높이 위에 계시다. 인간은 낮은 지상에 있다. 인간의 구원은 어디서 오는가? 위에서 온다. 높은 곳에 계신 신의 은총의 빛이 없이 우리는 구원받을 수 없다. 기독교는 늘 위를 바라본다. 신은 하늘에 계신 아버지라고 한다. 위를 쳐다보고 위의 빛을 기다리는 것이 기독교의 방법이다.

불교는 이와 다르다. 모든 사람의 마음 안에는 불성(佛性)이 있다고 한다. 불성이란 무엇인가? 부처가 될 수 있는 가능성이다. '불(佛)'이란 '깨달은 자'란 뜻이다. 인생의 큰 깨달음(大覺), 옳은 깨달음(正覺), 깊은 깨달음을 얻은 자가 불이요, 부처이다. 내 마음이 곧 부처이다. "모든 것은 오로지 마음이 만드는 것(唯心所作)"이다. 극락도 지옥도 내 마음 안에 있다. 빛은 어디서 오는가? 내 안에서 온다. 불교는 기독교와 판이하다. 내 안을 강조한다.

유교는 어떠한가? 빛은 위에서 오는 것도 아니요, 내 안에서 오는 것도 아니다. 유교는 나와 너의 관계를 강조한다. 유교는 인륜(人倫)의 가르침이다. 인륜이란 무엇인가? 나와 너의 인간 관계다. 나와 너의 인간 관계에 인(仁)이 있고, 예(禮)가 있고, 신(信)이 있고, 화(和)가 있어야 한다는 것이다.

유교는 기독교처럼 위를 강조하지도 않고 불교처럼 내 마음 안을 역설하지도 않는다. 나와 너의 관계를 중요시한다. 내 위도 아니요, 내 안도 아니요, 내 옆을 강조한다.

나와 너의 관계가 인륜이요, 인륜에는 다섯 가지 기본 관계가 있다. 그 관계에는 변하지 않는 질서와 원리가 있다. 그것을 오륜(五倫) 또는 오상(五常)이라고 일컫는다. 임금과 신하라는 관계에는 의(義)의 질서가 있어야 한다. 부모와 자식의 관계에는 친(親)의 질서가 있어야 한다. 부부의 관계에는 별(別)의 질서가 있어야 한다. 벗의 관계에는 신(信)의 질서가 있어야 하고, 장(長)과 유(幼)의 관계에는 서(序)의 질서가 있어야 한다. 이것이 오륜이다. 이것은 인간의 변함없는 질서이다. 그래서 오상이라고 한다. 상(常)은 한결같다는 뜻이다. 이 다섯 인간 관계 중에서 붕우 유신(朋友有信)을 제외하고 나머지 네 관계는 모두 상하의 관계이다. 인간을 종적(縱的) 관계, 상하의 질서에서 보는 것이 유교의 특색이다. 인륜의 5대 관계 중에서 군신(君臣)·부자(父子)·부부(夫婦)의 관계는 특별히 중요하다. 우리는 이것을 삼강(三綱)이라고 일컫는다.

어떻게 하면 인간 관계를 서로 화목하게 할 수 있느냐? 인과 예의 질서가 있어야 한다고 유교는 대답한다.

유교는 인간 관계를 중시하기 때문에 수양을 강조한다. '수기 치인(修己治人)'이 유교의 근본이다. 수기(修己)는 내가 나를 다스리는 것이요, 치인(治人)은 남을 다스리는 것이다. 내가 나를 다스리고(修身), 내 집을 다스리고(齊家), 내 나라를 다스리고(治國), 온 천하를 다스리는 것(平天下)을 강조한다. '수기'에서 시작하여 '평천하'에까지 도달하자는 것이다.

내가 나를 다스리는 것이 '수기'요, 자기 수양이다. 수양은 수(修)와 양(養)이 합한 말이다. '수(修)'는 닦는다는 뜻이고, '양(養)'은 기른다는 뜻이다. 수는 주로 인간의 결점을 고쳐 나가는 것이요, 양은 주로 인간의 장점을 키워 나가는 것이다. 이것이 수양의 원래 뜻이다. 그러나 흔히 수양이라는 말은 우리의 단점을 시정해 나가는 면을 가리킨다. 수양의 본래 뜻은 잘못을 고친다는 소극적 측면과 동시에 장점을 키워 나간다는 적극적 측면을 지닌다.

동양의 선인은 옛날부터 자기 수양에 특별히 힘썼다. 사람에게는 사람의 길이 있다고 생각했다. 그 사람의 길을 바로 걸어가는 것이 인생에서 가장 중요하다고 믿었다. 사람의 길을 알고 그 길을 갈 수 있는 덕을 쌓는 일이 곧 수양이다. 이 세상 만물에는 이(理)가 있다고 생각했다. 하늘에는 천리(天理)가 있고, 땅에는 지리(地理)가 있고, 물건에는 물리(物理)가 있고, 일에는 사리(事理)가 있고, 사람에게는 도리(道理)가 있다고 생각했다. 그 가운데 가장 중요한 것이 사람의 도리이다. 사람이 사람된 도리를 모르고 도리를 행하지 않으면 짐승이나 다름없다고 생각했다. 인간에게 가장 중요한 것은 도덕이라고 믿었다. 도(道)란 무엇인가? 길이다. 사람이 걸어가야 할 올바른 길이다. 도는 인간의 객관적인 준칙이요, 규범이다. 그 길을 걸어갈 수 있는 힘이 덕이다. 덕은 우리의 주체적인 능력이요, 의지요, 성격이다. 도덕의 도는 객관적 원리요, 덕은 주관적 원리다. 인생의 나아갈 길과 그 길을 걸어갈 수 있는 우리의 힘, 이것이 합해서 도덕이 된다.

동양 사상은 경제나 과학보다도 도덕을 인생의 근본으로 삼았다. 중국의 유교 사상은 이 경향이 특히 강하다. 유교 사상은 도덕주의의 세계관이다. 동양에서는 자연이나 물건을 지배하고 정복하여 인간의 이용 후생의 도구로 삼으려는 과학 물질주의의 사상이 발달하지 못했다. 자연 정복, 자연 지배, 자연 이용의 사상이 희박했기 때문에 경제적 빈곤과 물질적 후진을 초래하였다.

유교적 덕목의 실천 사항

인간에게 가장 중요한 것은 도덕이요, 도덕을 행하려면 수양이 제일 필요하다고 동양의 선인은 믿었다.

『명심보감』은 그러한 사색과 노력의 한 표현이다. 『명심보감』은 문자 그대로 우리의 마음을 밝게 하기 위한 귀중한 거울이다. 인간 수양의 교과서란 뜻이다. 마음(心)을 밝혀 주는(明) 귀중한(寶) 거울(鑑)로서 무엇을 강조하고 어떤 사상을 역설하였는가? 『명심보감』은 잡다한 요소로 되어 있다. 여러 선인의 말씀을 수록한 것이다. 생활의 지침, 처세의 금언, 행동의 좌우명, 인생의 지혜가 될 수 있는 말씀을 다양하게 모아 놓은 인생의 수신서(修身書)이다.

『명심보감』에 수록된 인물과 책자는 다채롭고 다양하다.

공자·유현덕·강태공·사마온공·장자·소강절·열자·순자·주자·한유·휘종·장사숙·범익겸·정명도·소동파·주염계 등 학자와 문인과 사상가와 정치가가 있는가 하면, 『경행록』·『근사록』·

『시경』·『서경』·『예기』·『한서』·『사기』·『공자가어』·『주역』·『설원』·『포박자』·『안씨가훈』 등 여러 저술이 나온다.

『명심보감』은 정연한 질서와 사상의 체계가 없다. 또 서로 조화하기 어려운 내용도 공존한다. 예를 들면 인의를 강조하는 공자의 유교 사상과 무위 자연(無爲自然)을 역설하는 장자의 도교 사상이다. 이러한 잡다한 요소가 '수양'이라는 일관된 하나의 목표를 지향한다. 『명심보감』의 핵심을 이루는 것은 유교 사상이요, 유교 윤리다. 공자의 말씀이 가장 많이 나온다.

『명심보감』은 다음과 같은 항목으로 구성된다. 이 항목을 한번 보기만 하여도, 『명심보감』의 특색을 알 수 있다.

계선편(繼善篇) 천명편(天命篇) 순명편(順命篇) 효행편(孝行篇)
정기편(正己篇) 안분편(安分篇) 존심편(存心篇) 계성편(戒性篇)
근학편(勤學篇) 훈자편(訓子篇) 성심편(省心篇) 입교편(立敎篇)
치정편(治政篇) 치가편(治家篇) 안의편(安義篇) 준례편(遵禮篇)
언어편(言語篇) 교우편(交友篇) 부행편(婦行篇)

이러한 항목이 보여 주듯 『명심보감』은 유교적 덕목으로 우리의 인간 수양을 힘쓰자는 것이다.

삼강 오륜의 온고지신(溫故知新)

『명심보감』은 효도의 가치를 강조했다. 또 분수를 알고 분수에 맞게 살아야 한다는 '지족 안분(知足安分)'의 생활 철학을 역설했다. 천명(天命)을 깨닫고 천명에 순응해야 한다는 천명 사상도 말했다. 늘 공부하기에 힘쓰고, 마음을 바로잡고 수양에 있는 힘을 다하라고도 강조했다. 관직이나 공직에 있는 이들에 대해서는 공정과 청렴과 무사(無私)의 정신을 역설했다. 부인네에게는 부덕을 강조하고, 청년에게는 교우의 도를 명시했다. 근면과 검소를 생활 지침으로 삼고, 교만과 허욕을 경계하라고 말한다. 삼강 오륜을 인생의 근본으로 삼고 끊임없이 수도할 것을 강조했다. 우리의 선인은 이 책을 읽고 마음의 밭을 아름답게 닦고 풍성하게 계발했다. 『명심보감』은 욕망을 긍정하고 추구하기보다는 욕망을 억제하고 극기하라고 말한다. 적극적 활동주의의 윤리보다도 '지족 안분'의 소극적인 인생관을 역설한다. 물질적 가치 추구보다도 정신적 가치 추구를 강조한다.

현대 사회는 다원적 정보 사회이다. 활동과 능률과 욕망의 추구와 적극주의를 중시한다. 이것이 정보화 사회에 수반되는 도덕이다. 그러나 『명심보감』의 가치관은 전통 사회의 도덕을 강조한다. 이런 점에서 『명심보감』의 도덕은 현대 사회에 맞지 않는 요소를 포함하고 있다. 그대로 긍정하기 어려운 측면도 수없이 많다. 그러나 『명심보감』에는 만인이 걸어가야 할 인생의 바른 길을 갈파한 명언이 많다. 우리 마음에 지침이 될 금언과 지혜가 될 좌우명이 많다. 부정 부패가 만연한 사회로 전락해 가고 있는 오늘의 한국인과 한국 사회에 경종을 울리고 반성을 촉구하는 진실의 소리가 담겨 있다.

우리는 수양을 잊어버리고 살아 가기 쉽다. 극기와 반성을 망각하고 공연히 마음이 들떠 흐르는 생활에 빠지기 쉽다. 우리는 나를 살피고, 나의 내부를 돌아보고 나의 양심을 성찰하는 일을 게을리하기 쉽다. 밖과 겉으로만 달리기 쉽다. 『명심보감』은 우리의 눈을 나에게로 돌리고 나의 내부와 양심의 세계로 향하게 한다. 도덕이라는 잣대를 제공하고 수양이라는 거울을 제시한다. 이 책의 의미와 가치를 이런 데서 찾아야 할 것이다.

공자는 '온고지신(溫故知新)'이라고 말했다. 옛 것에서 새 것을 찾아야 한다. 동양의 옛날 선인 말씀에서 현대적 지혜를 찾아야 한다.

『명심보감』에서 지혜의 말씀을 더듬어 보기로 한다.

「계선편」 첫머리에 이런 말이 나온다. "착한 일을 하는 이에게는 하늘이 복을 주고 악한 일을 하는 이에게는 하늘이 화를 내릴 것이다.".

물론 예외도 얼마든지 있다. 사회에는 '선인 선과(善因善果)·악인 악과(惡因惡果)'의 법칙이 자연 법칙처럼 반드시 시행되지는 않는다. 그러나 인생과 역사를 긴 눈으로 보고 먼 눈으로 관찰한다면 사회의 인과 응보(因果應報)의 법칙을 믿어야 한다. 이러한 믿음이 우리에게 선을 행하는 용기와 악을 피하는 지혜를 준다. 우리는 이러한 믿음을 가지고 살아야 한다. 만일 선을 행하는 이에게 하늘이 화를 주고 악을 행하는 이에게 하늘이 복을 준다면 인간 사회는 당장 무너지고 말 것이다. 그것은 동물 사회의 질서이지 인간 사회의 법칙이 아니다. 우리는 그러한 사회에서 살 필요가 없고 또 사는 보람을 못 느낀다. 선에는 복이 따르고 악에는 화가 따른다. 이것이 우리의 믿음이요, 우리의 질서요, 우리의 법칙이다.

「천명편」에 이런 말이 있다. "하늘에 순종하는 이는 살고 거스르는 이는 망한다.".

하늘을 진리라고 옮겨도 좋고, 도리라고 해도 무방하다. 정의나 로고스(Logos)라고 해도 뜻에 아무 차이가 없다.

이것은 인간과 사회와 역사의 도덕적 질서에 대한 확고 부동한 신념이다. 이 신념이 있기 때문에 우리는 사는 용기와 기쁨을 갖는다. 만일 이 신념이 무너진다면 우리는 인생을 저주할 것이요, 살 용기를 잃을 것이다.

"오이씨를 심으면 오이를 얻고 콩을 심으면 콩을 얻으며 하늘의 그물이 넓고 넓어 보이지는 않으나 새는 법은 없다."고도 했다. 앞서 든 말과 비슷한 내용이다. 하늘의 그물은 넓고 성깃성깃해서 빠져 나갈 수 있을 것 같지만 절대로 빠져 나갈 수 없다는 것이다. 사람은 자기가 심은 것을 거둔다. 오이씨를 심으면 오이를 거둔다. 많이 심으면 많이 거두고 적게 심으면 적게 거둔다. 이런 신념으로 일하고 사람을 대한다면 우리 사회와 생활에는 광명과 행복이 비칠 것이다.

「순명편」의 "죽고 사는 것은 명에 달려 있고 부자가 되고 귀하게 되는 것은 하늘에 달려 있다."는 말은 너무나 유명하다. 공자의 이 말은 간결하면서도 힘찬 표현이다. 그러나 이 말만 믿고 노력을 게을리해서는 안 된다. 우리는 사람이 할 일을 다하고 그 다음 되고 안 되고는 하늘에 맡겨야 한다. "일을 도모하는 것은 사람에게 있고, 일이 이루어지는 것은 하늘에 있다."고 했다. 노력과 체념의 조화가 필요하다. 공자의 말은 그런 의미일 것이다. "인생은 노력이 반, 운명이 반"이라고 마키아벨리는 말했다. 공자의 말도 그렇게 해석해야 할 것이다. 사람으로서 할 일을 다하고 그 결과와 성패(成敗)는 하늘에 맡겨야 한다.

자기 수양의 생활 철학

「효행편」에는 자식이 부모에게 효도할 때의 태도를 다음과 같이 나타내었다.

"기거(起居)하심에는 공경을 다하고, 봉양함엔 즐거움을 다하고, 병드신 때엔 근심을 다하고, 돌아가신 때엔 슬픔을 다하고, 제사지

냄에는 엄숙함을 다한다."

효도의 대원칙을 명쾌하게 표현한 말이다. 공경과 즐겁게 함과 근심과 슬픔과 엄숙함은 효의 구체적 표현이다.

「정기편」에서는 수양의 덕목을 말했다.

"재물 거래에 분명함은 대장부다운 일이다."란 말이 있다. 우리의 좌우명이 되기에 충분하다. 사람은 금전 관계를 분명히 해야 한다. 금전 관계에 애매하고 흐릿한 데가 있으면 사내 대장부라고 할 수가 없다. 우리가 분명히 해야 할 일이 많지만 돈 관계는 특별히 분명히 해야 한다. 인생의 많은 악과 불행이 금전 관계를 분명히 하지 못하는 데서부터 생긴다. 돈에 관해서 믿을 수 있는 사람이면 다른 모든 일에 대해서도 믿을 수가 있다. 금전 관계를 분명히 하기는 어려운 일이다. "남의 오이밭 가에선 신을 고쳐 신지 말 일이요, 오얏나무 아래에선 갓을 고쳐 쓰지 말 일이다."라고 하였다. 남한테 오해받을 일은 하지 말라는 것이다. 오이밭 가에서 신을 고쳐 신으면 누구나 오이를 따는 것으로 오해하기 쉽고, 오얏나무 아래서 갓을 고쳐 쓰면 오얏을 따는 것으로 간주하게 마련이다. 사람은 언제나 행동을 조심해야 하는 동시에 슬기롭고 지혜로워야 한다. 남한테 공연히 오해받을 일을 한다는 것은 어리석은 일이다.

"나를 귀하게 여김으로 하여 남을 천히 여기지 말고, 스스로의 큼으로 남의 작음을 업신여기지 말고, 용맹을 믿고서 적을 가벼이 여기지 말라."고 했다. 가히 인생의 금언이라고 하겠다. 교만을 경계하는 말이다. 사람은 남을 얕보기 쉽다. 저만 못한 이를 경멸하기 쉽다. "권세는 십 년 가기 힘들고 교만은 삼 년 가기 어렵다."고 했다. 이것은 인생의 오랜 경험에서 나온 진리다. 교만은 패망의 길이다.

"나를 착하다 추어 주는 이가 곧 내게 해로운 사람이요, 나를 나쁘다 깨우쳐 주는 이는 곧 내 스승이다."라고도 했다. 나의 좋은 점만 말하여 주는 사람은 고마운 것 같지만 사실은 나를 해치는 이다. 오히려 나의 나쁜 점을 지적해 주는 이가 나를 가르치는 스승이나 다름없다는 것이다. 우리는 아첨하는 이를 가까이 하기 쉽고 충고하는 이를 멀리 하기 쉽다. 아첨하는 말은 듣기 좋고 충고하는 말은 귀에 거슬린다. 이것이 인간의 약점이다. 우리는 이 약점의 노예가 되어서는 안 된다.

"귀로는 남의 그릇됨을 듣지 않고 눈으로는 남의 결점을 보지 않고 입으로는 남의 허물을 말하지 않아야 거의 군자이리라."고 했다. 사람은 남의 잘못을 보고 말하고 듣기 좋아한다. 이것이 인간성의 결점이다. 이 결점을 이기는 이는 덕 있는 사람이라고 할 수 있다. 남의 허물을 보고 듣고 말하기를 좋아해서는 안 된다는 것이다.

「안분편」에서는 '지족 안분(知足安分)'의 철학을 강조한다. 만족할 줄 알고 자기의 분수에 맞는 생활하라는 것이다.

"편안한 마음으로 분수를 지키면 몸에 욕됨이 없고 기틀을 알면 마음 스스로 한가하리니, 이것이 비록 인간 세상에 살지라도 도리어 인간 세상에서 벗어나 있는 것이리라."고 했다. 지족 안분하면 유유자적(悠悠自適)의 인생을 즐길 수 있다는 것이다. 분수를 모르고 분수에 벗어나는 행동을 할 때 인생의 온갖 불행과 비극이 생긴다. 그리스인은 "너 자신을 알라(Gnothi Seautou)"는 말을 인생의 금언으로 삼았다. 자기의 분수를 알고 자기의 분수를 지키는 것, 즉 지분 안분은 인생의 슬기와 지혜에 속한다.

「존심편」에서는 우리의 마음가짐을 논했다. "용력은 크게 가지되 마음씀은 세밀하도록 하고, 지혜는 원만하도록 하되 행동은 방정(方正)하도록 할 일이다." 우리는 대담해야 한다. 그러면서 세심해야 한다. 지식은 원만해야 하고 행동은 반듯해야 한다는 것이다. 인생의 명언이다.

「계성편」은 인내의 철학을 강조한다. 참는 것이 좋다는 것이다.

행동의 근본은 참는 것이 으뜸이라고 하였다. 또 사람이 아니면 참지 못할 것이요, 참지 못하면 사람이 아니라는 것이다. 간결하면서 힘찬 표현이다. 사람만이 참을 줄 안다. 이성의 고삐로 분노의 감정을 억제할 수 있는 존재가 사람이다. 참는 힘이 없다면 그는 사람이 아니다. 인생 수양에서 근본 덕목 가운데 하나는 참는 것이다. 한때의 분함을 참으면 백날의 근심을 면할 수 있다고 했다. 참는 것은 인생의 가장 중요한 공부에 속한다.

전인적(全人的) 교양을 향한 이상과 실천

「근학편」은 우리에게 독서하고 공부하기를 권한다. "옥은 다듬지 않으면 그릇을 이루지 못하고, 사람은 배우지 않으면 의를 알지 못한다."고 했다. "사람이 배우지 않으면 마치 캄캄한 밤길을 가는 것과 같다."고도 했다. "또 많이 배워서 뜻을 튼튼히 하고 잘 묻고 잘 생각하면 인은 그 속에 있다."고 하였다. 「근학편」에서는 학자를 높이 우러러보았다. 곧 배우는 이는 몸의 보배요, 세상의 보배가 된다는 것이다. 그러므로 "배우는 사람은 군자가 되고 배우지 않으면 소인이 된다."고 했다. 우리는 죽는 날까지 인생이라는 학교에서 열심히 배우는 학생이 되어야 한다. 배움은 전진의 길이요, 향상의 문이요, 심화(深化)의 구름다리다.

「훈자편」은 교육의 중요성을 강조하였다. "인생의 가장 큰 즐거움은 독서에 있고, 가장 중요한 일은 자식을 교육하는 것"이라고 하였다. "돈이 상자에 가득 차 있는 것이 자식에게 책을 가르치는 것보다 못하며, 자식에게 천금을 주는 것이 자식에게 한 가지 재주나 기술을 가르치는 것보다 못하다."고도 하였다. 우리는 자녀에게 물질을 유산으로 남겨 줄 것이 아니라 교육을 유산으로 남겨 주어야 한다.

「성심편」은 마음의 반성을 강조한다. "의심스러운 사람은 쓰지 말 일이요, 사람을 썼거든 의심하지 말 일이다."라고 했다. 이 짤막한 말은 현대 인사 관리의 근본 원리를 갈파한 말이라고 할 수 있다. 사람을 쓰려고 할 때에 의심스러운 데가 있으면 쓰지 않아야 한다. 그러나 일단 채용한 다음에는 전적으로 믿어야 한다. 의심해서는 안 된다는 것이다. 얼굴을 대하여 서로 이야기는 하되 마음은 멀리 떨어져 있다고도 했다. 멀리 있으면서도 가까운 사람이 있고, 가까운 데에 있으면서도 먼 사람이 있다. 사람과 사람의 물리적 거리와 심리적 거리는 분명히 다르다. 내 앞에 있는 사람이 천리 밖의 사람일 수 있고, 천리 밖에 있는 사람이 지척의 사람일 수도 있다. 깊이 음미해 볼 만한 말이다.

또 사람의 교만과 사치는 처음과 시작이 있지만 대개는 끝이 없다는 것이다. 교만과 사치는 오래가지 못한다는 인생의 진리를 갈파한 말이다. 황금 천 냥은 귀하지 않지만 사람의 좋은 말 한 마디를 얻는 것은 천금보다 귀하다고도 했다. 돈 귀한 줄만 알고 진리의 말씀이 귀한 줄을 모르는 어리석은 이에게 던지는 경종의 말이요, 각성의 소리다. 하루라도 마음이 깨끗하고 한가하면 하루의 선인(仙人)이 되는 것이다. 물리적 가치 추구에 골몰하는 현대인에게 보내는 인생의 금언이요, 생활의 지혜다.

공(公)과 청(淸)과 검(儉)과 근(勤)을 모토로 하는 치세(治世)의 윤리

「입교편」에 다음과 같은 말이 있다. "정치를 행하는 요체는 공정

과 청백이요, 가문을 이루는 방도는 검약과 근면이다." 간결한 표현 속에 정치의 요체와 자수 성가(自手成家)의 근본을 지적했다. 공평하고 청렴할 때 좋은 정치가 가능하고, 검소하고 근면할 때 자수 성가가 가능하다는 것이다.

장사숙의 좌우명도 깊이 음미해 볼 만한 말이다.

"무릇 말은 반드시 참되어야 하며, 행동은 반드시 돈독하고 공경하게 하고, 음식은 삼가고 절제해야 하며, 글씨는 반듯하게 써야 하고, 용모는 단정해야 하며, 의관은 바르고 엄숙하게 차리며, 걷는 것은 안정해야 하며, 거처는 바르고 조용해야 하며, 일하는 것은 생각해서 해야 하며, 말은 나중 일을 생각해서 해야 하며, 덕은 반드시 굳게 지켜야 하며, 허락한 것은 반드시 책임져야 하며, 착한 것을 보면 자기에게서 나온 것같이 하며, 악한 것을 보면 나의 병같이 하라." 이 열 네 가지를 우리의 좌우명으로 삼아야 한다는 것이다. 이것은 우리가 일상 생활에서 지켜야 할 준칙과 강령을 분명하게 제시한 것이다. 옛 어른들은 이러한 좌우명을 정해 놓고, 언행을 삼가고 항상 수양에 힘썼다. 방종과 무원칙한 생활과 기분에 흐르기 쉬운 현대인에겐 옛 어른들처럼 생활의 좌우명이 필요하다.

좌우명 하나 없이 살아 가는 현대인을 우리는 많이 본다. 크게 반성해야 할 점이다.

「치정편」에서는 관리의 세 가지 계율로서 청렴할 것, 삼갈 것, 부지런할 것을 강조한다. 부패와 교만과 안일에 흐르는 현대의 관리를 위한 올바른 행동 지침이다.

가정 생활과 사회 생활 속에서의 기본적 예의

「언어편」은 우리에게 말조심을 강조한다. "말이 조리에 맞지 않으면 말하지 아니함만 못하다." "한 마디 말이 맞지 않으면 천 마디 말이 쓸데없다." "입과 혀는 화와 근심의 근본이며 몸을 망치는 도끼와 같다." 모두 적절한 말이다.

말해야 할 때가 있고 침묵해야 할 때가 있다. 말을 하되 옳은 말을 해야 한다. 말이라고 다 말이 아니다. 거짓말은 말이 아니다. 자격이 없는 말이다.

「교우편」에서는 인생의 진정한 지기(知己)가 적음을 다음과 같이 표현했다.

"서로 술과 음식을 나눌 때에는 형이니 동생이니 하면서 친구가 많으나 위급하고 어려운 때에 돕는 친구는 하나도 없다." 또 비슷한 뜻을 다음과 같이 표현했다. "서로 얼굴을 아는 사람은 온 세상에 많지만 마음을 아는 지기는 과연 몇이나 되겠는가."

마지막 「부행편」은 부녀자의 마음가짐과 행동 자세를 논한 글이다. 예로부터 여자는 마음씨와 맵시와 솜씨가 고와야 한다고 했다.

"여자에게는 기림받을 네 가지 덕이 있으니 첫째는 부녀로서 갖출 덕성이요, 둘째는 부녀로서 갖출 용의(容儀)요, 셋째는 부녀로서 갖출 말씨요, 넷째는 부녀로서 갖출 솜씨이다."라고 했다. 부녀의 덕성은 마음씨에 해당한다. 부녀의 용의는 맵시에 해당한다.

부녀의 덕성은 반드시 재지(才智)가 뛰어남이 아니요, 용의는 반드시 얼굴이 곱고 아름다움이 아니요, 말씨는 반드시 입담이 좋고 말을 잘함이 아니요, 솜씨는 반드시 손재주가 다른 사람보다 뛰어나게 나은 것을 말하는 것이 아니다. 부녀의 덕성이라 함은, 맑고 정숙하며 절개를 곧게 지키며 분수를 지키고 몸가짐을 바르게 하며 행동에 부끄러움을 알고 움직임에 법도가 있는 것이다. 부녀의 용의란, 집안을 깨끗이 하고 빨래를 자주 하며 의복을 정결히 하고 목욕을 때때로 하여 몸에 더러움이 없는 것이다. 부녀의 말씨는 본받을 사람을 가려서 말하며 예의에 어긋나는 말을 아니하고 마땅히 말할 때에 말하여 사람들이 그 말을 싫어하지 아니함이다. 부녀의 솜씨란 부지런히 옷감을 짜고, 술빚는 것만을 좋아하지 않고, 음식을 갖추어서 손님을 받드는 것이다.

이상적 부인상(婦人像)의 예법을 유감 없이 표현한 부분이다. 이 부인상은 현대 여성에게도 그대로 적중하는 점이 많다. "어진 아내는 육친(六親)을 화목하게 하고 간특한 부녀는 육친을 깨뜨린다."고도 하였다.

『명심보감』을 온고지신(溫故知新)하는 태도로 읽는다면 우리는 이 책에서 현대의 많은 지혜와 처세 철학과 생활 좌표를 찾을 수 있을 것이다.

조선의 유교 사상과 『명심보감』

배종호

『명심보감』의 가치

　『명심보감』은 우리 나라 지성인들이 애독하는 책으로서, 특히 청
소년이나 자녀에게 많이 권장한다. 내용은 유교 사상을 중심으로 예
로부터 전해지는 격언·철언(哲言) 등을 수록한 것인데 계선(繼善),
천명(天命), 순명(順命), 정기(正己), 안분(安分) 등 편의 인간 수신의
요체로부터 치가(治家), 치정(治政) 등 편의 제가 치국(齊家治國)의 원
리를 망라하고 있다. 유교의 근본 교리로서 삼강 오륜, 수신 제가 치
국 평천하(修身齊家治國平天下)의 사상은 중국 역사 수천 년의 지도
이념일 뿐만 아니라, 우리 나라 특히 조선 오백 년의 지도 이념이기
도 하다. 이러고 보면 『명심보감』에 실린 구절 구절이 모두 유교 사
상의 골수라 할 수 있다. 물론 『명심보감』에는 유교 사상 외에 도가
사상도 담겨 있다. 돌이켜보면 동양 삼교(三敎)로서 유교·도교·불
교를 들 수 있는데 중국 중세에 세 종교가 서로 갈등했지만 오랜 세
월이 지나는 동안 자연스레 조화 합일되어 하나의 사상이 되는 경

향이 나타났다. 그 두드러진 예로서 송대(宋代)의 사상을 들 수 있다. 『명심보감』에는 그 심오하고 오묘한 철학적 원리가 소개되지 않았지만 그 근본으로부터 우러나온 인생 생활의 요체는 하나도 빠짐없이 그대로 인용 수록되어 있다.

사상이란 삶의 반영이요, 삶의 지침이다. 따라서 과거의 사상을 보면 과거의 삶을 알 수 있고, 현재 사상에 따라 미래 삶의 나아갈 길이 결정될 것이다. 현재는 과거의 결과요, 미래는 현재의 결과라고 볼 수 있다. 그리고 시간의 철학적 의의는 현재 안에 과거·미래가 함께 들어 있는 것이다. 그러면 과거·현재·미래는 셋이면서 하나이다. 우리는 과거의 결과가 담긴 현재를 살고 있고, 현재를 발판으로 하여 미래에 대한 계획을 세우게 된다. 그러므로 과거·현재·미래는 물 흐르듯이 직선적이 아니고 나선형으로 진행하는 순환 운동이 된다. 격언에 "현재를 완수하라"는 말이 있다. 이 말이야말로 역사적 현실, 철학적 현재를 참으로 이해하고 한 말일 것이다.

인류 역사는 변천해 왔고, 앞으로도 변천할 것이다. 사람의 사상도 역사와 마찬가지로 변천했고, 앞으로도 변천할 것이다. 이에 따라 우리의 삶도 변천했고, 또 변천할 것이다. 그러나 시간적으로 본 현재가 과거와 미래를 현재 안에 함께 포함하고 있다면 과거 없는 현재도, 현재 없는 미래도 없을 것이다.

유교가 우리 나라에 들어온 때는 아득한 옛날 삼국 시대라 한다. 신라의 화랑 오계가 불교에서 유래한 것으로 보통 알고 있지만 사실은 유교 정신에서 온 것이며, 고려의 숭불(崇佛) 정책은 고려민의 사상적 통일을 도모한 것이고 고려의 정치는 유교 사상을 바탕으로 이루어졌다. 조선조에는 숭유 억불(崇儒抑佛) 정책을 실시해 불교가 크게 배척을 당하고 말았다. 여기서 우리는 『명심보감』이 우리의 정신 생활에 얼마나 크게 영향을 주었으며, 또 그 가치가 어떠한 것인가를 새삼 느끼게 된다.

유교 사상의 근간을 체계적으로 서술한 책은 『대학(大學)』과 『중용(中庸)』이다. 『대학』의 '3강령(綱領)' · '8조목'과 『중용』의 '중용(中庸)' · '중화(中和)' · '시중(時中)' · '성(誠)' 등은 모두 유교 교리의 근본 개념이다. 유교가 역설하는 삼강과 오륜은 시대나 사회를 초월하여 항상 보편 타당한 가치로서 인류 생활에 필수 불가결한 가치라 하겠는데, 이런 것이 모두 『명심보감』에 수록되어 있다.

사람이 삶에서 실천해야 할 덕목은 대단히 많다. 유교 교리로 그것을 요약하면 지(知)와 인(仁)과 용(勇) 셋이 될 것이고, 다시 하나로 통일하면 공자의 이른바 인(仁) 또는 『중용』의 성(誠)이 된다. 이런 원리를 연역적으로 펴서 그 덕목을 말하면 그것으로부터 우리 삶의 구석구석에 해당하는 것이 나오게 된다. 『명심보감』은 여러 가지를 모은 것이므로, 여기서 어떤 체계적인 것을 기대할 수는 없지만 「계선편」에서 「부행편」까지 모든 편은 사람 삶의 각 부문에 관해 언급하고 있다.

인류는 집단 생활을 영위함으로써 비로소 그 삶을 유지할 수 있다. 그러므로 아리스토텔레스를 비롯해 많은 선현이 "사람은 사회적 동물이다."라고 정의한 것이다. 우리의 삶에서 가치관의 변천 정도는 사회나 시대에 따라 다르고 또 변할 수 있다는 것은 앞에서도 말했지만, 그 가치의 근원적인 본질은 영구 불변해야 한다. 유교가 내세우는 삼강 오륜이 그것이다. 그러므로 『명심보감』 「입교편」에서도 "삼강이란 임금은 신하의 벼리가 되고, 아버지는 자식의 벼리가 되고, 남편은 아내의 벼리가 되는 것"이라 했다.

벼리(綱)란 그물의 위쪽 코를 꿰어 잡아당기는 줄로 지탱자(支撑者)·중심·모범·근본이란 뜻이다. 임금과 신하, 부모와 자식, 남편과 아내 이 셋은 인류 생활의 기본 단위이다. 사람이란 혼자서 살 수 없으니 집단이 필요하게 되고, 집단이 형성되면 그 집단의 중심이며 집단 전체를 통솔하는 지도자가 있어야 한다. 그것이 임금이다. 임금이라고 반드시 봉건 제도만을 생각해서는 안 된다. 어떠한 정치 체제라도 일종의 지배자는 있어야 한다. 모든 권력과 명령을 극소화하거나 부인하는 무정부주의 이론에서도 역시 각 개인을 연락하고 연결하는 중심인, 어떤 의미에서의 관리자를 요청한다. 그것이 여기서 말하는 임금이다. 또 사람도 일반 생물과 마찬가지로 대대 손손 생명을 계속 존속시키는 존재이므로, 어버이와 자식의 종적인 종족 보존 관계가 이루어진다. 그것이 "아버지는 아들의 벼리가 된다."는 것이다. 다음으로 종족 보존에서는 모든 생물이 다 암수 관계가 필수 조건이다. 사람에게는 부부 관계로서 그것이 "남편은 아내의 벼리가 된다."는 것이다. 유교 도덕이 상하 관계에서 주로 아랫사람이 윗사람에게 마땅히 해야 할 도덕을 많이 강조하는 것은 사실이다. 예를 들면 어버이와 자식 사이에서는, 어버이가 아들을 예뻐하는 자(慈)의 도덕보다도 아들이 어버이에게 공경해야 할 효(孝)를 더 강조하고 있다. 군신 관계에서도, 임금이 신하를 공경하여 대우하는 것보다 신하가 임금을 위해 마땅히 해야 할 충(忠)을 강조하고 있다. 부부 관계에서도, 남존 여비의 전통적 사상에서 아내가 남편을 위해 해야 하는 도덕 사상으로서 "열녀는 두 남편을 받들지 않는다."고 고취하고 있으므로 수절이니 청춘 과부니 하는 말이 나오게 된 것이다. 여하튼 군신·부자·부부라는 삼강은 사람 삶의 기본 조건으로 임금과 신하, 아버지와 자녀, 남편과 아내 사이에서 서로 지켜야 할 도덕적 가치를 삼강으로써 말하는 것임을 알아 두어야 할 것이다.

실천 도덕률로서의 오륜

삼강을 더 펴서 사회 생활을 규정하면 오륜이 된다. 「입교편」에서 오교의 세목은 "아버지와 자식 사이엔 친애가 있어야 하는 것과, 임금과 신하 사이엔 의리가 있어야 하는 것과, 남편과 아내 사이엔 분별이 있어야 하는 것과, 나이 많은 이와 나이 적은 이 사이엔 차례가 있어야 하는 것과, 벗과 벗 사이엔 믿음이 있어야 하는 것이다."라고 했다.

여기 말하는 오교란 오륜을 말한 것으로서, 앞의 셋은 이미 삼강에서 설명한 것이며 뒤의 둘은 삼강의 기본 조건을 바탕으로 사회의 삶을 좀더 확대한 것으로 볼 수 있다. 사람은 날 때부터 일차적 혈연적으로 어버이와 자식의 관계로 이루어지므로, 부자 유친(父子有親)을 첫째 조건으로 본 것이다. 다음 군신(君臣)의 관계를 말했는데, 군신의 관계는 선양(禪讓)이나 방벌(放伐)을 내세운 중국 역사에서는 사람이 선비로서 벼슬길에 나아가지 않으면 군신의 관계는 성립되지 아니하므로 군주와 신하 사이는 다만 의리뿐이라는 것이다. 그러나 사회 유지를 위한 조직으로서 정부는 필수 불가결하며, 또 유교는 자기 몸을 닦은 다음에는 반드시 나아가 사람을 다스려야 한다는 정치 철학을 바탕으로 하였으므로 군신의 관계를 사람의 필수로 인정하여 군신 유의(君臣有義)를 두번째로 내세웠다. 부자간이 있으려면 부부가 있어야 한다. 부부란 결혼에 의해 성립하는 것으로 거기에 무슨 혈연적 유대 관계는 없다. 그러나 생물에게 암수 관계

즉 사람의 부부 관계는 필수이므로 세번째로 이야기했다.

아무리 개인 존중, 인격 목적의 인생관·세계관을 표방한다 해도 사람이 사회 생활을 영위하는 데에는 순서나 질서가 있어야 한다. 이것이 어른과 어린이 사이의 질서이다. 그러나 나이가 비슷한 사람으로서 또 서로 친한 사이에서는 너무 순서나 질서만 따지다가는 정이 소홀해질 것이므로 서로 믿는 마음씨를 가져야 한다. 이것이 붕우 유신(朋友有信)이다. 신(信)이란 한번 말한 것을 바꾸지 않는 것이다. 무릇 사람의 말은 그 사람의 생각의 표현이며, 생각이란 사람의 의지 행위의 근본이다. 따라서 신은 인격의 결정체이다. 그러므로 신이 없는 사람은 사람이 아닐 것이다. 유교에서는 인(仁)·의(義)·예(禮)·지(智)·신(信)의 오상(五常)을 강조하는데, 오상을 천(天)·지(地)·인(人) 삼재(三才)의 도(道)에 배당시킬 때 신을 중앙에 배당하는 것은 신 외의 '인·의·예·지' 사덕은 중앙에 있는 신의 덕이 지탱되어야만 유지되는 것으로 신을 인격의 중심으로 보는 것이다.

『명심보감』에 집약된 삼강 오륜의 실천 덕목

위에서 설명한 삼강과 오륜을 구체적으로 사람이 살아 가는 데에 적용한 것을 『명심보감』에서 찾아보면 치정(治政)·치가(治家)·효행(孝行)·훈자(訓子)·부행(婦行)·준례(遵禮)·교우(交友) 편 등을 들 수 있다.

첫째, 벼슬길에 나아간 사람의 마음가짐으로 청렴·신중·근면 셋을 말한다. 우리의 국가 현실을 냉철히 바라보면 부패한 관리가 많으면 망동 태만하게 되어 자기 자신이 패망함은 물론, 나아가서는 국가 민족을 좀먹게 된다. "벼슬에 임하는 법도는 오직 세 가지가 있으니, 청렴과 신중과 근면이 그것이다. 이 세 가지를 알면 몸 가질 바를 알리라."(치정편), "임금 섬기기를 나의 어버이 섬기듯 하고, 윗 사람 섬기기를 나의 형 섬기듯 하고, 동료와 사귀기를 나의 가족처 럼 하고, 여러 이속 대하기를 나의 노복이듯 하고, 백성 사랑하기를 나의 처자와 같이 하고, 관청의 일 처리하기를 내 집안 일처럼 하고 난 뒤에야 능히 내 마음을 다했다 할 것"(치정편)이라 했다. 정치를 함에는 민의를 존중해야 한다. 민의 존중은 민주주의에서뿐만 아니 라 봉건 제도에서도 마찬가지다. 맹자가 요·순·우 임금의 선위(禪 位)를 극구 찬양하면서도 폭군은 추방해야 한다는 방벌(放伐)을 주 장한 것은 어디까지나 정치란 국민을 위한 것이기 때문이다.

또 백성을 대하는 도리로 "백성으로 하여금 각각 그들의 진정을 표달할 수 있도록 하라."(치정편)고 했다.

가정 생활이 편안해야만 모든 일이 제대로 된다. 가정은 가족이 화목해야 한다. 아무리 세계 인구가 급격히 팽창하고, 구가족 제도 가 무너지고 가족이 핵분열을 함으로써 현대는 핵가족을 이룬 것이 사실이지만 가정은 남녀 부부 단위만의 가족으로 이루어질 수는 없 다. 더욱이 동양 가정의 중심은 어린이다. 아내가 남편을 '아빠'라 부 르는 예가 그것이다. 그러므로 아들이 어버이에게 효도를 하면 집안 이 화목해진다. "자식이 효도하면 양친이 즐거워하고 집안이 화목하 면 만사가 이루어지는 법이다."(치가편)라고 하였다. 과학 문명이 발 달한 오늘날에는 생활의 편리도 있겠지만 서울과 같은 도시 생활에 서는 교통 사고·폭력배 등 생명에 대한 위협을 많이 느낀다. 집안 식구가 밤 늦도록 돌아오지 않으면 걱정거리다. 그러므로 옛날에도 자녀에게 외출하려면 가려는 곳을 미리 알려 놓으라 했다. "부모가 계시거든 멀리 가서 놀지 말 것이며, 놀더라도 반드시 가는 곳을 알려야 한다.”(효행편)는 말은 사람 입에 많이 오르내리는 말이다.

'부부 유별' 사상은 현대적 해석이 필요하다. 옛날은 농업 위주의 생활로 남자는 밭을 갈고 여자는 베를 짜는 생활을 했다. 그러나 현대는 여성 사회 진출이 자못 늘어서 옛날과는 관점을 달리 해야 할 것이다. 또 남존 여비 사상과 남녀 평등의 사상 사이에는 큰 차이가 있다. 만인 평등의 근대 시민 사상은 칸트가 말한 바와 같이 각 사람의 인격을 목적으로 대우하라는 인격 목적시(人格目的視)의 사상에서 밑받침되듯이, 남자와 여자의 차별은 물론 세계 모든 인류를 차별하지 말라는 사상이다. 그러나 사람에게는 지혜와 기능의 차이가 있기 때문에, 하는 일에는 분간이 있어야 한다. 적재 적소란 말도 있지 않은가. 더욱이 부부 사이에는 그러한 기능의 차이(別)가 선천적으로 있으므로 '부부 유별'이어야 할 것이다. 그리고 '별(別)'자를 다시 생각해 보면, 이것은 윤리적으로 해석해야 할 문제이다. 부부 일신이라 하여 운명 공동체를 기반으로 보겠지만, 만약 남녀 두 인격이 사랑이라는 화동(和同)에만 치우친다면 상대방을 공경하는 마음이 결여되기 쉬우므로 부부 사이에 절도(節度)를 잃을 염려가 없지 않다. 상대방을 하나의 독립한 인격으로서 공경해야 절도가 생기고, 서로 사랑해야 화합이 이루어질 것이다. 그래서 부부 사이에는 '별(別)=경(敬)'이 있어야 한다는 것이다. "충신은 두 임금을 섬기지 아니하고 열녀는 두 남편을 받들지 아니한다."(입교편)고 했다. 열녀의 수절 미덕을 찬양 고취한 나머지 조선 왕조 오백 년 동안에 수많은 열녀문이 곳곳에 세워지고, 또 열녀에 관한 전설 같은 이야기도 많이 사람 입에 오르내렸다. 그러다 보니 청춘 과부의 수절이 강요되어서 오히려 그들의 한평생에 걸쳐 불행을 초래하는 일이 허다했다. 그렇다고 성 개방이 성행하고 있는 오늘날 현실을, 사회 윤리적으로 인정하고 찬양할 것이냐 하는 문제는 또한 매우 어려운 문제로서 그 귀추가 자못 주목거리가 아닐 수 없다. 그릇된 개인 사상, 자유주의의 폐해가 이와 같은 사회 문제를 야기한 것은 개탄할 일이다. 돌이켜 생각하면 모든 것이 극단화하다가는 반드시 폐해가 오는 법이다. 그러므로 유교의 시조 공자는 중용을 지극히 어려운 도덕이라고 말한 바 있다.

유교의 처세관

이상에서 우리는 유교의 삼강 오륜 사상이 우리 생활에 얼마나 큰 영향을 끼쳤으며, 그것이 현대의 생활에도 얼마나 큰 가치를 지니는가를 보았다.

다음은 사람이 사람됨을 이룩하려면 어떻게 해야 할까? 그것을 『명심보감』에서 더듬어 보자.

사람은 보통 자기를 칭찬하면 즐거워하고 비판하면 싫어한다. 그러나 남이 자기의 잘못을 알려 주면 고치려고 생각해야 하며, 고쳐서 올바른 사람이 되어야 한다. 그래서 "나를 착하다 추어 주는 이가 곧 내게 해로운 사람이요, 나를 나쁘다 깨우쳐 주는 이는 곧 내 스승이다."(정기편), "뭇사람이 좋아하더라도 반드시 살펴볼 일이요, 뭇사람이 싫어하더라도 반드시 살펴볼 일이다."(정기편)라고 하였다.

이것은 자기 반성으로서 자율적 삶을 영위할 것을 말한 것으로, "마음가짐을 침착히 하여 사물에 응할 수만 있다면 비록 글을 읽지 않았더라도 덕 있는 군자라 할 만하다."(정기편)고 한 것과 같이 모든 인간 행위는 자기 인격 수양에 바탕을 둔다. 사람이 사회 생활을 함에는 행위 규범이 있어야 하는데, 그것이 유교에서 말하는 예도(禮道)이다. 중국 송나라의 장횡거(張橫渠)는 수양 방법으로서 예도를 강조했으며, 공자는 "예를 알지 못하면 설 수 없다."고 단언했다. 사람이 사회 생활에서 행위 규범을 알지 못하면 사회 생활을 영위할 수 없다는 뜻이다. 그러므로 공자는 수제자 안연(顏淵)에게 "예가 아니면 보지도 말고, 예가 아니면 듣지도 말고, 예가 아니면 말하지도 말고, 예가 아니면 움직이지도 말라."고 하여 이른바 인(仁)의 세목으로서 일관되게 예를 말했다. 우리가 흔히 쓰는 말로 "남의 오이밭 가에선 신을 고쳐 신지 말 일이요, 오얏나무 아래에선 갓을 고쳐 쓰지 말 일이다."(정기편)라 한 것은, 남에게 의심을 받을 만한 행동을 하지 말라는 뜻이다. 유교의 수제 치평지도(修齊治平之道)의 가장 근본은 사람이 자기의 마음을 바르게 하는 것이다. 『대학』의 8조목 중 정심(正心)이나 3강령 중 명명덕(明明德)이나, 『중용』의 성(誠)이 모두 마음을 성실히 가지라는 것으로 귀결되고 있는데, 『명심보감』 「존심편」에서도 "밀실에 앉았어도 마치 저 네거리에 앉은 듯하고, 한 치 마음을 제어하기를 마치 육마를 부리듯 하면 가히 허물을 면할 수 있으리라."고 마음의 수양을 말한다.

사람은 자기 마음을 닦아서 훌륭한 인격자가 되어야 함은 물론이나 한 걸음 더 나아가 모든 행위나 처사를 함에 또 하나 중요한 것이 있다. 그것은 무엇인가? 사람이 큰 일을 하자면 성심만 가지고는 안 된다. 담력이 있어야 한다. 보통 사람은 마음만 크고 담력이 적으므로 큰일을 도모해도 완수하지 못하고 자칫 우물쭈물 겁만 내고 만다. 그렇다고 무턱대고 담력만 크면 허황한 일만 저지르고 실패하는 경우가 많다. 담력은 크고 마음은 적어서 조심성이 있어야만 비로소 큰일을 해 낼 수 있다. 그러므로 "용력은 크게 가지도록 하되 마음씀은 세밀하도록 하고, 지혜는 원만하도록 하되 행동은 방정하도록 할 일이다."(존심편)라고 했다. 사람이 담대 심소(膽大心小)해야 큰 일을 해 낼 것이요, 담소 심대(膽小心大)하면 허황한 사람이 되고 말 것이다.

사람이 사교에 있어 자기 허물을 모르고 남의 허물만을 말하다가 실패한다. 그러므로 "남을 책망하기만 하는 이는 사귐을 온전히 하지 못하고, 스스로를 용서하기만 하는 이는 허물을 고치지 못한다." (존심편), "남을 책망하는 마음으로 자신을 책망한다면 허물이 적을 것이요, 자신을 용서하는 마음으로 남을 용서한다면 사귐을 온전히 하여 갈 것이다."(존심편)라고 했다. 오래 사귀었다고 서로 마음을 털어놓고 사귀기는 매우 어렵다. 그래서 "얼굴 아는 이야 천하에 가득하되 마음 아는 이는 몇 사람이나 될까."(교우편) 하고 개탄한다. 이와 같이 진실한 친구란 참 드물다. 세상에 술친구, 노름 친구는 많아도 어려울 때 도와 줄 친구는 적다. 그래서 "술 마시고 밥 먹을 때의 형제는 천 사람이나 있더니만, 위급할 때의 벗은 하나도 없구나."(교우편)라고 했다.

『명심보감』과 유교의 천명 사상

끝으로 말하고 싶은 것은 유교의 천명 사상이다. 프랜시스 베이컨이 "아는 것이 힘"이라고 외침으로써 서양 근대 문명인 과학을 낳았고, 우주선·컴퓨터 등 과학 기술의 급격한 발달로 이어졌다. 여기서 우리는 사람의 지식이란 위대한 것임을 새삼 감탄하게 된다. 중국에서도 전국 시대 순자 같은 유학자는 이천 년 이전에 벌써 인력주의(人力主義)를 고취한 바 있으나, 그 뒷사람들이 그러한 사상 경향을 계승 발전시키지 못했으므로 동양은 서양에 비해 과학 문명이 뒤떨어졌다. 그렇다고 사람의 삶이 물질 과학만으로 다 해결되지는 않을 것이다. 거기엔 종교적 윤리적인 삶도 필수 불가결하다. 흔히 유교의 천명 사상이나 도가의 무위 자연 사상이 동양의 과학 발전을 저해했다고들 한다. 이 말은 참으로 수긍할 만하다. 서구의 중세 종교 철학이 사람을 하느님에게 추종시켜 억압했으므로 문명이 침체되었다가 근세에 접어들면서 사람의 자각으로, 니체가 "신은 죽었다"고까지 말함으로써 인력(人力) 위주 사상이 풍미하여 서양 근대 문명인 과학을 눈부시게 발전시킨 것은 사실이다. 그러나 앞서도 말한 바와 같이 과학이 사람 삶의 전부를 완전히 해결해 주는 것은 아니다. 부귀 장수하고 싶다고 해서 모두 부귀 장수하는 것은 아니다. 여기에 인간의 한계성이 가로놓여 있으며 그것을 유교에서는 천명이라 한다. 과거 사람이 천명을 믿음으로써 안심 입명(安心立命)했던 것과 마찬가지로 이제 사람에게도 천명 사상의 가치는 인정해야 한다. "큰 부자는 하늘에 달려 있고, 작은 부자는 부지런함에 달려 있다."(성심편) 이 격언은 무위 도식자나 공상가에게 참 좋은 일침이다. 사람이 부지런히 일하고 나서 그 다음에 부귀를 바라야지 아무런 노력도 하지 않고 부질없이 감나무 밑에 누워 홍시가 입에 떨어질 것을 바라는 것은 일종의 망상(妄想)이다. 여기서 유교는 "사람 일을 다 하고 천명을 기다리라."고 가르쳤던 것이다. "죽고 사는 것은 명에 달려 있고, 부자가 되고 귀하게 되는 것은 하늘에 달려 있다." (순명편) "어리석고 귀먹고 고질 있고 벙어리라도 집은 큰 부자일 수 있고, 지혜롭고 영리하지만 도리어 가난할 수 있다."(순명편) 이런 예는 천명에 순종할 것을 말한 것이다. 그러나 사람은 항상 희망에 사는데 거지가 평생 거지를 못 면할 것이라 단정할 때 자칫하면 자살할 수도 있다. 그러나 그도 앞날에 대한 기대를 가진다. 그러므로

"하늘은 녹 없는 사람을 낳지 않는다."(성심편)고도 하여 한계 상황에 다다른 사람에게도 희망과 기대를 준다.

사람이 자기 자신을 자각하지 못하고 날뛰다가 구렁에 빠지고, 구렁에 빠지게 되면 자포 자기하거나 망동하게 되어 낙오자·비관자·허황한 자·악한 자가 생긴다. 노자가 "족함을 아는 이가 부자이다."라고 했거니와, 『명심보감』에서도 "족할 줄을 알면 즐거울 것이요, 탐하기를 힘쓰면 근심이 끊이지 않으리라"(안분편)고 한다. "족할 줄을 아는 이는 빈천에 처해도 즐겁고, 족할 줄을 알지 못하는 이는 부귀에 처해도 역시 근심한다."(안분편)고도 한다. 이 얼마나 좋은 교훈인가! 모든 것이 마음가짐에 달렸다. 그러므로 "마음이 편안하면 띳집도 안온하고, 성정이 안정되면 나물국도 향기롭다."(존심편)고 말하지 않는가.

명심보감 큰글씨책

초판 1쇄 발행 | 2016년 7월 15일

해설 | 안병욱 외
펴낸이 | 조미현

펴낸곳 | (주)현암사
등록 | 1951년 12월 24일 · 제10-126호
주소 | 04029 서울시 마포구 동교로12안길 35
전화 | 02-365-5051 · 팩스 | 02-313-2729
전자우편 | editor@hyeonamsa.com
홈페이지 | www.hyeonamsa.com

* 잘못된 책은 바꾸어 드립니다.

ISBN 978-89-323-1785-4 03150